# 2016年
# 城市风险与应急管理论坛

*Urban Risk and Emergency Management Forum 2016*

# 论文集

洪 毅 主编

国家行政学院出版社

**图书在版编目（CIP）数据**

"2016年城市风险与应急管理论坛"论文集 /洪毅主编 .—北京：国家行政学院出版社，2016.9

ISBN 978-7-5150-1859-1

Ⅰ.2… Ⅱ.①洪… Ⅲ.①城市管理—风险管理—中国—文集 Ⅳ.①F299.22-53

中国版本图书馆 CIP 数据核字（2016）第 218398 号

| | | |
|---|---|---|
| 书　　名 | "2016 年城市风险与应急管理论坛"论文集 | |
| 作　　者 | 洪　毅　主编 | |
| 责任编辑 | 陈　科 | |
| 出　　版 | 国家行政学院出版社 | |
| | （北京市海淀区长春桥路 6 号　　100089） | |
| | （010）68920640　68929037 | |
| | http：//cbs.nsa.gov.cn | |
| 编 辑 部 | （010）68928764 | |
| 经　　销 | 新华书店 | |
| 印　　刷 | 北京九州迅驰传媒文化有限公司 | |
| 版　　次 | 2016 年 9 月北京第 1 版 | |
| 印　　次 | 2016 年 9 月北京第 1 次印刷 | |
| 开　　本 | 170 毫米×240 毫米　　16 开 | |
| 印　　张 | 16.75 | |
| 字　　数 | 300 千字 | |
| 书　　号 | ISBN 978-7-5150-1859-1 | |
| 定　　价 | 48.00 元 | |

# 目　录

## 第一部分　城市公共安全与防灾减灾

## 第二部分　应急管理工作实践

# 第三部分　应急管理理论研究

# 第四部分　公共安全科技创新

# 第一部分　城市公共安全与防灾减灾

# 城市群建立地震预警系统的几点思考

曹金龙

（北京市海淀区政府　北京　100089）

伴随信息化和经济全球化的发展，城市群已成为世界城市化的主流趋势。《中共中央关于制定国民经济和社会发展第十三个五年规划的建议》在拓展区域发展空间方面明确提出：发挥城市群辐射带动作用，优化发展京津冀、长三角、珠三角三大城市群，形成东北地区、中原地区、长江中游、成渝地区、关中平原等城市群。2015 年 12 月召开，中央城市工作会议强调指出：要以城市群为主体形态，科学规划城市空间布局，实现紧凑集约、高效绿色发展。据不完全统计，2012 年中国城市群总面积占全国的 25％，却集中了全国 62％的总人口、80％的经济总量、70％的固定资产投资、85％的高等学校在校学生和 98％的外资。但是城市的地震应急处置与风险防控系统却滞后于城市的发展，这无疑给防震减灾工作带来了巨大的挑战和深刻的影响。地震预警系统已上升为防震减灾服务体系的重要内容和提升城市群品位的重要标志。我们必须牢固树立安全发展理念、强化融合发展意识，着力解决突出矛盾和问题，深入扎实地推进城市群地震预警系统建设，为区域发展的主要空间提供良好的地震安全生态，保护人民群众生命财产安全，促进经济社会永续发展。

## 一、城市群建立地震预警系统是践行防震减灾宗旨的必然选择

地震预测是当今的世界性难题，但启动与推进城市群地震预警系统建设，实现地震实时预警，是保护人民群众生命财产的首要环节和必然选择。

一是职能所系。城市群作为我国国民经济的支撑点、"大国重器"的集聚区和全国地震重点监视防御区，建立地震预警系统是履行政府职能的客观要求，是贯彻以人为本执政理念和党的十八大关于"加强防灾减灾体系建设，提高气象、地质、地震灾害防御能力"论述的具体体现。随着五大发展理念的牢固树立和全面建成小康社会奋斗目标的如期实现，各级政府坚持以人民为中心的发展思想，把增进人民福祉、保护人民生命财产安全放在首位，大力加强防灾减灾体系建设。因此，我们必须顺应防灾减灾普遍受到各级高度重视、各界高度关注的大好

趋势，乘势而上，加速推进城市群地震预警系统的建立。

二是发展所需。目前，我国的改革与发展方向已由单纯追求 GDP 上升到实现人与自然统筹协调发展的新阶段。党的十八大将防震减灾作为生态文明建设的重要内容，纳入建设中国特色社会主义的"五位一体"的总体布局。建立地震预警系统并实施有效的预警，是实现人与自然和谐，规避自然灾害的重要举措。我国地震预警发展现状与发达国家比较，存在显著的时间差和技术差。早在 1989年，日本就开发出了世界上第一个实用性的地震预警系统；1996 年阪神大地震后建立了高敏度地震观测网；2004 年建成了全国性的地震预警系统。在当今地震无法预测的情况下，建立地震预警系统是目前世界发达国家和地区的普遍选择。我们要适应区域经济由传统的省域经济与行政区经济向城市群经济转变，追踪世界发展趋势，紧跟世界地震预警技术发展潮流，加速建立城市群域地震预警系统。

三是形势所迫。伴随城市群崛起，我国传统的省域经济和行政区经济逐步向城市群经济过渡，城市群的区域增长极作用越来越明显。城市群快速推进，服务业迅速发展，信息化不断提升，导致产业分布越来越区块化，社会人群区域集聚越来越突出，由此带来的社会孕灾环境将更加脆弱敏感，承灾体将更加暴露易损、致灾因子将更加复杂多样，一旦发生大震巨灾，不仅会造成严重的直接灾害，而且将破坏自然或社会原有的平衡或稳定状态，从而引发次生、衍生灾害，造成种类繁多、破坏严重、影响深远的复合性灾害。我国地处太平洋和欧亚地震带之间，是世界地震多发国之一，地震活动具有频度高、强度大、震源浅和分布广的特点，地震烈度Ⅵ度以上地区达国土面积的 60%，全国 2/3 的百万人口城市位于地震烈度Ⅶ度以上的高烈度区。2008 年四川汶川地震以来，我国大陆强震活动呈现异常变化趋势，先后在青海玉树、四川芦山、新疆于田发生了 7.0 级以上地震。对如此复杂的震情形势，我们必须高度警惕，主动作为，加速推进地震预警系统建设。

四是融合所趋。当今社会，区域内之间的资源共享与统筹布局、功能互补与合作共赢已成为经济社会发展的主流趋向，从 5 个国家级城市群（京津冀、长三角、珠三角、长江中游和成渝城市群），到 9 个区域性城市群（哈长、山东半岛、辽中南、海峡西岸、关中、中原、江淮、北部湾和天山北坡城市群），以及 6 个地区性城市群（呼包鄂榆、晋中、宁夏沿黄、兰西、滇中和黔中城市群）经济集合平台无不体现融合发展的泱泱大势。随着城市群域各城市在防震减灾工作中的融合互补愈加明晰和常态化，在城市群建立地震预警系统，在融合中一路同行，是新时期防震减灾工作大势所趋，是新形势下转变防震减灾理念，提高地震预警能力的必然选择。新形势下我国的发展格局，将按照"五位一体"总体布局和"四个全面"战略布局，全面推进落实五大发展理念，这些新思想、新观点、新论断既为我国经济社会可持续发展提供坚实的支撑，也为防震减灾融合发展拓展了更多的空间和途径。防震减灾工作不仅要与经济社会发展全局相融合，而且要实现防震减灾工作体系内的区域融合。

五是民众所盼。科学研究发现，人对安全的追求，是与生俱来的本能。汶川地震后，我国及周边国家和地区地震频发，地震安全的社会关注度和敏感性日益凸显。随着物质生活不断改善，人们对防御和减轻地震灾害的要求越来越高，对地震预警的要求也越来越高，期盼更有效的地震安全保障。据有关资料介绍，当地震发生时如果预警时间为 3 秒，可使人员伤亡比减少 14%；如果为 10 秒，人员伤亡比减少 39%。预警时间短暂（1～5 秒）可以就地紧急避险、做好心理准备，预警时间较长（10～20 秒），可以进行人员的疏散，并尽快关闭城市供电、燃气、化工设施，手术室等，启动应急措施。所以，加速推进城市群地震预警系统建设是人民对"减轻地震灾害损失"的期盼，是防震减灾最根本的宗旨。

## 二、城市群建立地震预警系统有着难得的历史性机遇

潮起海天阔，扬帆正当时。随着以城市群为主体形态国家战略日渐清晰和以信息化技术为核心的智慧城市风浪迭起，城市群地震预警系统建设的机遇纷至沓来。

一是城市群发展是多位一体同步推进，为城市群地震预警系统建设提供了前所未有的战略发展机遇。随着国家城市群发展规划的编制和加速推进，城市群经济成为一个有机整体，利益相互渗透、相互融合，形成城际基础设施相连相通、产业发展互补互促、资源要素对接对流、公共服务共建共享、生态环境联防联控的局面，共同构成一个相对完整的城市"集合体"。党的十八大把防震减灾纳入生态文明建设的同时，进一步指出"把生态文明建设放在突出地位，融入经济建设、政治建设、文化建设、社会建设各方面和全过程"。习近平总书记在中央政治局第 23 次集体学习时强调指出"要把防灾减灾救灾作为经济社会发展和城乡建设规划的重要内容"。多位一体同步推进的发展布局，不仅能有效地提升城市群发展能力和发展品质，而且要求防震减灾工作要与城市群发展同步推进，提供服务保障。防震减灾作为生态文明的重要内容，对于需要区域协同、合作联动的

城市群地震预警系统建设来说，无疑是一个难得的战略机遇期。

二是韧性城市、智慧城市的勃兴，为城市群地震预警系统建设注入了跨越发展的催化剂。伴随城市的快速发展，环境破坏、生态过载等环境要素导致城市的脆弱性，正逐渐成为影响甚至制约城市生存和可持续发展的重大问题，建设韧性城市，提高城市抵御潜在灾害风险的应对能力和防灾减灾能力，已成为刻不容缓的课题。信息化、智慧化时代的到来已经成为不可阻挡的历史潮流。智慧城市，是新一轮信息技术变革和知识经济进一步发展的产物，是工业化、城市化与信息化深度融合，并向更高阶段迈进的表现，也是当今城市群发展的趋势和特征。韧性化、智慧化建设是一个多因素、多变量的系统工程，如何利用信息技术催生城市群地震预警系统建设就是韧性城市、智慧城市发展的一项重要内容。目前，我国城市正处于韧性化、智慧化加速推进的重要阶段，城市群地震预警系统建设空间十分广阔。韧性城市、智慧城市的勃兴孕育了新的契机，为提升防震减灾能力、加速地震预警系统建设注入了新的生机活力。我们要顺应时代潮流，以韧性城市、智慧城市建设为动力，以构建城市群地震预警能力为目标，积极推动应用新技术、新设备、新工艺和大数据、云计算、物联网、智慧工程等现代信息技术，进一步挖掘、整合和配置城市群地震预警各类有形和无形资源，努力实现韧性化、智慧化与地震预警的深度融合，实现城市群地震预警目标的高度融合。

三是国内外地震预警系统建设的实践，为城市群建立地震预警系统提供了借鉴。地震预警系统已在日本、墨西哥、土耳其以及我国台湾、美国加利福尼亚州等国家和地区建成并投入使用，并获得了很好的减灾效果。日本在这方面进行了多年的探索，积累了宝贵经验，曾多次利用电视台向民众发布地震警告。"3·11"日本大地震时，当地震波传到东京前30秒，很多住宅的地震报警器就启动了，为民众赢得了宝贵的避难时间；正在转播国会参院会议的电视画面突然中断，警报响起，电视屏幕立即切换到专用的地震预警画面，播音员紧急播报地震预警信息："请小心将要发生的强烈震动"。据《中新网》报道，"4·20"四川芦山地震时，由成都高新减灾研究所建设的地震预警系统对该次地震初发进行了成功预警，为雅安市区及成都市区分别提供了5秒和28秒的避险时间。我国于2010年启动了地震预警系统建设，先期在福建等地开展了实验性网点建设。一些新建的重大交通工程、能源工程也在积极推进地震预警和紧急避险技术系统的研发。要认真吸取国内外地震预警系统建设的经验教训，为城市群建立地震预警系统提供前车之鉴。

四是监测预报工作的建设成就，为城市群建立地震预警系统奠定了基础。1966 年邢台发生 7.2 级地震后，各大中城市加强了地震监测预报工作，1975 年海城地震后，规划优化、扩充完善了地震前兆台网，形成了形变（含重力）、磁电和地下流体三类前兆观测。经过 40 多年的发展，大中城市地震监测台网已具备一定规模，形成了数据采集、存储和传输一体化，数据汇集、整理存储和处理分析一体化的地震监测预报体系。我国陆域测震能力已普遍达到 2.5 级，华北、东北、华中、西北、华东地区基本达到 2.0 级，首都圈等人口密集地区可达到 1.5 级，并已初步建成了"空间、地表、深部"相结合的覆盖地区的数字化、网络化、立体化地震观测体系以及地震速报系统、地震应急指挥系统。各大中城市还建立了比较完善的灾害应急预警系统及人民防空警报系统。这些成就，为在城市群建立地震预警系统奠定了良好的基础和可资利用的资源。

## 三、城市群建立地震预警系统应确立的基本思路

在城市群建立地震预警系统，是一个全新的历史性课题。它涉及区域广、承载大量实际工作，极具时代性和挑战性。必须确立"整体规划、协作共建"的基本思路，以期又好又快地到达"彼岸"。

所谓整体规划，就是将城市群作为一个整体，构建地震预警战略联盟，对地震预警系统建设进行通盘规划，全域推进，实现地震预警系统的全面覆盖，实现城市群地震预警系统规划和建设过程的全域横向贯通。

所谓协作共建，就是打破原有的行政区划组织开展防震减灾工作的点形、线形工作模式，建立以城市群为区域协同推进地震预警系统建设的块状工作模式，从以"条"为主转为"条块"结合，从依靠行政区划为主转变为城市群域多个城市统筹协调、横向共建、共同打造，实现国家与相关省市的纵向协作和城市群域多个城市的横向联系，有效整合预警资源，形成分工明确，联合推进的新格局。

构建城市群地震预警系统，核心在区域一体化，关键在互融联动。主要基于两点考虑：一是地震预警的特殊性。地震预警是定点（现地）预警和中近程（异地）预警的总和。它是指强震发生初期，在严重灾害形成之前发出警告并采取措施的行为，其基本技术途径是利用纵波和横波、地震波和电磁波传播的速度差。强震初期，靠近震中的地震仪检测到地震波（主要是最先到达的纵波），自动信号处理系统很快分析识别并确认是强震之后，通过预先设置的通信系统和播报机制，第一时间向邻近的城市或者重要工业设施发出警报信号，告知地震波袭击即将到来，人员紧急避震，重要工业设施关闭运转，高速列车减速或停车等。定点

预警，是利用强震初发，震中附近范围内纵波（每秒 5.5～7.0 千米）和横波（每秒 3.2～4.0 千米）的倒时差来实现的。纵波先到达地表，使地面发生上下颠动；随后横波到达地表，使地面发生水平向振动，这是造成建筑物破坏的主要因素。我们可以把这种提前到达的纵波视为地震预警信号，警告人们在破坏性更强的横波到来之前尽快采取合理的避震方法。中近程预警，是利用地震波与电磁波传播的速度差来实现的，因为电信号传送速度（每秒 30 万千米）要比地震波传播速度（每秒几千米）快很多，这就为被预警的城市或重要工业设施赢得了十几秒甚至几十秒的应对时间。根据地震波的破坏力随着距离增大逐渐衰减的规律，中近程预警的作用范围，不能太远。据此，地震预警通常对地方震（震中距小于 100 千米）和一定距离的近震（震中距 100～500 千米）有作用，对 500 千米以外的近震和远震，即离震中距较远的城市或重要工业设施，预警的价值很小。二是合作建立地震预警系统可以弥补财力和科技力的不足。据研究分析，两个城市合作建立地震预警系统比一个城市独自研发建立节省 30％的费用，而多省市联合研发建立则可节省 50％的费用，弥补各城市财力和科技力量的不足，做到优势互补，降低投资风险。

《中国新型城市化报告（2012）》明确指出，大中小城市与小城镇协调发展方面，重点发展大城市，将有限的资金用于建设和发展大城市，形成以大城市为中心的城市群和城市带，以此推进城市化进程。城市群地震预警系统建设要以区域性、地区性核心城市为牵头单位，履行协作联动职能，强化规划的战略性、前瞻性和互融性，组织编制好城市群地震预警系统规划，及时启动起步，有序推进建设，实现规划、建设和管理一体化。其他城市要根据总体规划，各负其责，密切协作，形成构建城市群地震预警系统的强大合力。

## 四、城市群建立地震预警系统应采取的基本举措

建立城市群地震预警系统，只有机遇和思路还不够，还不能变成现实，还必须付诸实践，切实采取有力措施。

一是进行顶层设计，分步骤、分阶段实施。进行科学合理的顶层设计，是建立城市群地震预警系统的前提。没有科学的顶层设计，就无法对城市群地震预警系统建设进行规范和统一；没有规范和统一，就无法取得建设过程的协调发展及建设成果的整体效益。推进城市群地震预警系统建设，首先要从城市群地震预警系统建设的整体高度出发，进行总体规划，发挥规划的引领作用，在制定规划时，坚持领导、专家和群众相结合，不仅要体现政府的建设理念，也要体现专家

学者的专业水平，还要体现城市居民的避震需求。整体规划地震预警实施过程中的强地震识别、预警信息发送和避险措施三个环节，明确各省市的分工和职责，统一技术设计方案、技术标准、设备类型、软件结构体系等，使地震预警系统工程建设在设计生产、使用维护、技术管理等方面实现规范化、标准化。要实事求是，突出重点区域、主要城市、重要职能系统、重要环节建设。要制定一个城市群地震预警系统建设时间表，做到时间上同步推进、空间上互为一体，用时间、节点引领系统互融建设。

二是建立完备的震情信息系统，把城市群所有测震台站联为一个整体。完备的震情信息系统是地震预警系统的"中枢神经"，它不仅连接每个测震台站，而且与地震应急指挥系统、震情发布系统、自动紧急处置系统联网。面对大震强震，预警工作显得尤为重要，及时的震情预警是减轻灾害损失的前提。要积极探索和实践，以科技为支撑，推进预警报知系统创新，积极开展国际合作与交流，跟踪国际地震预警科技前沿，不断提升城市群地震监测预警能力和水平。要加大经费和科研投入，建立和完善地震预警手段，提高预警能力，给生命更多的呵护和保障。重大基础设施和一些重要工业设施要建立自动紧急处置系统，通过预置地震强度阈值的方法进行地震预警，当地震动幅度超过给定的阈值时，通过自动或手动装置，关闭或调整核电站、煤气管道、通信网络等生命线管网，通知正在驶向震害区域的火车停车，取消飞机着陆，封闭高速公路，关闭工厂生产线，医院暂停手术，人员撤离到安全地带，等等。避免或降低次生、衍生灾害的发生，为直接提升防震减灾能力提供支撑和保障。

三是融合预警信息发布渠道，提高预警覆盖面。要加强地震预警信息传递手段的建立完善。目前，城市群灾害预警系统还不完善配套，互联互通更是薄弱环节。2012年"7·21"北京抗击暴雨就充分显示了这个弊端。当时，虽然气象部门通过广播电视发布了暴雨警报，但居民大多数在上班或外出，没有及时收听收看到，结果造成严重的后果。如果当时气象台、广播电视台与人防警报器联通，通过人防警报器发放暴雨灾害警报音响，并通过电声警报器的高音功能播发语音信号，完全可以避免或减少人员伤亡。有鉴于此，必须实现地震预警信息传递手段的多样化和互联互通，确保警报信息传递的稳定、可靠和不间断。首先，要实现地震预警信息传递手段的多样化。除了广播、电视这些传媒以外，应当充分利用人防警报器发放震情警报。目前，许多城市警报音响覆盖率已经达到100%，无论白天还是夜晚，居民无论是在家中、单位还是在户外，都能听到警报音响信号。同时，还应当充分利用短信、微信、微博、QQ等媒介和利用道路、社区、学校、商场等公共场合的电子显示屏,多渠道及时发放警报信息,以覆盖更多人群。其次,要实现地震预警信息传递手段的互联互通。地震预警信息的传递应当与政府应急管理有关部门及广播电视、防空警报、无线(移动)通信等实现互联互通,以确保警报信号传递的不间断和全覆盖。

# 城市公共安全发展战略研究

高 蕊

（国家安全生产监督管理总局信息研究院 北京 100029）

**摘 要：** 城市公共安全是一个多层次、较复杂的巨系统，与城市社会、文化、经济、政治、环境等诸多因素相关。本文阐述了城市公共安全发展战略的内涵，分析了城市公共安全面临的挑战和存在的问题，研究了城市公共安全发展战略的框架、实施途径以及措施保障，对城市公共安全进行统筹规划、整合资源，制定具有全局性、长远性的公共安全战略和政策具有重要意义。

**关键词：** 城市 公共安全 发展战略

安全是公众的基本需求，也是城市的健康基因。城市公共安全是一个多层次、较复杂的巨系统，与城市社会、文化、经济、政治、环境等诸多因素相关，呈现多元化趋势。城市公共安全水平，直接反映出城市的基本发展条件和稳定水平，关系城市兴衰。因此，对城市公共安全进行统筹规划、整合资源，制定具有全局性、长远性的公共安全战略和政策具有重要意义。

## 一、城市公共安全发展战略的内涵

城市公共安全是城市生产生活、运行发展和功能作用的一种无风险状态，是一个能反映城市健康正常、稳定和谐的决定性指标，也是确保城市繁荣与发展、国家稳定与发展、社会和谐与进步的关键指标和基本保证。

城市公共安全发展战略是为预防和控制各种重大事件、事故和灾害的发生，保护人民生命财产安全，减少社会危害和经济损失，有计划、有组织地制定和实施一系列策略。

全面的系统的公共安全战略思维，从战略层面整体协调处理城市公共安全与社会经济环境的关系、公共安全管理内部系统的关系以及公共安全问题发展的各个阶段的关系，确立城市公共安全未来发展的战略目标，对公共安全进行全局性的谋略。

## 二、城市公共安全面临的挑战和存在的问题

在经济新常态下，城市环境、社会时代发生重大变化，城市公共安全面临许多新的挑战和实际问题，大致有以下几个方面：

1. 城市公共安全管理不能满足自身需要

应急管理框架体系存在缺陷和不足，在实际管理过程中，往往是"头痛医头，脚痛医脚"，不能在全局上确保安然无恙和主动有力。这是一种战略缺失，既缺乏战略思维、战略眼光和战略能力，也没有把城市安全管理摆上城市发展应有的战略地位。这从根本上制约着城市安全管理力度和成效的提升，不能满足不断增长的公共安全需要。

2. 城市管理的体制、结构和方式不能充分满足城市公共安全管理的需要

纵向上，城市的决策、执行、反馈和监督存在脱节之处，政策的制定与执行的公众参与都很少；横向上，部门分割、各自为战、重复建设、职能交叉、监管盲区等问题，导致力量分散、效率不高，无法为安全管理提供有力的配套支持。从根本上制约着城市公共安全管理的有效性和实际潜力，使城市风险获得更大的肆虐空间。

3. 社会大变革、人口大流动、城市大膨胀、公共设施大增加，进而引发更多的"城市病""社会病"和安全隐患

老矛盾未解决，新问题即发生，直接或间接引发大量城市风险，形成一个来自城市社会自身的大规模风险源。在没有综合、高效的现代城市管理保证下，这个风险源不断持续扩大，从而积累和诱导出越来越多、越来越大的紧急事件和常规事件。

## 三、城市公共安全发展战略框架

城市公共安全发展战略理念，首先把公共安全摆在一切工作的首位，建立起辩证的安全第一的观念，当安全与发展、安全与管理、安全与教育、安全与生产等发生矛盾时，安全优先。城市公共安全的建设和管理，既要突出增强城市应急管理能力，更要加强全面风险管理以全面确保城市公共安全，反映出全社会对于加强城市公共安全的战略期待和战略需要。有学者提出城市公共安全发展战略框架构建：综治与联动战略、分治与分动战略、立体保障战略等（如图 1 所示）。

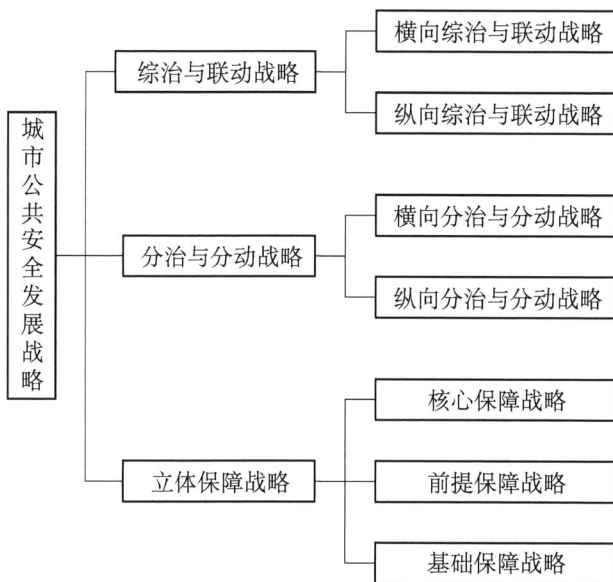

图 1　城市公共安全发展战略框架

## 四、城市公共安全发展战略实施途径

城市公共安全发展战略的实施建设，涉及机制调整、资源共享、业务协同等多个方面，确保建设工作顺利开展，需要科学制定城市公共安全发展战略实施途径。

### 1. 提高城市安全设施建设配置标准

切实保障城市安全，提高城市综合防灾和安全设施建设配置标准，加大建设投入力度，加强设施运行管理。健全城市抗震、防洪、排涝、消防、交通、应对地质灾害应急指挥体系，完善城市生命通道系统，加强城市防灾避难场所建设，增强抵御自然灾害、处置突发事件和危机管理能力。加强城市安全监管，建立专业化、职业化的应急救援队伍，提升社会治安综合治理水平，形成全天候、系统性、现代化的城市安全保障体系。加强建筑安全监管，实施工程全生命周期风险管理，建立安全预警及应急控制机制。完善工程质量安全管理制度，落实建设单位、勘察单位、设计单位、施工单位和工程监理单位五方主体质量安全责任。重点抓好房屋建筑、城市桥梁、建筑幕墙、斜坡（高切坡）、隧道（地铁）、地下管线等工程运行使用的安全监管，做好质量安全鉴定和抗震加固管理，建立安全预警及应急控制机制。

## 2. 优化配置城市公共安全资源

对于我国的国情而言，城市公共安全资源相对比较丰富，能够让广大居民有一个较好的居住环境和工作环境。通过立法，在法律上明确政府不同部门和社会团体在整个系统中的职责定位，实现以规则创新为基础的制度创新；通过建设先进的信息管理系统，将各种分离的信息与通信资源进行全面的系统集成，为管理体系的运行创造必要的技术基础；根据城市公共安全管理工作的需要，充分考虑现在机构的职能特征和分工，从更高层次整合现有的公共安全资源，实现在技术创新基础之上的组织结构创新。在更深层次方面，将公共安全资源合理的配置，有效的运用，提高资源的利用率。

## 3. 整合协同组织结构

城市的发展除了需要一定的硬件设施之外，还需要在组织结构"软条件"方面进行建设。公共安全涉及领域广、部门多，影响面广，需要动员全社会的力量、资源，有计划、有组织的进行应对。因此，将公共安全各环节的工作联系起来，作为一个有机系统进行对待，形成合力，实现管理效益的最优化，建立一个职能明确、责权分明、组织健全、运行灵活、统一高效的公共安全管理组织系统。

## 4. 建立资源共享信息系统

对于重要部门，加强公共安全信息管理系统建设，才能从内部将问题有效解决。现代公共安全管理要求信息系统必须能够打破应急信息资源在部门、地区之间的壁垒，增强政府公共安全管理决策的科学化，提高政府应急指挥的效率。在网络通信技术基础上，通过建立统一的、法定的技术规范、数据标准、数据交换格式，制定相应的制度和管理办法，实现城市间、政府各部门之间的信息共享。

## 5. 统一指挥应急救援系统

城市事故灾害应急救援是一项涉及面广、专业性很强的工作，系统内的各中心都有其各自的功能职责及构建特点，每个中心都是相对独立的工作机构，但在执行任务时又相互联系相互协调，呈现系统性的运作状态。在指挥部的统一指挥下，安全、公安、消防、环保、卫生、部队等部门密切配合，协同作战，迅速、有效的组织和实施应急救援，尽可能地避免和减少损失。

## 6. 覆盖广泛、反应灵敏的预警系统

城市公共安全各因素所带来的风险涵盖城市危险源、城市自然灾害、城市重要机构及场所、城市公共基础设施、城市应急救援力量、城市应急救援设备设施

等方方面面，必须建立一套有效的专业预警机构和科学的预警分析，具备完善的预警防范功能，形成完整统一的预警系统，对公共安全事件进行宏观性、前瞻性的总体考虑，科学、定量、实时地诊断、监测并预警社会稳定和公共安全的总体趋势。

### 7. 创新安全风险防控手段

依托新一代互联网、物联网、大数据、云计算和智能传感、遥感、卫星定位、地理信息系统等技术，创新安全风险防控手段，强化监测监控、预报预警，提升风险管理数字化、网格化、智能化水平，及时发现和消除安全隐患。

## 五、城市公共安全发展战略措施保障

有效的城市公共安全管理需要政府动员和调动大量的人力、财力、物力、制度等各种资源，并进行有效分配、使用，建立完善公共安全资源支持保障体系，畅通资源供应渠道，以提高政府和社会的应对能力。

### 1. 发挥政府主导作用，保证建设资金投入

政府作为公共安全管理主体，在每年制定财政预算时，要保证公共安全基础设施建设资金投入，完善财政预备费的拨付及使用制度，建立突发事件专项资金制度，建立中长期的突发事件应急准备基金，强化突发事件政府投资主渠道的保障作用。

### 2. 构建一体化的城市资源保障机制

充足的应急资源是应急救援的保障，各应急部门和应急队伍都积极完善自己的装备和设施，但要贯彻集中储备和分散储备相结合的原则。加强对城市应急资源的整合，建立一体化的资源储备和调度机制，提高资源的利用效率，并保障灾时资源调度的畅通无阻。

### 3. 制定和完善各项法律法规、规章制度

法制建设是公共安全管理体系建设中关键的一环，只有建立科学完善的制度，才能在公共安全处理中做到有法可依、有章可循，才能保证政府公共安全管理的长期战略地位。我国目前还缺乏针对城市公共安全管理的法规，因此，应在城市立法权限范围内加强城市公共安全立法体系的研究，强化城市公共安全发展的程序化、制度化和规范化。

## 参考文献

［1］洪南福，陈连进. 综合防救灾理念下城市公共安全规划研究［J］. 安全

与环境工程，2016（1）．

[2] 宋洁．大数据时代城市公共安全预警体系的构建［J］．河南工程学院学报（社会科学版），2015，30（4）．

[3] 严小丽，黄怡浪．建设项目安全事故对城市公共安全影响的评价［J］．上海工程技术大学学报，2015（4）．

[4] 吴刘怡．城市公共安全管理模式构想［J］．法治与社会，2012（10）．

[5] 刘铁民．火灾频发暴露我国城市公共安全系统脆弱性［J］．中国安全生产科学技术，2011（3）．

[6] 邱霈恩．城市公共安全增进战略研究［J］．天津行政学院学报，2010（1）．

[7] 刘承水．城市公共安全评价分析与研究［J］．中央财经大学学报，2010（2）．

[8] 兰贵兴．城市公共安全管理的战略思考［J］．中国公共安全·学术版，2008（12）．

# 韧性城市社区建设与防灾行动规划[①]

王　飞

（河北行政学院应急管理培训部　河北　石家庄　050031）

**摘　要：** 城市社区作为现代城市的基础，在繁荣发展的同时也面临着种种危机，这些危机需要基层各类社会协同治理参与者共同面对。社会服务类社会组织是政府进行社会管理的有益补充，发展具有城市社区应急管理功能的社会组织可以有效地提高社区应对危机的能力。通过制定社区恢复行动规划可以帮助社区提高其抵御风险的能力，增加社区的活力。独立的社区恢复行动规划通过致敏、技术分析、差距分析与需求评估、选择识别与程序的优先次序四个核心步骤以及制定的各种制式表格，发挥社会组织的应急管理功能，是降低社区脆弱性和跟踪风险管理进度的一个重要途径。

**关键词：** 社区恢复　行动规划　社会组织　应急管理　制式表格

## 一、当代城市社区及其风险

### （一）社区成员结构

首先不同社区的社区成员年龄结构、男女比例、经济结构有所不同，各社区婴幼儿、老年人、贫困人口所占比例有较大差异，这就导致面对危机的承受能力、恢复能力有很大差异。其中，老旧社区内的居民大多经济条件差，一旦遇到危机，生活、生存将面临巨大问题。

其次是社区成员利益结构复杂。现代社区功能趋近完备，社区不仅有居民，还有为居民提供各类服务的商店、工厂、学校、医疗机构、餐饮娱乐消费场所、物业公司等机构。当社区出现危机时，不同的利益相关者在危机传播过程中的定位有很大差异，比如以群体性事件为代表的公共安全危机传播的过程中，各社区居民、房地产开发商、物业公司、居委会在其中发挥着不同作用、承担着不同的

① ［基金项目］本文系河北省社会科学基金项目"河北省城市社区服务类社会组织问题研究"（批准号：HB14GL059）的阶段性成果。

角色。

最后是社区成员知识结构复杂。面对危机，不同社区成员应对危机能力存在很大差异，一些社区成员接受或经历过有关应对突发事件的学习、演练、培训，或是在日常生活中注意相关知识的积累，在面对危机时，能在一定程度上运用相关知识防险避灾，但多数社区成员不具备应对危机方面的知识，危机一旦到来，避险、自救、互救能力较差，所以导致的伤亡和损失巨大。

### （二）城市社区主要风险类型

常见的风险主要包括，因传染病导致的公共卫生危机，因拆迁、回迁所引发的群体性事件导致的公共安全危机；以地震、暴雨、暴雪等极端天气气候为主的自然灾害危机；因社区成员广泛参与民间借贷、融资、集资所引发的金融危机；因社区周边工厂企业导致的事故灾难危机；此外，还有社区成员通过网络参与各类敏感事件，对社会情绪影响强烈，线上线下频繁互动的网络突发事件危机，这些危机都给社区的正常运行带来了极大的风险。

### （三）城市社区风险特点

由于社区成员密集，往往危机酝酿期短，从风险转化为危机的过程容易被人们忽视，导致危机爆发前征兆不明显，危机爆发后影响力大。公共卫生危机方面，由于成员密集，结构复杂，老幼病残、体弱者分布随机，隔离难度大，风险的蔓延、传播较快，容易快速转化为危机；公共安全危机方面，以群体性事件为主，常发生在业主与地产开发商之间、业主与物业公司之间，当一方的利益影响到另一方的利益时，双方的利益集团内部异常的团结，两个利益集团容易发生较大规模的冲突；自然灾害危机方面，则是由于近年来极端天气气候频发，因为形成较快，导致准备不足，受灾严重，同时自然灾害危机影响面大，涉及的利益相关者众多，社区内不论是居民还是社区服务机构都损失巨大，自然灾害是社区危机最主要的风险源。

近年来，政府为了提高社区应对风险的能力，不断完善公共产品，但目前所能够提供的基层社会管理服务与社会需求之间仍存在较为明显的供需矛盾，仅靠政府的职能部门很难解决社区面临的诸多问题。十八届三中全会结合经济社会发展的新形势和新的现实需求确立了社会组织在国家治理中的主体地位。社会组织活力需进一步激发，社会组织作用需进一步挖掘。结合城市社区危机的特点，可以在社区发展有城市社区应急管理功能的社会组织，发挥沟通连接政府与社会公众、协调平衡政府与市场主体的桥梁纽带作用，为社区提供与危机管理相关的服务。

## 二、韧性城市社区风险管理组织

政府作为危机管理中的单一主体有一定的局限性，社区危机管理是一项庞杂、系统、繁复的社会公共工程。国务院《关于全面加强应急管理工作的意见》中指出，"全面加强应急管理工作需要紧紧依靠群众，军地结合，动员社会各方面积极参与"。同时，社会组织的公益性与应急管理的公共性具有天然的契合。现阶段，发展有城市社区应急管理功能的社会组织，首先，要确保社区应急管理社会组织合法，社会组织一定要通过合法途径审批注册；其次，组织的功能要合理，社会组织是政府职能的有益补充，组织的主要功能是帮助社区提高其应对各类风险的能力，尤其是应对自然灾害的能力。

制定、执行与本社区相适应的社区恢复行动规划（Community Resilience Action Plan 以下简称 CRAP）可以有效地提高社区应对自然灾害的能力。当然也可以制定针对某一种特定风险的社区恢复行动规划，比如暴雪灾害社区恢复行动规划、群体性事件社区恢复行动规划、网络突发事件社区恢复行动规划等。社区恢复行动规划是应急管理体系中的一个重要的组成部分，用来总结城市社区面对的各种风险，以及包括减轻这些风险所需要的风险分析，短期（不到一年）、中期（一到三年）和长期（三年以上）的工程和非工程措施等行动，旨在提高城市社区适应风险的能力。CRAP 不仅是一个静态的规划，更是一系列行动的一部分，是规划制定的方法和工具。随着时间的推移，减少社区面对风险的脆弱性，使社区更加安全，并通过对结果的进一步评估、反馈，使 CRAP 得到更新。CRAP 包括四个核心步骤：致敏、技术分析、差距分析与需求评估、选择识别与程序的优先次序，每一个核心步骤下，可以包括多个具体步骤。

## 三、防灾行动规划

### （一）致敏

作为 CRAP 制定过程的起点，首先弄清楚社区内不同利益相关者的需求和观点，分析如何提高社区应对危机的能力。社区内利益相关者包括城管、民政、环境、建筑、规划、教育、卫生、交通、公安等政府职能部门的官员，包括地产开发商、超市、物业公司、餐饮娱乐场所等社区周边的中小企业、个体工商户，还包括社区业主及其自治组织。他们中的一部分可能会认为，他们与社区危机没有直接关系，但现实中他们都会受到危机的影响，有必要提高他们的重视，并让他们参与到社区脆弱性评估和规划制定过程中。致敏包括三个步骤：进行定性脆弱性的自我评估，建立社区危机管理的愿景和战略，建立 CRAP 管理团队。

### 1. 进行定性脆弱性自我评估

进行定性脆弱性自我评估是致敏的第一步。可以采取实地调研、查阅历史案例的方式，在确定利益相关者的需求与观点的基础上，基于社区特点，考虑地理、人口、行政架构、公共收入基础、建筑环境、经济基础、接触灾害情况及灾害管理能力的综合定性脆弱性自我评估。

在这个阶段，讨论社区的"热点"——特别容易受到灾害威胁的区域中心，比如，人口高密度区，商业区，或频发洪水河流的经过街道等。"热点"不局限于地理区域，它也可以指特定的居民区或群体，如穷人和老人；经济实体，如超市；或是基础设施网络，如排水系统、电力系统。如果负责社区日常管理的职能部门没有综合应急响应系统或者社区的危机管理规划文件已经过时，或者某个区域改造工程较大，那么这个社区或区域本身就是一个"热点"。

### 2. 建立社区危机管理的愿景和战略

补充社区危机管理的愿景和目标。比如在一定的时间内，某社区的目标是一年内组织四次应急演练，增加 10％的应急物资储备，或是减少 10％的风险隐患，这些目标要纳入社区恢复行动规划。如果某个社区内的穷人生活在自然灾害频发的区域，应该规划如何使这些区域变得安全，或者把这些人转移到其他更安全的区域，并设法提供更好的工作帮助这些人摆脱贫困；如果社区要招商引资吸引产业，应该规划如何确保新的工厂及供应链，不受灾害损坏。

### 3. 建立 CRAP 管理团队

建立一个管理团队负责指导社区恢复行动规划的制定。这个管理团队应包括官员及技术成员，管理团队不建议由社区所在地的某个已有的职能部门直接承担或者兼管，应该是一个新的部门。这个管理团队成员建议由政府职能部门、社区配套服务机构负责应急工作的相关领导，以及地方行政学院从事应急管理研究的专家组成。

### （二）技术分析

在确定了社区的"热点"后，就可以绘制"宏观地图"，然后通过严格的技术分析，确定社区的特定漏洞。

### 1. 开展地方规模的空间分析

首先要做一个能够展现社区脆弱性的"宏观地图"，所展现的脆弱性应该是社区现在或者是可预见的未来的某些漏洞。宏观地图应该是一系列映射层的叠加，总体上能够展现社区的行政边界、物理特性和基础设施（基线图）；展现地方的社会经济特征，包括贫困区域，重要的商业和工业区域的经济情况；展现社区的危险轮廓，显示哪些区域易受自然灾害和气候变化影响。在这一步，当前状态宏观地图及未来增长的宏观地图可以用计算机绘图软件、胶片、描图纸来做，这些地图在描述当前的形势和预测未来的增长、发展、改变方面，应该是完整并且尽可能详细的，可以用来评估现有的脆弱性是否将会变大，或是以前受灾较小的地区是否有了新的风险。

2．确定目标区域

根据社区危机管理的愿景及其优先顺序，每个宏观地图层中包含的数据的相对重要性会有所不同，这就需要由 CRAP 管理团队决定重要的目标区域。在宏观地图的每一层上，CRAP 管理团队将圈出最脆弱和最关键的地方，比如基于各层的信息来确定贫困社区或公路路段。宏观地图有当前和未来两个图层，把未来的图层放在当前图层上面，可以得到一个新的复合地方脆弱性宏观地图。例如，因为某个社区入住率极低，那么这个社区受灾的风险就可能是一个相对较低的优先级；而另一个社区因为人口稠密，即使灾害不是十分严重，但有更高的优先级。这一步是以图来引导社区的恢复行动规划进程。规划者能够找到每一层中最脆弱的地区重叠处，这些重叠处就是优先关注的目标区域。一个社区可以开始只是有几个目标区域，随着时间的积累和资源的汇集，以及当前和未来的危害程度的确定，在宏观地图会有更多的目标区域。

3．每个目标区域进行空间分析

对每个目标区域创建分层地图，这个过程需要有非常高的分辨率，不再是一个宏观地图，应该是一个有高分辨率的地图。地图详细到可以显示街道、桥梁、主要建筑物、学校、电力线和其他重要的基础设施，以及灾害、社会经济特征及活动。

4．确定具体的漏洞

结合宏观地图，规划者就可以识别出那些因为自然灾害或者是气候变化导致的不利因素的叠加层，甚至依据宏观地图发现其他特定的漏洞，比如重要的公共设施或者是有灾害隐患及其他气候变化影响的交通枢纽等。

在这一步，需要制定目标区域的灾害漏洞列表，列表可以是制式的（如表 1 所示）。在表中，不同的热点可以同时有多个漏洞，通过对社区利益相关者的走访、调研、数据整理来确定漏洞、热点的优先排序。灾害漏洞列表也可以是根据社区的特点制定的，也可以是针对某一种具体的灾害，例如，暴雪灾害，或是针对公共安全风险、公共卫生风险等社区风险制定。

**表 1 ××社区灾害漏洞列表**

| ××社区灾害漏洞列表 | | | | |
|---|---|---|---|---|
| 热点 | 漏洞 1 | 漏洞 2 | …… | 漏洞 N |
| "热点"一 | | | | |
| "热点"二 | | | | |
| …… | | | | |
| "热点" N | | | | |

### （三）差距分析与需求评估

一旦社区的风险漏洞及优先级已经确定，CRAP 团队接下来把注意力转向如何降低面临灾害的脆弱性的问题上。通过下面三个步骤，CRAP 团队可以对如何充分利用当地资源应对危机进行系统的需求评估。

1．执行机构制图

确定漏洞目标列表中每个项目由哪些政府部门或机构负责解决。对于某些漏洞，可以是多个部门负责，比如排水系统可能由水利和气象部门负责。

CRAP 团队在这一步还要对项目、政策、规划，以及对负责降低灾害风险的不同的负责部门进行目录编制，目录可以不包含漏洞列表的具体关联。这个目录还要有独立部门以及市、区总体规划、资金预算和未来发展的建议。通过目录的编制，规划者还可以找出现有的计划，有可能会解决漏洞目标列表中的一些项目。

2．其他合作伙伴

还要找出其他可以参与减少社区风险的社会组织。这些合作伙伴包括捐助者、其他非政府组织或社会团体、学校，甚至家庭或业主委员会。绘制出这些团体可以参与的区域是非常重要的，把这个图叠加到之前的目标区域图上，可以解决识别风险、无人值守等问题。

3．差距评估

对社区没有计划解决的其余的漏洞进行差距评估。差距评估，包括技术、体制和财务能力评价。同时这也是下个阶段的起点，确定哪些需要优先实施抗御措施。

在这个阶段的最后，可以对上个阶段的社区灾害漏洞列表进行扩充，添加"负责解决的部门"列（如表 2 所示）。

**表 2　××社区灾害漏洞评估表**

| ××社区灾害漏洞评估表 | | | | | |
|---|---|---|---|---|---|
| ××社区灾害漏洞列表 | | | | | 负责解决部门 |
| 热点 | 漏洞 1 | 漏洞 2 | …… | 漏洞 $N$ | |
| "热点"一 | | | | | |
| "热点"二 | | | | | |
| …… | | | | | |
| "热点" $N$ | | | | | |

### （四）选择识别与程序的优先次序

CRAP 的第四阶段是为已经确定的漏洞匹配抗御措施。这些措施可以是结构（修复建筑物或桥梁）或非结构化（政策改革建议、社区风险认识的提高）。CRAP 管理团队负责识别、评估、优先选择。

#### 1. 确定可能的适应办法

CRAP 管理团队为其余每个项目的漏洞目标列表制定适应的办法列表。例如，如何降低位于在洪水区的高密度社区的脆弱性？一个办法是重新定位整个社区；另一种可能是，以建立新的或更强的防护堤来减少洪水灾害。非工程措施可能包括提醒居民提高防涝、防洪危机意识，以及当洪水达到一定水平时疏散附近的应急方案。利益相关者协商可能是当地规划者以前没有考虑过的一个有价值的信息来源。当然，实践中也会发现，一些措施可能在社区已经采用了，在这种情况下，就可以减少议事日程。

#### 2. 评估替代方案

为每个漏洞准备几个替代方案。针对每一个方案进行成本和收益的经济评估，可以让这些方案的相对优点变得更清晰，同时也可以帮助决策者知道哪一个更有可能为当地增加最多的社会福利。评估替代方案其他因素和条件，主要包括经济可行性、政治、技术的复杂性等问题。这一步的结果可以是替代方案最优到最差的排名。

通过这两步，可以对社区灾害漏洞评估表进行扩充，得到社区灾害应对措施列表（含备选措施）（如表 3 所示）。

表3 ××社区灾害应对措施列表

| ××社区灾害应对措施列表 | | | | | | | | |
|---|---|---|---|---|---|---|---|---|
| ××社区灾害漏洞评估表 | | | | | 应对措施 | 备选措施 | | |
| ××社区灾害漏洞列表 | | | | 负责解决部门 | | 备选一 | 备选二 | |
| 热点 | 漏洞1 | 漏洞2 | …… | 漏洞N | | | | |
| "热点"一 | | | | | | | | |
| "热点"二 | | | | | | | | |
| …… | | | | | | | | |
| "热点"N | | | | | | | | |

### 3. 确定优先事项

在替代方案评估的基础上，结合地方的财政支出，由CRAP管理团队确定需要的关键行动。如果不能够承担所有的适应措施，可以根据成本效益比率进行选择，成本最低、收益最大或可以避免损失的优先考虑。当然其他因素包括技术上的复杂性、政治上的可行性、时限等也需要考虑。

### 4. 起草详细的计划优先事项

在整套措施优先被确定后，各方面的细节、成本参数及责任应当纳入建议书。

CRAP的四大主要步骤，14个具体步骤完成后，信息需要被汇集到一起形成确切的CRAP文件。规划将列出应采取的行动、优先排名、估计成本、每个行动的负责部门以及预计完成日期。然后是制定实施战略，以及CRAP的自我评估和更新。

## 四、结论

社区恢复行动规划用以帮助地方政府提高其应对危机的能力，它反映了城市面对风险的风险分析能力。独立的CRAP可以表达社区危机管理的总体战略目标，是减少城市脆弱性和跟踪风险管理进度的一个重要途径。制式列表可以更高效地帮助基层社会协同治理参与者顺利地完成CRAP中的主要步骤，并最终得到一个CRAP文件。不同城市的基层社会协同治理参与者，在考虑社区漏洞时也许会有所不同，不同城市可以参照各自社区利益相关者关注的关键漏洞，结合社区自身特点制作表格。CRAP是城市应急管理体系的重要组成部分，承担着风险管理的职能，它是一系列行动的一部分，也是规划制定的方法和工具。

## 参考文献

［1］闪淳昌，薛澜．应急管理概论——理论与实践［M］．北京：高等教育出版社，2012．

［2］周红云．社会资本与社会治理：政府与公民社会的合作伙伴关系［M］．北京：中国社会出版社，2010．

［3］Shah，Fatima，Ranghieri，Federica. A Workbook on Planning for Urban Resilience in the Face of Disasters［M］. The World Bank，2012．

# 加强城市公共安全规划研究提高区域中心城市应对风险能力

马仁舜

（沈阳市政府应急办 辽宁沈阳 110179）

城市化是我国社会发展的重要标志。伴随城市人口的积聚，城市化进程的加快，必然会同时出现城市公共安全问题，城市化进程必须关注城市公共安全的趋势。由于城市人群高度密集，近年来，城市公共安全事件发生的频率越来越高，造成的危害后果也越来越惊人，城市公共安全问题比以往任何时候都要严峻。在种类繁多的灾害、事故和事件的威胁面前，在城市公共安全管理中，如何对这些危险因素加以有效地识别和控制，规划和建立合理的应对风险体系，完善公共安全管理系统，是城市公共安全管理部门要突出解决的问题。城市公共安全规划应从综合防灾减灾的角度出发，实现资源共享、设施共用，达到消除隐患，降低风险，有效减灾避灾，保证居民的生命、财产安全的目的。

## 一、实施城市公共安全规划的必要性和紧迫性

公共安全是由政府及社会提供的预防和控制各类重大突发事件的发生或保护人民生命财产安全，减少社会危害和经济损失的基础保障。城市安全是国家安全的重要组成部分，是社会进步和文明的标志。城市公共安全建设既关系到个人的切身利益，也关系到城市本身乃至国家的稳定发展。预防和控制灾害与事故是维护社会稳定和经济可持续发展的客观要求。

世界发达国家的发展历程表明，工业化、城市化和经济的高度发展，都必将伴随着一个事故高发期，沈阳经济的高速发展，不可回避的是将有大量的农业人口转移到非农业的劳动密集型的工作和制造业、资源开采业务中去，而这样的行业又是传统的事故高发行业。另外，农村人口向城镇转移和城市化的进程，也使得公共安全所需要的基础设施的配套问题更加突出。城市化的结果还造成了在人口密集、财富密集的情况下事故后果倍增效应，经济高速发展也增加了对交通运输、动力供应等方面的压力，从而增加了控制事故的难度。

近年来，由于影响社会公共安全的事件不断发生，社会各界对公共安全的关注程度也越来越高，使我们进一步认识到，建立公共安全管理体系和应急机制的紧迫性和必要性。我国将进入一个突发性事件高发期，尤以城市公共安全问题最为突出，建立和完善符合国际规定的现代公共安全管理体系，已成为摆在城市管理者面前一个亟待思考和研究的问题。

党的十六届三中全会明确了以人为本，实现人与自然的和谐发展，坚持可持续发展的科学发展观。要做到可持续发展，就要做好涉及全体公民的公共安全工作。十六届三中全会也明确提出了要把公共安全建设纳入全面建设小康社会发展的重要议程，城市公共安全管理更要立足于"构建和谐社会"的目标，把强化城市公共安全应急救援能力，纳入城市可持续发展的总体战略中，按照科学发展观的要求，真正实现人与自然、社会的协调发展。

沈阳市作为国务院首批命名的历史文化名城，随着城市建设和经济社会发展速度的不断加快，对外开放的不断深入，面对公共安全挑战的机会也日益增加，随之而来的城市公共安全的风险也剧增。在新的规划中，沈阳希望通过未来20年的建设，把城市建设成为基础设施发达、服务功能完善、带动和辐射作用突出的沈阳经济区核心城市、国家中心城市和东北亚重要城市；技术先进、成套配套能力强、市场占有率高的具有国际竞争力的先进制造业基地；资源利用高效、生态环境良好、适宜人居住生态城市；文化底蕴深厚、创意产业发达、社会文明和谐的文化名城。

在城市规模上，沈阳城市规划预计到2020年，常住人口将达到1 000万人，城镇人口达到870万人，中心城人口将达到720万。到2030年，预计常住人口达到1 200万，城镇人口达到1 080万，中心城人口达到825万。城市人口和财富的迅速积聚，对城市资源、环境、基础设施、城市管理等提出了更加严峻的挑战。

## 二、当前沈阳市公共安全现状与面临的形势

沈阳市委、市政府高度重视应急管理工作，特别是党的十八大以来，审时度势，按照统筹规划、整合资源、突出重点、注重实效、分级负责、分步实施、政府主导、社会参与的原则，全面推进沈阳市应急管理体制、机制和法制建设，沈阳市的应急管理工作得到了长足的发展，应急意识明显增强，处置突发事件的能力明显提高。各级应急管理机构在维护社会稳定和参与重大突发事件处置及奥运安保工作中，发挥了重要作用。

### （一）公共安全应急管理体系建设取得的成效

#### 1. 应急预案体系基本形成

沈阳市初步形成了总体应急预案与专项、部门相配套的应急预案体系。市政府制定并实施了《沈阳市人民政府突发公共事件总体应急预案》，截至 2015 年底，全市共制定各级各类应急预案 41 372 个，其中，市、县级总体预案 14 个，专项预案 276 个，部门预案 948 个，其他基层组织、机关、企事业单位预案 40 134 个。初步形成了总体应急预案与专项、部门相配套、"纵向到底，横向到边"的应急预案体系。

#### 2. 应急管理体制初步建立

沈阳市进一步加强了应急管理和组织指挥体系建设。市政府组建了应急管理办公室，承担市政府突发公共事件应急总指挥部办公室的职能，在履行应急值守、信息汇总和综合协调等方面，发挥了重要的枢纽作用；建立了公共安全、防汛抗旱、公共卫生、地质、地震、气象灾害、安全生产等 24 个专业指挥机构和办事机构，明确了工作职责和指挥关系；各区县（市）均组建了应急管理领导机构，成立了应急管理办事机构和专业指挥机构；市及区、县（市）均成立了应急专家人才库和应急处置专家组，组建了灾害防御协会，开展应急对策研究和专家咨询活动并建立了应急管理联络员工作机制，全市应急管理协调工作运行顺畅。

#### 3. 应急管理机制逐步健全

建立健全了信息报告工作制度，明确信息报告的责任主体，对紧急重大情况报告工作进行了规范，特别对值班工作以及紧急重大情况的报告范围、报送渠道、时限要求、紧急重大情况工作责任等作了具体规定。市和区县（市）两级都加强了值班网络体系建设，应急值守工作不断规范化、制度化；地震、气象、水文、地质灾害、农业病虫害等灾害监测预警系统建设得到加强，监测网络和监测手段日趋完善；进一步建立健全了覆盖市、区县（市）、乡三级的突发公共卫生事件网络直报系统，网络直报率显著提高；建立预警信息通报与发布制度，利用广播、电视、互联网、短信、电话、宣传车等媒体和手段，及时发布预警信息；设立专门联络员、信息员，建立信息报告网络，建立联络员工作制度，明确联络员工作职责，保证重大应急信息报告及时、准确、畅通。

#### 4. 应急管理法规制度正在加快建立和完善

依据《中华人民共和国突发事件应对法》，制定、修改和完善了应急管理法规制度，规范突发公共事件各环节工作，加快突发公共事件应急管理立法进程。市人大及其常委会先后制定了安全生产、消防、公共卫生、道路交通等行政法规，进一步规范专项应急工作；各区县（市）和市政府有关部门也制定了应急管理相关规章，为预防和处置突发公共事件提供了法规保障。

5. 应急联动处置队伍初具规模

按照"专兼结合、平战结合、军地结合、社会共同参与"的原则，初步建立了以公安、消防、武警、解放军、预备役民兵为骨干力量，以地震、医疗救治、抢险抢修、供电、煤气、水务、通信保障等各专业救援处置队伍为基本力量，以企业专兼职救援队伍和应急志愿者队伍为辅助力量的应急救援队伍体系。目前，全市共有应急联动处置队伍 1 795 支，541 00 余人，其中，市级 120 支，11 030 人；县级 160 支，18 000 人；县以下 1 675 支，43 000 余人。

6. 应急物资保障能力不断加强

按照统筹规划、统一管理的原则，重点加强对各类应急物资的综合动态管理，提高统一调配能力。建立健全应急物资综合管理调度系统，完善应急物资紧急生产、采购、征用、市场调控与调运等机制，基本满足应急处置和恢复重建工作的需要；探索与其他省、市物资调剂供应的渠道，以备本地区物资短缺时迅速调入，形成分工明确、责任到人、优势互补、协同配合的物资储备管理体制；加强应急物资的实物储备、市场储备、生产和技术能力储备；开展突发公共事件峰值应急物资需求的研究，合理规划现有各类应急物资储备布局，整合实物应急物资储备资源，合理确定应急物资储备种类、方式和数量，初步形成覆盖各类突发公共事件的应急物资保障和储备体系，物资保障能力得到加强。

7. 市级应急指挥平台建设基本完成

从 2005 年开始，沈阳市规划建设了市应急指挥中心和配套的应急机动指挥所。2008 年实现了与公安、交通、水利、卫生、地震、气象、电业、煤气、水务等 22 个部门的互通互联。在功能上集直升机救援、卫星定位、卫星遥控、地理信息、视频接入等诸多先进功能于一体，对提高政府应对突发公共事件的能力提供了强大的科技支持。

**（二）城市公共安全体系建设面临的风险和挑战**

国家实施东北老工业基地振兴战略以来，沈阳市经济社会发展呈现出良好态势，但也面临诸多亟待解决的矛盾和问题。随着经济多年的快速发展，与国内同类城市相比经济差距较大，历史积淀的一些深层次矛盾逐渐显现并日益尖锐，做好公共突发事件应急管理工作的任务更加繁重。

### 1. 自然灾害方面

沈阳市是遭受气象、气候、地质灾害等较为严重的地区，是国务院确定的地震重点监视防御区，具有 6.0 级左右地震的构造背景。主要有雨雪风雾等天气形成的较大或重大的自然灾害，包括突发性地震、地质灾害、水旱灾害、大风及沙尘暴天气、浓雾天气、冰雪天气、暴雨雷电等天气。春季易受到大风及沙尘暴的袭击，城市建筑的狭管效应使局部风速加大，对城市安全造成严重威胁；因夏季暴雨、冬季冰雪天气导致的城市道路交通严重拥堵的情况时有发生；东部及东北部山区易发生森林火灾、泥石流等灾害。以上自然灾害将对全市人民的生命财产构成一定的威胁。

### 2. 事故灾难方面

安全生产基础尚有薄弱环节，包括危险化学品事故、交通运营突发事故、道路突发事故、桥梁突发事故、火灾、建筑施工事故、地下管线事故、燃气事故、电力事故等安全事故和环境污染等事故时有发生。尾矿库的监管还需加强。部分企业和业主在利益的驱动下，安全生产责任制落实不到位，安全生产监管存在薄弱环节，冒险蛮干现象仍然存在，部分企业安全培训工作不到位，生产一线人员安全生产意识淡薄，非法、违法生产现象时有发生。

### 3. 公共卫生事件方面

沈阳市作为区域中心城市，人口流动和物资运转日益频繁，导致食物中毒、传染性疾病暴发流行风险尚存，群体性不明原因疾病包括鼠疫、霍乱、SARS 等重大急性传染病风险尚存。口蹄疫、高致病性禽流感等重特大动植物疫情风险依然存在。重大食品安全、药品安全事故食物中毒等食品安全危害存在复发和多发的可能性，还有核辐射引起公共卫生事件的风险依然存在，防控难度加人。

### 4. 社会安全事件方面

沈阳市正处在经济社会快速发展期，经济转型、社会变革和体制转轨带来巨大震荡，引发社会冲突因素增多。城市人口和财富的迅速积聚，对沈阳市资源、环境、基础设施、城市管理等形成了巨大压力，刑事案件和诱发群体性事件的因素增加，加大了突发公共事件的潜在风险。一些涉及劳动安全、劳动关系、社会保障等劳资纠纷，特别是涉及民生的污染、拆迁等方面问题比较突出，重大群体上访事件、公共场所滋事事件等重特大群体性事件时有发生。随着国内外交流的增多，恐怖事件等非传统安全问题日益突出。影响金融稳定与经济安全的国内外金融突发事件不容忽视。

## 三、公共安全应急体系规划建设的基本思路

按照"统一领导、综合协调、分类管理、分级负责、条块结合、属地为主"的原则，充分利用和整合全市各地区和各行业现有的应急存量资源，重点解决涉及全局的共性问题和薄弱环节，提高预防和处置重大、特别重大突发公共事件的综合能力。

### （一）城市公共安全规划的定位和重点

近年来，城市公共安全和应急管理体系建设受到各级政府的高度重视，也成为沈阳城市总体规划和新城建设的重要目标之一。沈阳城市建设新的规划跟现行规划比起来，首先就是城市定位明显提高。上一期规划确定沈阳城市定位是"辽宁省省会、东北地区中心城市、全国重要的工业基地"，而新的规划对沈阳城市定位的表述是"辽宁省省会、国家中心城市、国家先进制造业基地、国家历史文化名城"。从"东北地区中心城市"到"国家中心城市"，进一步提升了沈阳城市的地位，从"全国重要的工业基地"到"国家先进制造业基地"，强调的是沈阳制造业产业发展的方向和目标。随着近几年沈阳市社会经济的快速发展，对原有城市总体规划提出了新的要求。郊区城市化进程加快，金廊银带、老工业区改造、世园会等重大项目的实施，城市的空间形态和布局结构已经发生了重大变化；同时，沈阳城市发展目标定位和空间布局战略需要在新一轮城市总体规划中予以落实。这在沈阳城市规划史上具有重要意义。

沈阳城市的发展对城市公共安全规划也提出了新的要求。沈阳城市公共安全规划的重点应着重体现在以下两个层面上：一是从整个城市的公共安全保障的角度来看，要明确新城与中心城区在公共安全方面的协作机制和协调功能。具体必须考虑确保中心城区在常规状态下的安全，具备接受中心城区向新城疏散的人口和行政功能等，为中心城区提供空间安全。确保新城为中心城区的公共安全和应急管理服务所需要的预警体系、应急输送、人员避难、物资储备、应急能源、政府行政办公功能应急备份等。二是要解决新城本身的城市安全问题，发展的同时就要建立公共安全保障体系。主要包括研究新城区域的风险性和脆弱性，如自然灾害、旧城本身的问题、新城建设带来的新问题及管理问题等；构建新城公共安

全规划体系，明确新城公共安全的定位、目标、政策、制度保障；搞好新城公共安全建设设计，如公共安全空间和网络框架、工程技术标准、控制性领域、同其他专项规划的衔接；重点解决交通、防洪与地质灾害、历史文物的安全问题、能源与水源应急、污染处理和应急指挥平台建设等问题。

**（二）城市公共安全应急机制与体系建设的总体目标**

1. 城市公共安全应急机制与体系建设的基本原则

（1）统一规划、整合资源。市政府制定应急体系建设总体规划，区县（市）和各部门结合实际，制定本地区、本部门的突发公共事件应急体系建设规划。按照提高效率、降低成本的要求，整合各部门和各行业信息、物资、指挥、队伍、装备、预案等资源，实现应急管理集约化。

（2）合理布局、突出重点。总体把握应急工作所需公共资源的合理布局，加强预测预警、应急处置、应急保障、恢复重建等各个环节的能力建设。重点解决应急响应时效的关键问题，提高快速应急响应能力，实现应急管理的高效化。

（3）分级负责、分步实施。按照属地管理为主、相关部门配合为辅的原则，形成市区两级管理、分级负责、综合协调、逐级提升的突发公共事件处置体系，实现应急管理体系的科学化。

（4）先进适用、标准规范。采用国内外成熟技术，兼顾先进性和适用性，确保应急体系的高效、可靠运行。建立健全应急管理标准化体系，实现应急运行机制的规范化。

（5）政府主导、社会参与。充分发挥政府的政策导向作用，调动各方面参与应急体系建设的积极性，社会参与同政府管理有效结合，形成各级政府与社会力量结合、军地配合的突发事件应对体制，实现应急管理的社会化。

2. 城市公共安全应急机制与体系建设的目标

按照"统一领导、综合协调、分类管理、分级负责、条块结合、属地为主"的原则，充分利用和整合全市各地区和各行业现有的应急存量资源，重点解决涉及全局的共性问题和薄弱环节，提高预防和处置重大、特别重大突发公共事件的综合能力。

（1）总体目标。到 2020 年，形成统一指挥、结构完整、功能齐全，反应灵敏、运转高效，资源共享、保障有力和符合区域中心城市特点的突发公共事件应急管理体系。应急综合管理能力得到显著提高，与沈阳市经济社会发展水平相适应，基本满足突发公共事件预测预警、应急处置和恢复重建的需要，切实提高沈阳市突发公共事件预防预警、应急处置和应急保障能力，有效减少重大、特别重大突发公共事件及其造成的损失。

（2）分类目标。自然灾害类。灾害应急救助能力显著提高，灾民 24 小时内得到基本救助，防洪抗旱、减少水旱灾直接损失能力明显增强，重大灾害性天气预报及预警发布时效在 30 分钟以内，预警信息发布覆盖率要达到 85％以上；基本具备抗御 6 级左右地震能力；重大病虫害对农作物危害损失率控制在 5％以内；新传入农业植物疫情及时监测率提高到 90％；林业有害生物成灾率控制在 3％以内；沙尘暴预警信息提前 24 小时发布。自然灾害造成的死亡人数五年内下降 10％。

事故灾难类。亿元国内生产总值生产安全事故死亡率五年内累计下降 45％，工矿商贸从业人员 10 万人生产安全事故死亡下降率 30％，安全生产应急救援指挥机构及应急平台建设显著加强；道路交通事故万车死亡不超过 8.0，力争优于全国、全省平均水平；突发环境事件直接损失率降低 20％，事故灾难得到有效遏制，救援能力明显提高。

公共卫生事件类。区县（市）级以上医疗机构对突发公共卫生事件和传染病疫情网络直报率达到 100％，乡镇医疗卫生机构对突发公共卫生事件和病疫情直报率提高到 85％以上，市、县、乡突发动物疫情报告网络覆盖率达到 95％以上，应急预备队在突发重大动物疫情发生后规定时限到位率达到 100％，做到突发公共卫生安全事件的早发现、早报告、早处置。

社会安全事件类。社会治安和突发群体性事件防控体系进一步健全、排查机制、信息预警机制、应急处置机制和责任追究机制进一步完善，预防和妥善处置群体性、突发性事件能力进一步提高。各类社会安全事件导致死亡率五年内下降 5％，银行业、证券期货业、保险业突发事件稳中有降、重要金融系统安全保障能力明显提高，基本能够应对粮食、重要生活必需品的市场异常波动。

按照城市公共安全应急机制和体系建设的原则和思路，沈阳应结合自身城市建设的特点，构建合理、有效的城市公共安全应急机制和体系。在此基础上，建立与城市发展同步的公共安全规划，使城市公共安全的体制、机制和技术协调统一，使预防、预警、应急救援、危机控制与善后处置各环节联系紧密，从而降低城市风险，提高城市公共危机应对能力。加强应急管理体系建设是一项系统工程，面广量大，任重道远。"十三五"时期，是沈阳市经济社会发展的关键时期，公共安全面临着严峻的形势与挑战。虽然"十二五"期间沈阳市在防范和应对突发事件方面取得了一些成绩，但是面对新的形势，我们还必须从战略和全局的高度，坚持以人为本，预防与应急并重、常态和非常态结合，全面布局与重点建设统筹、近期任务与长远目标兼顾，不断完善和加强突发事件应急管理体系建设，努力实现应急管理工作的创新发展。

# 基于气候风险视角的适应性城市建设研究——以山东省为例①

栾盛磊

（山东行政学院 山东济南 250014）

**摘 要：** 城市是灾害和气候风险的易发地区，这些风险与集中在城市内的人口、资源和基础设施紧密相连。持续的城市化进程是过去几十年来灾害发生后导致死亡人数和经济损失大幅上升的重要原因之一。日益频发和不断增强的气候灾害正在影响着城市的经济及其居民的生活质量。除了通过建立低碳城市减轻气候变化影响之外，城市还迫切需要建设各方面的综合适应力，以应对可能的气候变化带来的各项风险。本文结合山东省城市的特点，探讨了城市应该如何适应气候的持续变化，提出一个成功的生态城市适应战略需要以良好的灾害风险管理实践为基础，同时构建能够对风险和脆弱性进行评估的系统程序，反映气候风险的建筑规范，以及应急和金融风险转移机制。以此使城市能够对与气候变化有关的风险进行评估，制定行动计划以应对潜在危险，并最终降低城市面对气候变化不利影响的脆弱性。

**关键词：** 气候风险 适应性城市 城市规划

## 一、城市需要气候风险管理的原因

在世界范围内，仅占陆地总面积 1.5％ 的城市地区创造了 50％ 的全球生产总值，容纳了世界六分之一的人口。除了人口密度高，城市风险还来自于贫困、治理失灵以及建设于高危地区的居民社区。因此，城市在应对灾害和气候变化上扮演了重要的角色，既构成了问题本身，同时也为解决问题提供方案。中国是最容易受到气象灾害威胁的国家之一，有大约 70％ 的陆地、50％ 的人口和 80％ 的工业及农业区域面临着气候风险。有预测显示，频发的强降雨和洪水对内陆地区的

① ［基金项目］本文系山东行政学院重点科研项目"网络视域下的社会主义核心价值观传播效度提升研究"（批准号：YKT201510）的阶段性成果。

侵袭日益增多；虽然台风出现的频率会有所减少，但其强度和潜在影响会有所增加。与此同时，沙漠化的不断扩大导致城市缺水问题趋于严重，2014 年入夏以来，长江以北大部分地区降水偏少，特别是河南省遭遇 63 年来最大干旱，全省平均降水量仅为 96 毫升，已致逾 1 400 万人受灾，经济损失超过 40 亿。随着全球气温的升高，沿海地区受到海平面上升的威胁也越来越大。气候变化还带来诸如水和食物的短缺，通过呼吸、病媒和水传播的更快蔓延的疾病，更多的人口迁移以及更多由于争夺稀缺资源而引发的冲突等其他后果。

在未来的 15 年内，中国城市人口将增加一倍，城市扩张的速度要比经合组织国家快 5 倍。快速的城市化会导致对基础设施服务的需求大幅上升，需要进行大规模的投资以便为出口导向的制造业经济、商业中心和不断增加的人口提供服务，对电力、通信、铁路、高速公路、海港以及现代化供水和卫生设施的需求也将持续增加。因此城市目前就需要改变发展方式并建造能够防范气候变化的基础设施。只有基础设施具备更强的适应性，才能够抵御可能的长期气候变化影响和其他灾害，才能真正实现城市的可持续发展。

尽管气候变化适应战略的政策实施成本在初期会比较高，但如果延缓行动导致无法将气候风险管理整合到投资中，以至于无法确保气候友好型经济增长，那随之而来的成本将会更高。这类成本不仅来自直接受损，而且来自包括供应链的中断、生产能力的损失以及高昂的重新安置费用等各种间接影响。从长期成本收益的角度来看，采取有利于适应气候变化和预防灾害的措施能提高 GEP（生态系统生产总值），使政府建立更加安全的城市，也符合党的十八大提出的建设生态文明的要求。

## 二、山东省城市特点与气候变化

### （一）山东省城市气候特点

山东省属于温暖带季风气候，四季分明。春季气候多变，干旱少雨且多风沙；夏季盛行偏南风，气温高、湿度大、雨日多，是高温、暴雨、雷暴等灾害性天气较为集中的季节；冬季多偏北风，寒冷干燥。

1. 气温

全省 17 地市的平均气温在 13℃左右基本遵循由西南往东北递减的分布规律。济宁、菏泽的南部地区以及济南、枣庄年平均气温都在 14℃以上，其中济南为 14.7℃，是全省城市年平均气温最高的地区；山东半岛的丘陵地区年平均气温相对较低，一般为 11.4～11.9℃；鲁北和丘陵地区以外的半岛地区气温略高，基本在 12.0～12.9℃ 之间；其他地区一般为 13.0～14℃。1 月为全年温度最低的月份，全省各地市的平均气温均在 0℃ 以下。山东北部和半岛内陆是全省气温最低的区域，一般在 −3℃ 左右；半岛的东部和南部沿海地区以及山东南部地市相对略高，一般在 −1.0～−0.2℃ 之间；其他地区多数都在 −2.0～−1.0℃。7 月内陆地区气温达到最高，而半岛的东部和南部沿海由于受到海洋气候的影响，8 月份的气温才达到全年最高。7、8 两月，济南、淄博、济宁及菏泽的平均气温均在 27℃ 以上；潍坊、莱芜和临沂的气温一般介于 26～27℃ 之间；半岛的东南沿海相对较低一般在 21.5～25.0℃，其他地区多为 25～26℃。

### 2. 降水量

据 1971 年至 2013 年的气象数据资料显示，烟台、威海、青岛、日照等东部沿海城市以及临沂、枣庄、济宁降水量较多；潍坊、淄博、莱芜、济南、泰安、菏泽、聊城、德州等内陆城市降水量较少；滨州和东营两个地市降水量最少。可见大部分的降水都集中在鲁东南地区，而鲁西北地区的降水则相对贫乏。

### (二) 山东省城市气候风险的影响因素

气候变化增大了自然灾害对城市的现有影响范围和城市本身的脆弱性。每年因气候灾难引发的自然灾害都会造成巨大的生命和经济损失，从而在一定程度上抵消了经济社会发展所获得的收益，据统计由气象灾害引起的经济损失大约占 GDP 总量的 1‰～3‰。山东省的多个城市特别容易受到以下特定风险的影响：

(1) 极端气候事件。气候变化将提高暴雨、台风、干旱和洪水的强度，山东省有 6 个地市位于东部沿海地区，很容易受到强烈风暴的侵袭，局部地区降雨量激增会提高洪水灾害的频率和强度，内陆城市也易形成马路行洪。2012 年山东省因风暴潮造成的直接经济损失达高 31.59 亿元。

(2) 热浪和寒流。根据 2006 年 12 月科技部、中国科学院等六个部门联合发布的《国家气候变化评估报告》预测，与 2000 年相比，2020 年全国平均气温将上升 1.3～2.1℃。气温升高将产生热岛效应，而热浪会带来严重的后果，增加心脑血管病人的发病率，甚至可能导致死亡。省内多个内陆城市，夏季高温天气较多，尤其是济南，因为地形特点更容易形成热岛效应。此外，寒流也会带来灾难性损失，胶东半岛多个城市，近几年入冬均普降大雪，一度造成交通瘫痪、农作物减产及房屋倒塌等经济损失。

(3) 海平面上升。据资料显示山东海平面 2012 年较 2011 年上升 55 毫米，海平面上升容易导致海水入侵，降低城市供水系统的水品质量。中国沿海监测到的最大海水入侵距离为 32.1 千米，出现在山东寿光市，此外山东滨州市沾化县的最大海水入侵距离也已达到了 29 千米。另外海平面上升还会造成沿海低洼地带淹没、湿地变迁、沿海防护工程功能降低,加大城市洪涝的威胁。

(4) 弱势群体居住环境较差。山东还存在一定区域的较贫困地区,弱势群体通常生活在低收入居住区,这些地区往往基础设施薄弱甚至缺失,住房建设标准很低,容易受到暴雨洪水或火灾的侵袭,在发生自然灾害时弱势群体面临的风险更大,脆弱性也较高。本文以表格的方式统计山东省自 1971 年以来各种城市气候风险类型发生的频率以及影响强度(见表1)。

表1　1971—2013 年山东省气候风险发生频率及影响强度

| 气候风险类型 | 发生频率 | 影响强度 |
|---|---|---|
| 台风 | 较低 | 较低 |
| 热浪 | 较高 | 较低 |
| 暴雨 | 较高 | 一般 |
| 干旱 | 一般 | 一般 |
| 暴风雪 | 一般 | 较高 |
| 洪水 | 较低 | 较高 |

### 三、建设适应性城市的研究框架

适应性是一个城市在面临灾害时的适应能力,这包括通过抵御或适应变化来达到和维持一个可接受的城市功能与结构水平。气候变化适应是指采取措施降低自然和人类体系在面对气候变化时的脆弱性,它是包含在可持续发展框架内的,主要目的是建立面临灾害时的适应性,最终降低人类的脆弱性和提高人类应对这些影响的能力。衡量一个城市对于气候变化的适应能力高低,应当从灾害发生前的敏感性、灾害发生中的应对力以及灾害发生后的恢复力三个方面综合衡量。其中敏感性是客观存在的,是由承灾体本身的物理属性决定的。建立气候变化适应性城市主要包括以下四个步骤:

#### (一) 评估风险并在发展规划中加以考虑

了解风险对建设具有更强适应性的城市至关重要。风险是指发生灾害及后果严重程度的概率大小,更好地了解预期风险和导致脆弱性的主要原因是城市当局面临的一个关键挑战。决策者全面的了解风险有助于对可行的政策选择方案进行评估,以及设计成本效益和及时的应对计划。量化风险和预期损失是降低风险的第一步。测算风险时要考虑三个因素:风险=危害×暴露元素×脆弱性。

#### 1. 危害评估

危害评估是确认一个地区发生危害的位置、严重性和概率。它要对过去和未来的风险进行量化。首先是通过分析特定地区过去发生时间的历史频率和严重程度来评估危害。但危害评估不能仅仅局限于利用历史数据对一般性风险进行量化，还必须将气候情景纳入危害分析模块，以此确保在进行决策时将气候变化的因素考虑进来。间接的气候变化影响主要以针对当地气候情况的国际和国家数据为基础。第二、三层次的间接影响虽然不是很明显，但它们也能造成灾难性的连锁反应，从而严重损害一个城市的运转和恢复能力。危害地图有助于将危害模型分析的结果直观地展现出来。

### 2. 暴露元素评估

为确定暴露程度，需要创建一个处于风险中的主要资产目录，包括人口、实物资产、经济和环境。可以通过数据采集录入数据库等传统技术或者遥感等新兴技术来建立风险资产目录。

### 3. 脆弱性评估

脆弱性是指预测、抵御自然灾害以及灾害恢复的能力。脆弱性评估的目的是了解城市应对或适应自然灾害的能力。脆弱性评估分为多种类型。比如，社会脆弱性评估将确认生活条件和适应气候变化能力最弱的群体；实物脆弱性评估将对建筑物、道路和其他基础设施抵御危险的能力进行评估；定性脆弱性评估主要基于现有及远景的规划、基础设施条件、经济增长策略及其他发展政策方针等。

风险评估结果总结了有关未来灾害风险，评述了未来年度预期损失，指出需要予以解决的关键风险因素，以便减轻气候变化带来的影响，因此应将其纳入可持续发展规划中。风险评估结果可以直观的在风险地图上显示出来，展示相关脆弱性和风险，在新建筑物选址、土地利用规划、可视化配送网络，以及针对气候变化影响、自然灾害和其他紧急状况做出计划与应对方面能够发挥很大的作用。只有成功制定、实施和整合风险评估才能够确认那些潜在灾害风险最大的区域，然后通过降低风险、提高效率、良好决策和规划等相应的适应战略使城市获得更高的收益。

### （二）降低风险和适应气候变化

降低风险和适应气候变化是指采取降低未来灾害的严重程度和气候变化影响的行动。主要采取的措施包括建立健全机构和政策框架，也包括更广泛的工程措施和非工程措施。

### 1. 建立健全机构和政策框架

城市的适应能力是通过机构和政策发挥作用的，政府需要在早期预警体系、应急准备或基础设施规划及建设等方面的制度和研究能力进行系统的投入，同时将适应战略方法纳入到应对风险因素和支持方法创新的高层次政策框架中。

2. 降低潜在风险

降低潜在风险的办法包括使用住房和建筑规范，实施土地利用规划和城区规划，采取应对海平面上升的适应战略，并将战略纳入日常行动计划。

将气候风险管理战略整合到发展规划之中可以使气候变化适应战略同地方发展形成协同效应，加强它们之间的联系，从而大大降低气候对低收入群体的影响。

### （三）准备和管理剩余风险

灾害风险管理以期做到在灾害发生时最有效的使用资源，能够快速地将伤亡降低至最低，这就要求政府提前采取行动和措施，做好准备来确保有效应对灾害影响。包括：及时发布有效的早期预警，尽量将人和财产从有威胁的地区转移出来或者尽可能减少伤亡损失；制定城市灵活调配人员的应急计划，建立装备齐全的应急反应队伍。灾害风险管理计划必须考虑由气候变化带来的随时更迭的风险形态，并且要求有更新、更灵活的方法来处理不确定的未来风险。

### （四）通过融资和保险转移风险

无论是国家还是地方各级政府都迫切需要设计一个综合性巨灾融资战略和风险转移机制。保险和其他事前风险融资机制作为综合灾害风险管理的一个重要组成部分，发挥了积极的作用。

事前融资项目。事前融资项目可以为政府提供用于灾后救援、受损政府财产和基础设施重建的流动性资金，还可以为房主和企业提供保险以减轻灾害给他们在资金方面带来的不利影响。

综合巨灾融资战略。综合巨灾融资战略应该包括诸如设计快速的灾后社会安全网络和其他资金支付系统、巨灾保险集合基金、巨灾证券等多种形式的融资来源。

灾害风险融资和保险。可大致分为四类：国际灾害风险融资、财产巨灾风险保险、农业保险和灾害微型保险。财产风险保险和微型保险能够帮助城市居民抵御气候变化的影响。尤其是微型保险在保护弱势群体抵御灾害冲击力方面有很大的潜力，它通过维持较低的交易成本，在保费可负担的条件下为小额资产提供方便可及的保险。

## 四、结语

适应性强的城市能够抵御更大的灾害冲击并快速从中恢复过来，一般不会受到严重的或永久性的损害。建设适应性强的城市需要提前根据预测进行设计以抵御自然灾害并能够从灾害中迅速恢复。

应对气候风险适应战略的核心是要以良好的城市规划为基础，并且适应战略要与山东省各城市的气候特点以及发展联系起来。综合风险管理的概念抓住了这一联系，概括了其中的关键领域，围绕这些领域灵活组织适应措施、分散风险，并将之整合到城市规划中。气候变化对当地的影响虽然可预见但又很难准确界定，所以灵活性和适应性对城市建设规划而言就显得特别重要。山东省内各城市仍在继续发展，城市模式尚未锁定，因此尽快将适应气候变化战略纳入城市规划的框架具有非常重要的意义。

## 参考文献

［1］中国国家发展和改革委员会．中国应对气候变化国家方案［EB/OL］．中国国家发展和改革委员会，2007.

［2］刘燕华，钱凤魁，王文涛，葛全胜，马翠梅，张九天，何霄嘉．应对气候变化的适应技术框架研究［J］．中国人口·资源与环境，2013（5）.

［3］顾朝林．气候变化与适应性城市规划［J］．建设科技，2010（13）.

［4］俞雅乖，高建慧．试论城市脆弱性与气候变化适应性城市建设［J］．商业时代，2011（14）.

［5］喻小红，夏安桃，刘盈军．城市脆弱性的表现及对策［J］．湖南城市学院学报，2007（3）.

［6］彭仲仁，路庆昌．应对气候变化和极端天气事件的适应性规划［J］．现代城市研究，2012（1）.

# 风险社会视角下城市公共安全治理问题研究

曾葆

（深圳行政学院　广东深圳　518034）

**摘　要：** 伴随着我国经济社会的快速发展，在我国一些城市当中发生的重大公共安全事件，给人们的生命和财产造成了不可估量的损失。而这些事件，从事件本身的内部和外部看都是高度符合"风险社会理论"。如果我们以公共安全的、风险的、治理的角度看，对于城市管理者控制公共安全事件和潜在风险并实现有效的管理，这一理论是非常有帮助的。本文以公共安全社会风险管理理论为基础，探讨城市公共安全管理事务和管理过程中各类可能的问题，并提出了相应的对策。

**关键词：** 风险社会　城市公共安全　公共安全治理

在我国，2003 年非典的发生，极大地推进应急管理系统的建立和完善，逐渐增强了城市公共安全管理水平。但是，十多年来仍频发的城市公共安全事件所造成的损失是不可估量的。从统计情况看，其所发生的频率和强度也在时刻提醒着我们面临着严峻的城市公共安全风险管理的现实。在这种情况下，伴随着快速城市化，我们对城市公共安全事故的控制和应急能力并没有随之增长，反而凸显地方政府不足。危机管理理念虽已深入人心，但离内化于心的要求似乎还有不小的差距。大多数情况下，地方政府遵循着常规的几个应对步骤：从事发召开紧急会议，到组建临时领导协调机构，再到全力做好应急处置。这看上去都很符合应急处理应对的要求，但其实恰恰是忽视预防、监测和评价，缺乏完整的体系和流程设计，尽管这个过程看起来也没有什么缺陷，但对于城市公共安全问题的处置是远远不够的，没有风险排查，就没有城市公共安全的保障。

2014 年 11 月，国务院正式发布了《关于调整城市规模划分标准的通知》，通知里明确了城区常住人口为 1 000 万人以上的城市为超大城市。根据该标准，截至 2014 年年底，符合超大城市的有北京、上海、天津、重庆、广州、深圳六个城市。这些超大城市都具有如下特征：一是人口密度大、流动频繁；二是建筑密度高、交通拥堵时间长；三是经济发展情况好、政治文化和国际交往活动多。这三个特征实际上在特大城市、大城市也有一定程度的体现。这就导致了发生突发公共事件的概率增加。在各级政府都非常重视突发公共事件的预防及处置的情况下，仍有可能发生影响极大的突发公共事件。以深圳为例，2015年12月20日深圳市光明新区凤凰社区恒泰裕工业园发生了一起滑坡事件，这起事故造成了面积约38万平方米的33栋建筑物受损，部分完全被掩埋。事故直接导致了73人死亡，4人失踪的严重后果。2013年12月11日，同样是发生在深圳市光明新区的荣健市场大火，因市场内违规住人，着火时不少人惊慌失措，撤离不及时，逃生方法失当，造成16人死亡。如果上溯自20世纪90年代以来，深圳发生的造成10人以上死亡的重大事故，至少有16起。这些惨痛的教训揭示了作为超大城市突发灾难的风险高的事实，一旦发生突发事件，都将带来灾难性的后果。假如能科学管理和控制潜在风险，同时有效预防和降低突发灾难发生频率，将会带来十分巨大的社会效益。所以，当我们每每遇到灾难发生时，有的领导会向公众表态，要"不惜一切代价"，要"一查到底"的时候，如果能反思为什么预防不力，恐怕对于城市灾难预防领域更具有重大的现实意义。

## 一、风险社会与城市公共安全治理

### （一）风险社会理论与城市化趋势

著名的德国社会学家乌尔里希·贝克（Ulrich Beck）曾在1986年出版的著作《风险社会》一书中提出"风险社会"（Risk Society）的概念。在过去的30年里，"风险社会"的理论不断影响着社会科学研究领域、政策研究领域和大众的认知。同时，这个理论也被用来描述和分析社会结构的特点，从而为研究城市安全治理提供了一个独特的视角，有助于理解现代社会的发展和现代化的进程，更为制定相关社会政策时考题。

随着城市化和城市信息化的快速推进，我国的城市也在迅速地发展，大量的劳动力离开农村进入城市。各大城市的流动人口的数量越来越多，越来越集中，经济活动日益频繁。要想改变居民的生活方式，要从旧传统到新做法的转换，对城市管理者都是挑战。而建筑越来越密集，导致环境、能源、卫生和突发紧急事件的复杂性显得更为突出。与此同时，新型传染病，饮用水源污染、有毒有害物质泄漏，大面积供水供电中断、运输和通信中断等事件也有增加的趋势。在城市的快速发展的背景下，城市安全风险问题已成为各级政府工作的重心之一，深圳市更是在光明新区"12·20"滑坡事故之后提出将2016年定为"城市安全治理年"。

### （二）城市公共安全风险及其治理

当前，在我国城市化的进程中，城市大小规模不一，超大城市人口规模均超过 1 000 万，它的安全脆弱性是显而易见的。在面临某种危害或灾难时，城市本身是否足以支撑面对的威胁，将严重影响城市救灾防灾和恢复能力。这种脆弱性在全国六个超大城市表现得非常明显，存在着非常巨大的风险隐患。这些超大城市之所以脆弱，其主要原因有以下几个方面：一是，越是超大城市，其集聚的人口增加越迅速，导致土地和水资源的供需矛盾日益突出，城市环境卫生容量过载，城市的稳定性遭到破坏，城市安全风险激增。二是，大量的人口流动频繁，造成的火车站、客运中心、商业中心区域交通流量特别大，特别是节假日交通压力是空前的，造成交通严重堵塞。大量人群聚集，一旦发生突发公共事件，很难及时疏散群众，为城市公共安全增加了很大的风险，典型的如 2014 年发生在上海外滩的踩踏事件。

当前城市的安全风险有着新特点和新趋势，既有类似人类自古以来就面临的火灾威胁这一类传统的风险，也有随着时代社会发展产生出的新的风险类型，如未知的传染疾病、不当使用的化学物质等等。在当前形势下，应广泛借鉴和学习国内外城市安全风险防范成功的案例，全面加强城市安全教育培训工作。同时要进一步做好城市公共安全规划，在规划的指导下有序推进应急产业的发展壮大，增加救灾物资储备量，完善安全应急预警机制的建设。以深圳这一超大城市为例，自 2012 年 10 月起，深圳市遵循"政府主导、专业评估、公众参与"的基本原则，开展了公共安全状况普查，系统排查了各类薄弱环节和风险隐患，最终形成了涉及自然灾害、事故灾难、公共卫生和社会安全四大类型的 138 个专项公共安全风险源评估报告，为有效防范风险做了很好的基础工作。2013 年 12 月，深圳市在梳理排查情况之后，通过调查研究，又发布了《深圳市公共安全白皮书》，目标是在 2020 年到来之前构建起与现代化国际化先进城市相匹配、相适应的全覆盖、高质量的城市公共安全体系。

## 二、城市公共安全风险的来源分析

随着城市化进程发展加速，城市公共安全的风险点和风险来源日益多样化和复杂化。一般来说，城市公共安全风险来源主要有以下几类：企业生产运营水平、民族宗教因素、城市资源承载能力、交通因素、出入境人口、卫生防疫等。如何能更准确地识别出风险来源成为各城市建设完善的基础公共安全管理系统面临的挑战。

### （一）地方政府的风险预控机制

城市公共安全治理的责任者是地方政府，它掌握着各类资源也体现了其地位与核心的作用。但是，地方政府控制城市公共安全风险的能力却往往显得不足，不但没有形成统一的保障机制，也没有一套适应现代公共安全治理要求的治理举措。作为城市的管理者，地方政府在面对城市公共安全风险的挑战时，暴露出许多问题，诸如对潜在的风险估计不足，缺乏预防手段，没有足够的准备措施甚至没有这方面的意识。而受制于传统科层制的影响，政府各组成部门之间协同沟通不畅，缺乏灵活的机制，也为公共安全风险处置带来了障碍，无疑又增添了一个不确定的因素。对于城市公共安全风险这一问题，看起来似乎还没有成为各政府组成部门负责人的"紧箍咒"。在潜在风险不断积聚直到爆发前夕，暂时的平安往往会迷惑所有一线的管理人员和城市的管理者。地方政府及城市管理者对公共安全潜在的风险麻痹大意、监管缺失都成为公共安全风险的来源。

**（二）制定相关政策及其执行状况**

城市公共安全风险的另一个来源是现行体制所带来的，主要取决于公共安全治理的政策制度的完善程度及其执行情况。当"有法不依"的情况屡屡出现时，我们需要反思政策制度的设计是否真的能符合城市公共安全治理的实际需求。进一步说，当制度日趋完善时，制度是否能被不折不扣地贯彻执行同样也影响着城市公共安全治理的成效。众所周知，现阶段我们从中央到地方，各种公共安全政策和制度已经非常全面，但是城市公共安全事故仍处高发态势，究其根本原因，恐怕就是漠视现有的制度，缺乏责任感。由于城市化的快速推进，特别是经济社会发展迅速的城市，往往只注重 GDP 的增长，而没有将公共安全风险纳入到发展战略的高度上来考虑，对于危机事件预防上的经费投入十分有限，对城市公共安全问题得过且过，没有持续性。往往是别处出事，就运动式地排查同一类型同一性质的风险，却忽视本地区的实际情况，置重大风险源而不顾。

**（三）企事业单位的风险意识和防范能力**

不可否认，在城市中的许多企事业单位和社会组织在公共事务管理中发挥着越来越重要的作用。他们能够有力量组织满足群众文化生活需要的各类活动，例如马拉松、徒步穿越等群众性体育活动，还有商业性质的体育赛事和明星演唱会等。但这些大型群体的活动如何组织，如何规避潜在的公共安全风险，对组织者来说都是一次管理能力的严峻考验。大型集体活动的组织能力和预防风险的能力，不是一蹴而就的，政府可以不计成本来保障安全，但是政府以外的各类组织和机构，在这方面资源非常有限。他们在组织过程中，一方面可能会表现出公共安全风险管理能力参差不齐的差别，另一方面出于成本考虑甚至有意无意地弱化公共安全系统风险控制措施。而且，各类企事业单位和社会组织在风险防范方面目前并没有形成一个无缝隙的网络，实际上也成为风险的来源之一。

### （四）社会公众的原因

社会公众生活在城市当中，他们是城市公共安全管理的一个重要责任主体，他们所接受的公共安全教育水平其实也代表着社会公共安全治理的水平。社会公众接受的公共安全教育和预防潜在风险的技能教育处于何种水平往往决定了公共风险发生前事件的走向。一个城市的社会公众在遭遇突发灾害之后的自我组织能力如何，包括自我保护能力和自助互助能力的水平如何，间接影响了公共风险所造成的损失多寡。在我国各城市中，缺乏公共空间的秩序意识和相关的应急知识储备是普遍存在的现象，一旦人群集聚，发生推搡等情形非常常见，这实际上与公共风险发生也有一定关联。许多人缺乏预防风险的概念，对危机的迹象反应迟钝，缺乏应对紧急情况的常识，自助和互助能力很差。此外，社会公众还没有形成一个公共安全文化，没有建立起一套公共安全的价值观，这实际上也是公共安全风险来源之一。

## 三、城市公共安全治理的策略选择

如何增强城市应对公共风险的能力，不仅是地方政府不可推卸的责任，也是社会公众义不容辞的义务。地方政府部门应该重视应急管理工作，挑选优秀的人才从事应急管理工作。加强应对灾害的社会保障体系建设，充实壮大应急管理专家库成员，扩充应急救援队伍和吸收志愿者。与此同时，必须通过大众传媒广泛传播安全教育理念和加强应急实战演练，提高整个社会全员应对灾害的能力。

### （一）强化政府风险意识，完善风险监管和预控机制

城市公共风险管理的最佳方式应该是重心向前、及早排查和发现事故征兆，及时消除事故隐患。必须认识到"预防胜于治疗"的要义。加强城市公共安全管理的首要条件是具有风险意识，地方政府必须从战略的高度上加强风险意识，才有可能制定出正确的城市发展战略。首先，应该列出一个各级政府和城市管理者的公共安全责任清单并进行信息公开；其次，要加强政府内部各部门之间的协调与合作，建立风险预防和控制信息共享机制和治理行为协调机制；再次，要充分发挥政府的政策咨询机构和各类智库的专业领先优势，开展城市公共安全管理体系的研究，提供专业细致的风险预防和控制解决方案；最后，政府要有一整套公共安全风险的问责追责机制，采取充分的预防措施，防患于未然。

### （二）建立约束性的制度体系

有效地管理风险和降低风险，保护社会公众安全，确保社会的有序运行，既是政府的基本功能，也是政府的基本责任。地方政府最为重要的责任之一是建立

"约束"社会各个系统的社会行为，加强系统对其自身的社会行为的约束和限制。

要为城市公共安全风险的预防和控制搭建起第一道防线，就必须设计好对政府以及企事业单位、社会组织等各类责任主体有严格约束和限制的制度。这类制度必须至少包括以下三个方面：第一个方面是属于义务性的，对于政府而言，是必须切实贯彻实行的核心，例如对公共安全防范的相关法律法规等，政府以外的责任主体同样需要履行责任性的义务。第二个方面是属于保障性的，对于政府而言，要保障城市公共安全治理顺利实施，必须有支撑性的制度，例如城市规划、建设时限等。第三个方面是追责性的制度，对于政府而言，要有权力清单，才能有效约束政府的行为。各类责任主体都需要为自己的行为承担应有的公共安全责任，接受社会舆论的监督。只有这样，通过负责任的制度建设以实现硬约束，才能充分发挥政府等责任主体在城市公共安全风险预防和控制当中的作用。

**（三）提高政府风险防范能力与社会公众自救能力**

只有进行综合治理，才能应对城市公共安全的风险。风险源头本身就具有多样性和复杂性，因而我们必须坚持的综合治理和系统管理这一重要原则。也就是说，城市公共安全风险的预防和控制不仅仅是政府的责任，也应该是政府与企事业单位和各类社会组织共同合作、共同治理的结果，这是有效应对公共安全问题的关键之一。要想让政府和社会组织发挥各自的特点和优势，必须能真正高效地处理好两者之间的关系。在这一点上，我们应该充分发挥不同社会主体的行动在城市公共安全风险管理流程的作用，促进政府、企事业单位、各类社会组织等认知科学的公共安全风险，并加强相互之间的协作和合作，从而形成一个城市公共安全风险预防和控制的社会基础。在这个基础之上，才有可能实现地方政府的风险防范能力与社会公众自救能力两者共同提高。

面对城市公共安全管理的复杂形势，我们应立足现有条件，不断提高应急的能力。城市公共安全的风险预防和控制是一个现实的问题，一定程度上也是随着中国城市化的程度提高而愈发显得更加重要。目前，我国的公共安全风险治理基本上停留在事发时的应急处置和事发后进行处置的阶段，事前的预防和事前监控并没有完全成为我国城市公共安全治理的标配。只有当政府和全社会都越来越关注城市的风险问题的时候，只有当城市管理社会参与程度越来越高的时候，我们的公共安全风险管理水平才能摆脱目前的状况。展望未来，借助大数据技术的发展，我们要采集更多的城市公共安全风险管理和控制的具体数据，通过实证研究，进一步探索城市公共安全风险管理的改善路径，以实现"无急可应，有急能应"的社会公共安全治理的目标。

## 参考文献

[1] 黄典剑，李传贵. 国外应急管理法制若干问题初探［J］. 职业卫生与应急救援，2008（2）.

[2] 郭晓来. 美国危机管理系统的发展和启示［J］. 国家行政学院学报，2004（1）.

[3] 钟开斌. 伦敦城市风险管理的主要做法与经验［J］. 国家行政学院学报，2011（1）.

[4] 杨鸿台. 特大型城市制定《城市公共安全管理条例》的立法必要性[J]. 中国名城，2013（1）.

# 推进全面安全治理，提升城市安全水平

李雪峰

（国家行政学院　北京　100089）

**摘　要：** 城市公共安全所面临的安全风险在空间维度上是多层面的，在时间维度上是连续连锁的，在系统整体上是开放复杂的，在风险来源上是深刻难除的。面对城市公共安全的挑战，应以全面安全治理的理念引领城市公共安全治理工作，体现公共安全的全面参与、全面共享、全面协同、全面覆盖。城市全面安全治理要从源头治理、安全运行、风险治理、应急治理、基础治理五个方面展开。为了确保这五方面治理，城市需要组织保障、法治保障、科技保障、资金保障。

**关键词：** 城市公共安全　全面安全治理　应急管理

城市是人口与产业集中、经济与社会体系复杂的地域社会共同体。近年来，发生在城市的自然灾害（如"7·21"北京水灾）、事故灾难（如"8·12"天津港爆炸）、社会安全事件（如"12·31"上海外滩踩踏）等危害城市公共安全的事件触目惊心，更加引起人们对城市安全治理的关注。为了人民安全和人民幸福，从战略高度研究城市公共安全治理具有十分重要的意义。

## 一、推进城市全面安全治理的必要性

作为人才、资源的集中地，城市在应对公共安全问题方面有着自身的优势。但城市公共安全所面临的安全风险在空间维度上是多层面的，在时间维度上是连续连锁的，在系统整体上是开放复杂的。而且，城市安全风险的形成往往有着长期的"埋伏""铺垫""积累"。所有这一切都意味着需要全面的安全治理，而不能仅仅是做好"应急管理"。

一是风险空间上：多重安全隐患带来多方安全威胁。前述来自自然的、人为的、社会的、治理的多方面安全隐患是客观存在的。城市安全问题类型多样丰富，不同类型因素交互复合，使问题更为庞杂无绪。在经济全球化和快速城市化背景下，城市安全问题变得更为复杂。

二是风险发展上：安全问题极易引发连锁反应。城市是一个复杂的有机体，城市运行安全涉及人们生活的方方面面，生产、交通、市政、环境秩序、医疗防疫、水务、电力、气象、食品卫生、安保等等，这些要素相互交织在一起，牵一发而动全身。城市安全隐患一旦发展成为突发事件，在复杂的城市体系中就极易触发次生、衍生灾害，引起一系列连锁反应。在事件的发生发展演化过程中，充满着不确定性，展现着对有效处置要求的紧迫性。

三是风险环境上：城市的开放性导致公共安全问题复杂难控。城市运行系统是一个典型的开放系统，它与外部系统存在着人员、物质、能量、信息以及资金等各要素的交流。这种开放性使得城市资源远远不足以保证对安全问题的绝对有效管控。

四是风险来源上：城市安全风险源头深刻且难以简单消除。我国正处于经济高速发展期和经济转型期，城市规模的扩大、经济的高速发展、人口的不断增长，导致城市资源紧张、环境恶化，并进而引发利益冲突、矛盾不断。所有这些都使得安全隐患极易生成、潜伏、积累，甚至爆发。

## 二、城市安全治理的理念

城市安全问题的多样性、关联性、开放性、复杂性要求要建设集成的、综合性的公共安全治理体系。单一的应对措施只能起到头痛医头脚痛医脚的作用。面对城市公共安全的挑战，我们应以全面安全治理的理念引领城市公共安全治理工作。全面城市安全治理要体现人员全面参与、资源全面共享、行动全面协同、领域全面覆盖。

### （一）人员全面参与

城市安全涉及方方面面和千家万户，仅仅靠政府而没有人民群众的广泛参与是不可能确保公共安全的。要确立公共安全为了人民，也要依靠人民的思想，全面动员社会各界和广大人民群众投身到安全治理当中。应从全体市民参与、社区参与、企事业单位参与、公共安全社会组织参与、有关政府部门参与等多方面落实公共安全的全主体参与。当然，广泛参与涉及参与的主体、参与的方式、参与的权利义务等，因而也是一项复杂的系统工程。

### （二）资源全面共享

公共安全保障需要资源和付出。资源全面共享首先是公共安全信息的全面共享，使安全数据搜集、数据整合、数据提炼、数据挖掘、形势分析、情势判断、处置应对等工作建立在充分的信息共享基础上。资源全面共享还要包括安全相关的物力、财力、人力等资源也能够依法依规形成合力，形成整合的公共安全治理能力。

### （三）行动全面协同

行动全面协同首先是在城市政府层面，要建立健全跨部门工作机制，实现公共安全各项工作的协同推进；其次是城市与政府的上下层级之间的协同，以及与相关企事业单位、社会组织等的跨界协同。

### （四）领域全面覆盖

城市公共安全不是少数部门、少数领域的事情。安全问题的广泛性要求城市也必须从城市安全的风险隐患源头抓起，从城市日常安全运行做起，全方位地进行风险治理和应急管理。

## 三、城市全面安全治理框架

依据上述讨论，城市的全面安全治理应从以下五个方面入手。

### （一）源头治理战略

#### 1. 城市公共安全规划

城市公共安全规划是通过对城市进行风险评估分析，着眼于最大限度地降低公共安全事件对城市产生的不利影响因素，对城市公共安全相关的基础设施和公共安全能力发展所做出的规划。城市公共安全规划的实施过程是提升城市公共安全水平和能力的过程。

城市公共安全规划有三个层面：一是城市总体规划中的安全保障方面规划。城市总体规划应明确保障城市安全的基本原则，在对城市资源和空间的合理利用和配置的安排中，对降低城市的自然环境和人工环境安全隐患做出规划。二是依据城市总体规划制定城市公共安全专项规划或城市防灾减灾综合规划，对城市公共安全设施与城市安全能力建设作出详细规划，并强化落实安全保障内容。三是必要时，在城市公共安全或综合防灾规划基础上，进一步针对重大危险源或重大公共安全问题作出专项规划（如防洪排涝规划）。

#### 2. 提升城市基础设施的安全性能

一是加强新建基础设施的安全性。在建设城市道路、交通枢纽，以及其他公共场所时，对所建项目的事故致灾风险度进行评估，确保各相关安全标准规范得到落实，使新建项目最大限度地减少安全隐患。二是提升既有基础设施的安全性。要结合城市新区建设、旧城改造、城市道路新建等项目建设，实施对于城市燃气、排水、供水、电力、通信等地下管网的改造；有条件的地区，推广城市综合管廊建设，并加强城市地下综合管廊的安全管理。

3. 城市公共安全问题应对的设施建设

一是加强城市生命通道建设，加强对在突发事件中供救援车辆装置和人员快速到达事故现场所使用的道路、空域、水域等通道的建设。二是优化医疗救护、应急救援、城市消防等防灾系统的资源配置，从系统构成、设施布局、结构方式等方面完善城市公共安全应对系统的功能。

**（二）运行治理战略**

城市安全运行治理，就是城市在各类保障手段、技术和条件的支撑下，自我组织和调节的、不断修正航线的，沿着正确的轨道向前发展。

1. 提升城市安全运营的专业化水平

城市基础设施和公共安全设施的日常运行应在专业化的运行管理体系中进行。其中生态环境安全、人文设施安全、水源安全、交通安全等都应在严格的安全规范下运行并受控。

2. 提升社会治安综合治理水平

要着力构建和完善立体化的治安防控体系。应深入落实"打防结合、预防为主、专群结合、依靠群众"的方针，周密防范，齐抓共管，切实加强治安防范体系建设。最大限度地调动社会治安辅助力量参与治安防控的积极性，开展治安巡逻和定点守护工作，提高有警密度、有警时间和快速反应能力，与警察共同构成社会治安防控体系的主体。

3. 加强城市安全智能化监管

一是推进城市安全管理和监测的信息化和智能化建设，构建城市运行安全公共信息平台和基础情况数据库，实现各系统互通互联，对城市基础设施、公共设施等的安全运行状况实时监控。二是加强城市基础设施的智能化水平，实施智能管网工程、智能水务工程、智能交通工程，建立地下管网综合信息系统、水监测系统、暴雨内涝监测预警系统、城市交通诱导系统等。三是充分运用现代化、信息化、智能化的城市安全运行监管手段，实现运行管理信息化、基础设施智能化、公共服务便捷化、安全保障精细化。四是加快推进国家、省（区）市、城市等各级综合管理信息平台的互联互通，健全预警预报和信息发布机制。

**（三）风险治理战略**

1. 建立风险评估与安全运行评价机制

制定科学合理的城市风险评估、预判与安全运行评价指标体系。以各种安全信息为基础，定期评估城市安全一般状况，考核城市各类设施运行安全的现状水平和状况。定期公告，引导和指导地方政府树立和实施正确的城市安全运行理念，保障城市运行安全。

2. 加强日常公共安全信息监测

建立跨部门、跨区域、跨灾种的综合数字化安全信息监测平台，提高对城市运行中出现的各类突发事件的信息水平和能力，加强对次生、衍生灾害的综合分析能力。

3. 完善突发事件预警机制

加强城市综合预警和监测预警的能力建设。一是建立健全各类突发事件预警指标体系和管理制度，完善预警信息快速发布机制，规范预警级别的动态调整及解除。二是充分利用多形式、多备份的预警信息发布手段，扩大预警发布渠道，着力解决预警发布的"最后一公里"问题。规范和细化各类预警响应措施与协调联动机制，增强预警响应能力。

**（四）应急治理战略**

1. 完善城市应急准备机制

应当以应急预案体系建设为核心，完善城市应急准备的人员准备、物资准备、应对机制准备。

2. 健全城市应急响应机制

健全城市抗震、防洪、排涝、消防、交通、应对地质灾害应急指挥体系，构建综合应急指挥平台体系。以快速有效处置城市运行事故灾难和自然灾害、公共卫生事件和社会安全事件的需求为引导，通过应急技术支撑系统、集成 GIS 地理信息系统、大数据分析和计算机辅助决策预案系统，加强行业内与应急相关的数据收集与统计，强化对现有城市应急资源（软硬件）的整合力度，推进城市内各行业和城市间的应急资源共享，不断推进市综合应急响应水平的提升。

3. 完善城市恢复重建机制

制定城市灾后恢复与重建制度，为城市突发事件发生后的调查、问责、恢复、重建等工作提供物质基础和保障。要把握住每一次较大（或影响力极坏）灾害事件所带来的机遇，通过恢复重建提升公共安全治理能力。

**（五）基础治理战略**

1. 完善城市安全法制、体制、机制

一是要依据相关的上位法律法规，不断完善城市公共安全法律法规。二是研究城市安全运行统一监管体制，明确主管部门，加强对城市安全运行的统一领导和综合协调。相关部门按照分类管理、分级负责和属地为主原则实施对相应领域的安全监管。三是不断完善城市防灾减灾和治安防控体制机制，构建一个包括决策指挥系统、组织实施系统、物质保障系统、技术支持系统、信息传播系统等在内的多层次、多序列的管理体系，增强处置突发事件和危机管理的能力。

### 2. 提升城市安全救援能力

建立专业化、职业化救援队伍，提高基层队伍的应急救灾能力。建立以公安消防、特警以及武警、解放军、预备役民兵为骨干，企业专兼职救援队伍和社会志愿者共同参与的应急救援体系，强化各队伍之间的协作机制建设，理顺各奇偶股之间的工作关系，做到应急联动、协同应对。

要建立更为有效的社会动员机制，健全应急志愿者队伍体系。招募、动员、组织和鼓励志愿者参与应急知识宣传普及、技能培训、应急演练、突发事件辅助救援等工作。

### 3. 培育城市安全文化

城市安全文化是城市发展维护安全环境，在内外环境作用下形成的精神、观念、态度及行为的总和。城市安全文化以保护人的身心健康、尊重人的生命为目的，与城市的类型、特点、历史传承及发展阶段等诸多因素相关。安全文化建设一方面有助于控制人们的不安全行为减少人为事故，另一方面增强居民归宿感与责任感，使其积极参与维护城市安全的工作。

增强全民的城市安全防范意识，提升公众避险救助能力。一是加强对社会公众预防、避险、自救、互救等应急防灾知识的普及教育和演练，形成全民动员、预防为主、全社会防灾减灾的良好局面。二是开展基层应急教育进课堂和情景体验等活动，将重要的灾难安全教育融入日常教学中，向学生传授防灾减灾知识和技巧，提高其自救和互救的能力。三是以微博、微信等互动新媒体为突破口，形成全民参与应急防灾的新风尚。各级政府运用政府网站、微博、微信等互动新媒体，以"公共安全多元共治"为主题，充分发挥公民、法人和其他组织在公共安全治理中的作用。

## 四、城市全面安全治理的保障

为落实上述五项城市公共安全举措，要在以下方面提供保障。

### （一）加强领导和组织保障

城市可以考虑在既有的城市应急管理委员会基础上，组建城市公共安全委员会。该委员会作为城市公共安全治理的最高机构，全面担负起为城市安全发展保驾护航的职责。城市公共安全委可以将现有减灾委、安全生产委、综治委等机构作为其下的专项委员会。而城市政府应急管理办公室则可以转型成为公共安全治理办公室，作为城市公共安全委的办事机构。

### （二）依法支持城市公共安全治理

政府要把法治思维和法治方式全面运用到城市公共安全治理中。第一，要强化执行国家公共安全相关法律法规的严肃性。政府应依法履行公共安全治理责任，克服履职不到位甚至玩忽职守等问题。第二，城市制定的政府规章、应急预案等都要有严格的法律依据。第三，在关乎群众利益的执法过程中，如在处理征地拆迁、劳资纠纷和环境污染等事关群众切身利益的矛盾纠纷方面，要克服习惯于过度依靠个人经验、能力，习惯于"上级指示"的做法，依法处置。

要加强对公务人员公共安全法制宣传教育。真正让法律法规成为领导干部开展公共安全工作的行为规范和行动准则，养成在法治约束下想问题、订规划、做决策、办事情的习惯。

### （三）提升城市公共安全科技水平

支持发展保障城市发展过程中的安全技术，包括城市消防安全保障技术、城市生产安全保障技术、城市交通安全保障技术、城市民生安全（供排水、燃气供应、电力供应、物资供应、食品卫生、医疗、居住等）保障技术、城市安全防范系统保障技术、城市防灾减灾系统保障技术、城市空间安全保障技术以及城市安全文化系统保障技术等。

### （四）加强城市安全运行和应急管理资金保障

一是加强政府对于城市安全运行和应急管理的财政投入，特别是对市政公用设施养护和运行管理的资金投入。二是充分发挥社会资本优势，通过探索设立城市安全运行和应急公共基金，以及建立健全安全运行和应急保险制度等，拓宽城市安全运行和应急管理相关领域的资金投入，扩充保障能力。

## 参考文献

［1］李震等. 当代西方城市安全观念变迁［J］. 后勤工程学院学报，2010（6）.

［2］陈宇琳等. 基于风险社会视角的城市安全规划思考［J］. 城市发展研究，2013（12）.

［3］佟志伟. 美国"安全城市计划"及其启示［J］. 新视野，2013（5）.

［4］李温．英国"安全城市战略"的启示与借鉴［J］．北京人民警察学院学报，2012（9）．

［5］孙明．城市公共安全规划探究综述［J］．山西建筑，2013（11）．

［6］李雪峰．公共安全亟需源头治理［J］．学习时报，2016－3－2．

# 加强城市非工程震灾防御体系建设的几点思考

何颖 王华 李明 蔡和平

（国家行政学院 北京 100089）

**摘 要：** 中国是地震灾害最为严重的国家之一。依靠地震预报来达到减轻地震灾害的目的，仍是一个时期内无法实现的目标。在这种情况下，依靠震害防御体系来达到减轻地震灾害的目的就成了工作的核心。为了切实减轻地震灾害所带来的损失，就需要不断增强全社会的防震减灾意识，提升全社会的震害防御能力，加强对工程抗震设防工作的监管和服务，完善防震减灾综合防御体系建设，为社会公众提供长期有效的地震公共安全服务，为经济社会的持续快速协调发展提供地震安全保障。

**关键词：** 城市 非工程防御体系 建设

我国 41% 的国土面积、50% 的城市、70% 的百万以上人口的大中城市，都位于七度或七度以上的地震高烈度区。地震灾害对城市建设工程的严重破坏，是造成大量的人员伤亡和重大经济损失的主要原因。"城市地震造成的人员伤亡和经济损失为全球灾害之冠"。随着社会经济的快速发展，我国的城镇化水平迅速提高，人员分布和社会财富也日益集中，破坏性地震对城市公共安全和人民的生命财产安全的威胁也逐渐加剧，在一定程度上严重制约和影响了我国经济社会的可持续发展。要切实减轻地震灾害的损失，必须大力提升震害的防御的核心能力，加强建设工程抗震设防要求监管与服务，增强全社会防震减灾意识，提高地震灾害综合防御能力，尤其是加强最为薄弱的非工程性震害防御体系建设，为社会公众提供有效的地震公共服务，对我国经济社会可持续发展意义重大。

2000 年，中国地震局提出防震减灾的三大工作体系，即监测预报、震害防御和应急救援。其中监测预报是基础，震害防御是核心，应急救援是保障。由于地震预报是世界性的难题，依靠地震预报来达到减轻地震灾害的目的，仍是一个时期内无法实现的目标。在这种情况下，依靠震害防御体系来达到减轻地震灾害的目的就成了工作的核心。

震害防御是指地震发生之前应做的防御性工作，分为工程性措施和非工程性措施两种。工程性措施是指对新建、扩建、改建工程必须按抗震设防要求和抗震设计规范，对已经建成的建筑物、构筑物，未采取抗震设防措施的应采取必要的抗震加固措施。而非工程性防御措施是指法律法规建设、防灾型社区建设、地震科普宣传与社会参与、地震保险、地震监测预警、救灾制度建设等，旨在增强全社会的防震减灾意识，提高避险、自救、互救的能力，以及抗震救灾准备等方面的灾害预防能力。在震害防御体系内，工程性震害防御体系的建设往往受限于经济发展水平，但非工程性震害防御体系的建设，其成效更多依靠制度的建设而非财力的投入，因此强化非工程体系建设一直以来是防御体系建设的主要内容。

## 一、我国城市非工程震害防御体系建设取得的进展

历经 40 多年的防震减灾工作实践，我国非工程震害防御工作已经形成了较为完整的体系。

一是震害法律制度建设取得了较快进展。目前已颁布和实施了《中华人民共和国防震减灾法》和《地震监测管理条例》《破坏性地震应急条例》《地震预报管理条例》《地震安全性评价管理条例》等法律法规，制定了 8 项部门规章和 84 项国家和行业地震标准，各省、市、区也依据国家有关法律法规，结合当地实际，出台了一系列具有较强针对性和操作性的地方防震减灾法规和规章 70 多项，为城市防震减灾各项工作提供了法律依据，明确了城市防震减灾社会管理和公共服务的主体与内容。

二是城市防灾型社区的建设初见成效。我国早期的城市地震安全示范社区建设，主要以小区建设为主，即选取标志性的小区，按照地震应急的各项要求展开建设，如科普知识宣传、规划应急疏散通道、建立应急资源储备点、组织疏散演练等。为提高城市社区防御地震灾害的能力，2008 年，中国地震局在全国范围内选取了 7 个示范点，建设以社区志愿者队伍建设、防震减灾科普宣传等为内容的地震安全示范社区，由此城市防灾型社区建设得到迅速的推广和发展。2010年，大连市建成两个地震安全示范社区，即"永嘉西safety路长兴城市综合体"和澳南"明秀庄园"。这两个社区从规划设计阶段就充分考虑和评估潜在破坏性地震危险，通过采取隔震消能等技术使建筑物达到抗 8 度地震烈度的设防等级，实现大震不倒的目标。这两个地震安全示范社区还综合运用多种防震避险手段，以期达到综合减灾的目标。这种从规划设计入手，运用各种手段达到综合减灾目标的城市小区，在我国尚属首次。2012 年 5 月 4 日，中国地震局出台了《地震安全示范社区管理暂行办法》，规范国家地震安全示范社区的创建工作。

　　三是防灾"六进"活动深入开展。全国各地根据《中华人民共和国防震减灾法》等法律法规和《中小学公共安全教育指导纲要》等文件精神，开展了防震减灾科普示范学校创建活动，部分省市还专门出台了有关防震减灾科普示范学校建设的措施办法。近年来，我国防震减灾科普宣传教育不断深入，全国建成国家级科普宣传教育基地 45 个，省级教育基地 66 个，科普示范学校 1800 多所，各地普遍开展防震减灾科普知识"进机关、进学校、进企业、进社区、进农村、进家庭"，增强了全社会的防震减灾意识。

　　四是积极推进城市应急避难场所建设。地震应急避难场所的建立是为应对地震等突发事件，经规划、建设，备有应急避难生活服务基本设施，可供居民紧急疏散、临时生活的安全场所。2003 年，北京市地震局在朝阳区元大都城垣遗址公园建立的应急避难场所是全国第一个地震应急避难场所。中国地震局于 2004 年下发了《关于推进地震应急避难场所建设的意见》，开始推动地震应急避难场所建设工作。目前，全国所有大中小城市均开辟了应急避难场所。

　　五是地震灾害保险制度的不断完善。一直以来，在灾害面前我国地震保险制度突显无力。据统计，目前我国各类自然灾害造成的经济损失，其中保险赔偿仅占损失的 5%，远低于 36% 的国际平均水平。早在 2001 年，保监会出台《企业财产保险扩展地震责任指导原则》（保监发〔2001〕160 号）规定，该原则规定，地震险可以作为企业财产保险的附加险承保。2006 年 6 月颁布的《国务院关于保险业改革发展的若干意见》中明确要求，立足国情，建立国家财政支持的巨灾风险保险体系。2008 年修订的《中华人民共和国防震减灾法》第四十五条规定，"国家发展有财政支持的地震灾害保险事业，鼓励单位和个人参加地震灾害保险。"这说明我国早就充分认识到了地震灾害可能带来的危害，也认识到地震保险可以发挥风险转嫁作用。地震附加险是 2000 年 7 月经保监会批准设立的，收费标准是主险的 10%。但由于种种原因，地震附加险未能普及。2008 年汶川地震后，苏黎世保险北京分公司推出国内第一个家庭房屋地震附加险。国内第一款重大自然灾害保险产品是在汶川地震之后的一个月，中国人寿正式推出涵盖地震、洪水等 6 种重大自然灾害，承担由灾害引起的被保险人身故和残疾责任的重大自然灾害意外伤害保险产品。

　　六是地震监测手段日趋科学。地震监测系统实现了数字化观测与数据传输。地震监测系统主要有测震台网和前兆台网两个部分。中国数字测震台网由国家测震台网、区域测震台网、火山台网、流动测震台网及国家级和区域级台网中心组成。中国地震前兆台网由国家重力台网、国家地磁台网、地壳形变台网、地电台网和地下流体台网 5 大观测台网及前兆台阵和台网中心组成。目前,我国的测震台网已经全部实现了数字化观测与数据传输。前兆台网除少量观测手段仍需要人工进行观测之外,绝大部分也实现了观测的数字化,所有的前兆测项都实现了数据网上传输与共享。

## 二、城市非工程性震害防御体系存在的主要问题

我国非工程性震害防御体系取得了一定的成绩,但是同防震减灾的社会需求相比,非工程性震害防御工作仍存在明显的不足。

一是防震减灾法制建设相对滞后。目前,我国的防震减灾法律体系基本的法律比较单一,只有《防震减灾法》1 部,另外《突发事件应对法》可以在某些范围内对其给予一定的补充。但是,地方性法规参差不齐,规范对象和内容各省不一;各省区的地方性法规的法律效力也不尽相同;在各种法律法规中,对于行业管理方面的规定比较多,对于社会服务方面即服务民生方面的规定则相对较少;新修订的《中华人民共和国防震减灾法》颁布实施后,震害防御法规、规章、规范性文件等地方性法规体系亟待完善和健全。

二是防灾型社区建设推进进程受限。尽管有全国《地震安全示范社区管理暂行办法》的出台和大连市两个地震安全社区的建成,我国地震安全社区建设始终还处在示范的阶段。即使是大连这两个社区防灾型社区,其应对破坏性地震能力尚需经过实践的验证。

三是地震科普宣传工作手段单一。主要问题有:灾害科普宣传没有形成长效机制,一般集中在纪念日期,平时却很少进行;宣传的方式比较单一,以发放宣传材料、接受咨询和参观讲解为主;科普作品体系和创作队伍建设显不足;防震减灾科普作品形式有创新,科学权威、通俗易懂和喜闻乐见的科普精品缺乏;全社会防震减灾宣传教育深度广度不够,防震减灾科学知识普及率不高;科普宣传只是在城市某些点(如部分学校、社区、企业等)进行,受众范围非常有限。另外,在防震减灾示范学校的创建方面,教育部门与地震部门的责任分工不够明确,缺乏沟通,双方没有形成合力,多地防震减灾示范学校的创建流于形式。目前,全国各地已经命名了一定数量的防震减灾示范学校。但大部分学校仅仅把此称号当成了一种荣誉。为了获得荣誉而集中开展一些活动,之后就束之高阁的学校不在少数。

四是社会力量主动参与防震减灾工作程度较低。目前我国民众主动参与防震减灾的比例较低,热情不高。特别是经济欠发达地区,防震减灾志愿者的比例与

全国相比较低，且防震减灾志愿者在地震灾害发生时，往往缺乏有效的组织管理，尽管《国家地震应急预案》中对志愿者的管理有明确的规定，但是从近年来几次大的抗震救灾行动中来看，志愿者的行动仍多处于无序管理的状态。同时，有关部门对志愿者的培训也非常有限，导致志愿者参与防震减灾的基本技能不高，也影响了志愿者在防震减灾工作中的作用的正常发挥。政府对于防震减灾志愿者的管理水平和培训力度都有待提高。

五是地震保险很不完善。我国的地震保险制度依然没有出台，而商业保险公司不愿意承保地震风险的主要原因有：（1）由于地震预报属于世界难题，地震及其所导致的灾害损失无法准确预测，保险费率难以确定。（2）地震保险具有明显非理性选择特征，商业保险公司都不愿承保地震风险。（3）偿付能力不足，商业保险难以完全容纳地震保险。2008年汶川地震后，我国独立的商业地震保险产品才刚刚开始推出。目前现有的地震保险不仅险种少，而且参保和赔付的条件也比较严格，并不能承担保险在地震救灾中转移风险、分担损失等应有的作用。

六是地震监测和预警系统建设还相对较弱。我国的地震监测台网虽然已经具备一定的规模，但与我国960万平方公里的国土面积相比，台站的数量仍明显不足。特别是从布局上看，东部较为密集，特别是首都圈及其他经济相对发达的地区密集程度比较高，而西部台站比较稀疏。

## 三、加强城市非工程性震害防御体系建设的建议

非工程性震害防御体系作为准公共产品，应满足公众对于地震安全方面的需求。为此，应积极借鉴国外如日本、美国等国家以及国内防震减灾工作做得较好的省区非工程防御体系建设的先进经验，努力完善相关举措。

一是防震减灾法律体系。要加强法制建设，把防震减灾及其相关的各项工作都纳入法制化管理的轨道。（1）提高法制建设的时效性和科学性。根据情况的变化及时补充和修订相关的法律规定，以适应我国防震减灾事业的发展和社会的进步。（2）扩大法律法规的覆盖面。将防震减灾法律规定的范围由行业内部管理为主，扩大到社会的相关领域，使得人们在防震减灾工作中遇到的大部分问题都能够有法可依。同时还要提高法律法规的可操作性，使得法律法规在执行过程中能够主体、客体明晰，目标明确，责任分明。（3）提高法律法规的有效性。不仅要注重立法，更要注重执法，要树立正确的行政执法意识，对执法主体予以充分的授权，并通过建立健全相关制度，将执法责任落实到具体的管理部门，建立依法行政程序和执法过错追究等制度，提高法律行为的执行力度。建立正确的执法程

序，保证执法行为的科学有效。（4）强化监督，保证法律法规全面正确地实施。建立有效的监督机制。执法部门要自觉接受同级人大的监督，积极配合针对性地震监测设施和观测环境保护、地震安全性评价等重要问题开展专项的行政检查。加强行政复议工作，对复议案件要依法处理，保障公民和各类组织的合法权益。

二是地震安全社区建设。《地震安全示范社区管理暂行办法》中，对要求防震减灾示范社区必须达到十二项具体要求。在此基础上，全国各省区都要进行地震安全示范社区的创建与评选工作，对地震安全社区的管理工作进行了规范。在地震安全示范社区的评选方面，应提高评选的严格性和科学性，减少功利性。在评选标准上应更加细致，某些工作不能有了就算数，更不能为了完成任务降格以求，要注重具体的内容和实际的效果。

三是防震减灾科普宣传。（1）加强科普宣传体系建设。利用各种渠道和方式，大力普及地震灾害防御科学知识，提高各级政府和全社会地震安全素质，为做好震害防御各项工作，提高全社会地震灾害综合防御能力营造良好社会氛围。（2）创新科普宣传作品形式，努力打造精品。特别是针对街区、街道居民，应制作一些适宜的地震科普宣传材料。并采取群众易学易懂的形式开展广泛的宣传工作，让地震科普知识能够真正地让大家所接受，用科学防震减灾的理念指导生产生活，最大可能减少地震所带来的损失。

四是切实发挥科普示范学校的作用。防震减灾科普示范学校的创建要减少功利性，要把工作的重点放到"科普"和"示范"两个主要方面上来。教育部门应在地震部门的指导下，采取有效的措施，通过知识宣传、模拟操作、应急演练等方式切实提高学校师生应对地震等突发事件的能力。

五是社会参与防震减灾。（1）树立并倡导正确的价值理念。政府首先应树立并在全社会倡导正确的价值理念，不断提高公民的道德素质，增强公民服务社会的责任感，充分调动公民对社会事务特别是地震等应急性灾难事件的参与热情。（2）畅通公民参与防震减灾等各种志愿活动的渠道。（3）加强对防震减灾志愿者的组织和管理。科学地设置志愿者管理机构和管理方法，使得志愿者能够在地震等应急事件发生时能够充分发挥自己的作用，提高其参与防震减灾工作的能力。

六是地震应急避难场所建设。加强地震应急避难场所建设，应该从以下几方面进行：（1）地震应急避难场所的建设要有合理的规划。当地政府应对各市区的公园、绿地、广场、体育场馆、学校操场等场地数量、地点、面积、位置的现状进行调查与统计分析，在此基础上，结合城市的发展方向和空间布局，以规划建设和改造相结合为原则，按照避难场所和疏散通道规划建设的规范要求进行建设和改造。在进行新建城区的整体规划时，应根据城区未来人口的分布情况，规划出能满足居民地震应急避难需求的场所。（2）加大对地震应急避难场所的投入。地震应急避难场所不应该是荣誉和政绩，而是为居民提供实实在在的应急避难服务的场所。它不仅用来在大震发生时避险，更重要的是在大震发生后为居民提供临时生活的保障，因此其相应的供水、供电、卫生防疫等生活设施应该配备齐全，并在平时经常进行检查。（3）重视地震应急避难场所的应用。为了在地震发生时真正发挥其应急避难的作用，在平时通过地震科普宣传、应急演练等多种活动，使得居民对于自己居住点附近的地震应急避难场所有清晰的了解，明确自己应该到何处避险以及如何避险，熟悉地震发生时的疏散逃生路径。

七是加强地震保险法律、法规建设。（1）加强对地震灾害数据的收集和研究。通过地震灾害数据的收集，尽快建立地震灾害数据库，为国家地震保险费率的确定奠定基础。同时地震保险的费率方案既应体现不同区域的风险程度，适度推行低风险地区对高风险地区的补贴，以有利于地震保险的推广。（2）政府应以半强制的方式，通过注入财政资金，尽快建立地震保险基金，推动地震保险市场的发展。另外，政府根据财政状况和地震形势的需要，早期应注入一定的财政资金，以尽快建立地震保险基金。（3）采用分层技术解决偿付能力问题。将可能的地震风险责任划分为若干层，不同层各责任主体承担不同责任，最后国家财政要"兜底"，这样就能够最大限度地解决偿付能力问题。同时，也可以减轻商业保险公司的赔付压力，调动其参与地震保险的积极性。

八是强化震监测和预警系统建设。尽管监测台网的布局随着数字化台站的建设，在近年来有了一定的改观，但是从总体来看，全国目前的监测台网的监测布局仍不够合理，监测能力分布不均，与地震监测和科学研究的需求很不适应。因此建议在以后的台网建设中，能够在先进的无人值守观测技术的支持下，更多地考虑地震定位和科学研究的需要，科学合理地研究设计台网的布局，在一些地震多发区、断裂构造的特殊部位、地球物理和化学性质异常区域等典型区域增加台站的密度和观测手段的数量，以提高地震定位的精度，增强对地震前兆异常的监测能力。对监测能力相对较弱且分布不均的地区，更应该加大投入，增强西部和南部等弱监测能力地区的台网密度，采取合适的观测技术手段，安装适宜的观测仪器，使得该类地区的监测能力能够得到整体的提升。防震减灾是一项专业技术性很强的工作。震害防御工作的实践水平直接取决于与科学技术的发展。无论是工程性防御还是非工程性防御，都需要先进的科技作为支撑。

总之，非工程性震害防御体系作为一项社会准公共产品，涉及的领域非常多，理应由政府主导提供，政府应促进防震减灾工作适应市场经济发展的新形势，创新工作思路，在市场经济环境中寻找正确引导社会组织和个人积极参与地震灾害防御活动的有效途径。积极拓宽思路，以市场的激励作用，实现技术转化与社会服务产业化的目标，有效地提供法制建设、科普宣传、地震预警、地震保险、应急避险设施配备以及演练等方面的非工程性震害防御的公共产品，为社会公众提供长期有效的地震公共安全服务，为经济社会的持续快速协调发展提供地震安全保障。

## 参考文献

［1］张风华，谢礼立，范立础．非工程因素对城市地震灾害损失影响评价方法［J］．同济大学报（自然科学版），2004（7）．

［2］王根龙，张军慧．中国地震灾害防御对策的进展及今后的发展趋势［J］．防灾技术高等专科学校学报，2004（2）．

［3］陈江驰．防震减灾科普示范学校建设的现状和应注意把握的几个环节［J］．国际地震动态，2010（7）．

［4］刘海燕．中日非工程性震害防御体系比较研究［D］，昆明：云南大学，2011．

［5］陈凯．我国建立地震保险的思考［J］．甘肃农业，2011（3）．

［6］徐丽珊，胡子祥．我国突发性重大自然灾害救助机制探析——以汶川地震抗震救灾为例［J］．乐山师范学院学报，2009（8）．

［7］安建，张穹，刘玉辰．中华人民共和国防震减灾释义［J］．北京：法律出版社，2009．

第二部分　　应急管理工作实践

# 北京市西城区在城市社区风险治理中的经验与启示

张秋洁　马英楠　朱伟

（北京城市系统工程研究中心　北京　100044）

**摘　要：** 中国社会已进入城市化的快速发展阶段，各种风险层出不穷。社区是社会的基本组成单元，是各种突发事件最直接的承受者和应对者。因此，以社区为立足点，开展风险治理成了关键。北京市西城区以社区为出发点，在坚持政府主导的前提下，积极探索创新，引入市场机制和社会机制，充分调动企业、社会组织和居民的积极性，共同参与到社区风险治理中。本文分析了西城区在风险治理中的典型做法和经验，以期为其他城市的风险治理提供借鉴。

**关键词：** 风险治理　多元参与　资源整合　政府购买服务

## 一、引言

德国社会学家乌尔里希·贝克在《世界风险社会》一书中提出，人类正步入"风险社会"[①]。中国社会已进入城市化的快速发展阶段，城市规模迅速扩大与基础设施建设、城市管理水平之间有很大差距[②]；同时，人口和家庭结构发生了一系列变化，人口老龄化、人口流动性增强、家庭原子化等降低了个人和家庭面对风险的韧性。可以说，随之而来的也是一个"高风险社会"。

社区是社会的基本组成单元，是各种突发事件最直接的承受者，而社区民众更是风险直接的影响对象与应对者[③]。因此，以社区为立足点，开展风险治理成为关键。作为首都的核心城区，北京市西城区以社区为出发点，在坚持政府主导的前提下，积极探索创新，引入市场机制和社会机制，充分调动企业、社会组织和居民的积极性，共同参与到社区风险治理中。本文分析了西城区在风险治理中的典型做法和经验，以期为其他城市的风险治理提供借鉴。

---

① 乌尔里希·贝克：《世界风险社会》，南京大学出版社 2004 年版。
② 赵秀玲：《城市化与城市安全公共管理》，《学术与争鸣》2007 年第 6 期。
③ 滕五晓，等：《社区安全治理模式研究》，《马克思主义与现实》2014 年第 6 期。

## 二、主要做法和经验

### (一) 创新激励手段，鼓励多元参与

风险治理强调多元主体参与，以灾害防救为例，虽然政府在灾害防救过程中发挥主导作用，但以往经验表明，单纯由政府实施的自上而下的灾害管理体制并不是万能的，往往需要其他社会力量的补充和完善。除了政府外，企业、各种非营利组织、社区组织、志愿者组织等也是风险治理的重要实施者和参与力量。西城区创新激励手段，鼓励多种力量参与到地区风险治理中，其具体做法包括：

1. 通过政府购买服务，吸纳社会组织参与

西城区每年设立一定的政府购买服务资金，将大部分的安全建设项目委托社会组织实施，政府从"运动员"的角色还原为"教练员"和"裁判员"。其中两个有代表性的项目是平房区冬季采暖安全促进项目、区安全社区综合促进项目。(1) 平房区冬季采暖安全促进项目：由于北方平房冬季采暖仍以煤炉为主，为提高居民对安全使用煤炉的认识，增强自我防范能力，通过政府购买社会服务的形式，西城区委托北京市城市系统工程研究中心和北京理化分析测试中心采用专业仪器对地区 100 户平房家庭进行了环境检测，针对每个监测点出具居家气体检测诊断书，对发现的隐患当场提出了整改建议。(2) 区安全社区综合促进项目：相对西城区原有的七个街道，西城区南城的八个街道（属原宣武区）安全基础相对薄弱，为加强南城整体安全建设，西城区通过政府购买社会服务的形式，委托全国安全社区技术支持中心（北京城市系统工程研究中心）对南城整体安全社区建设提供技术指导，全程参与到社区风险评价、工作方案制定、安全促进项目策划与实施及安全项目评估一系列风险管理流程中。

2. 鼓励和培育志愿者组织，创新志愿者参与形式

西城区各街道根据不同区域的传统、文化和风险情况，因地制宜，采用适宜的渠道和形式鼓励和培育志愿者组织。展览路街道充分发挥社区 2 773 名楼门组长队伍的纽带作用，以楼门文化建设为切入点，以政府、社会、居民共同出资、出物、出力的方式，从单一的"警示性宣传"向"知识性、服务性"宣传转变，通过楼道"客厅化"、安全知识展、主题楼道建设等活动，在楼道内搭建居民自我学习、自我保护的平台，方便了社区治安信息的广泛传播。白纸坊街道在所辖 18 个社区组建了治安、消防、交通、城管等各类居民志愿者队伍 10 余支，志愿者人数达 4 350 人，其中防震减灾志愿者 200 余人。社区工作人员积极组织社区志愿者进行日常治安、消防巡视，加强邻里守望责任意识，利用重大节日、会议

等精心设计活动，发挥志愿者服务和示范效应，鼓励志愿者积极参与到安全工作中来。街道还成立了"坊间青年志愿服务营"，建立心理疏导突击队等特色志愿服务小分队，不断规范和壮大青年志愿者队伍，并在辖区 19 个单位及团组织中推选出"白纸坊十大青年先锋"，打造志愿服务品牌。

3. 多渠道并行，鼓励企业参与

除了大力引入社会力量参与社区风险治理外，西城区还通过多种渠道引入企业，主要渠道包括：

（1）引入市场机制，直接购买企业的安全产品和服务。例如，月坛街道出资聘请研发公司，提供科技手段和信息化技术，开发了月坛地域安全隐患预警系统软件。

（2）鼓励企业承担社会责任。通过设立表彰大会、奖励资金，鼓励企业为所在社区提供所需公共安全相关产品和服务。目前，北京市健宫医院等数家民营医院已参与到地区安全建设中，通过定期为所在地居民免费提供急救讲座、现场急救培训的方式，提高了居民自救互救能力。望康动物医院等个体企业也组织宠物医疗专家定期向宠物饲养者和社区居民免费讲解预防犬只咬伤的知识和急救办法。

社会力量和市场力量共同参与风险治理有利于满足不同群体的异质性需求。在这一过程中，不仅能提升了政府的治理能力，而且培育了一批优质的社会组织，增强了基层抗风险能力。

**（二）加强风险监测，重视事前预防**

在风险治理中，事前预防是关键。为加强对地区风险的监测，西城区主要街道均建立了综合性的风险监测系统。以白纸坊街道为例，第一，召开了社区风险辨识及事故与伤害监测工作会，邀请西城区消防支队、交通大队、安全生产办、派出所、社区卫生服务中心和社区居委会参加，研讨落实各项事故与伤害监测的具体工作。全面开展社区风险诊断，通过数据分析、问卷调查、实际走访以及隐患排查等方式，明确社区存在的隐患及其原因，撰写了《社区风险诊断报告》。第二，完善事故与伤害的监测和报告制度。街道安全工作委员会到交通、公安、消防、医疗、安监等职能部门走访，帮助确立事故与伤害监测制度，消防支队负责辖区火灾事故监测，每年提交《火灾事故分析报告》；派出所负责辖区治安案件监测，每年提交《警情分析报告》；交通大队负责交通事故统计，每年提交《交通事故分析报告》；安全监察部门负责安全生产事故统计，每年提交《安全生产管理分析报告》；社区卫生服务中心建立了首诊伤害监测机制，每年提交《居民事故与伤害分析报表》。第三，通过"访、听、解"活动深入基层了解社区居民安全需求。"访"是组织工作人员深入社区调查研究，进行安全隐患排查；"听"是通过召开居民代表会、调查问卷等形式搜集百姓对于安全的诉求；"解"是开展有关工作，解决居民反映的问题。通过上述工作，建立了综合性的风险监测系统，定期对各类事故与伤害进行监测分析并报白纸坊安全社区创建办公室，为风险源的辨识、安全促进项目的设计、效果评估和持续整改计划的制定提供了依据。

### （三）重点提高基层风险应对能力

突发事件发生后，基层是受影响最直接的单元，也是最先响应的单元，因此要培养和提升民众发现风险以及自救、互救的意识和能力①。西城区整合辖区资源，建立社区安全宣传教育和培训体系，向社区工作人员、居民宣传安全知识，培训安全技能。

1. 各社区依托所在地的应急避难场所，定期面向公众开展防灾减灾教育和演练。

以万寿公园为例，万寿公园面积约 4.7 公顷，日接待游人量 3 000 余人次，是全国第一个较完善的防灾避险节水节能型公园。与公园应急避难场所的应急资源相呼应，园内的防灾减灾安全教育基地既是防灾减灾安全知识教育平台，又是应急预备指挥所。社区充分利用万寿公园和公共安全宣传教育基地资源，开展针对社区居民、学校、单位的防灾减灾安全宣教和演练。

（1）完善公园应急避险指挥系统管理。加强应急避险系统、雨水回灌系统、太阳能光伏电站的管理，确保避难场所功能正常运转；加强避难场所水电设施、指示标识、救灾物资等的保管、补充和更新；完善公园应急避险指挥系统，包括指挥中心报警装置、通讯设备等的升级维护，明确各部门职责和任务分工，规范应急程序等；加强避难场所人员管理和专业培训，每年定期开展防灾减灾应急演练活动，锻炼应急救援队伍，提高救护人员协同作战和应急处置的能力。

（2）依托万寿公园和公共安全教育基地，开展防灾避险科普教育和演练。社区面向居民、单位职工、中小学生开展多项科普宣传教育活动，普及地震等灾害应急和救助常识。经常性组织单位、学校及社区居民参观学习，普及公共安全知识，进一步增强全社区灾害风险防范意识，广泛宣传灾害自救互救知识。每年五

---

① 童星：《防灾减灾与社会治理》，《中州学刊》2014 年第 6 期。

月，万寿公园均会开展地震应急演练活动，参加演练行动的包括职能部门人员、医护人员、志愿者队伍和社区居民。累计共接待辖区单位、社区居民、中小学生9 500余人次，放映科普影视48场，发放地震火灾综合应急包270个，在公园、社区、校园、单位共安放展板600块，发放宣传材料43 000余份。

2. 通过政府购买服务的形式，委托社会组织为社区工作人员、居民提供应急能力宣讲。

为了提高基层应急避险能力，通过政府购买社会服务的形式，西城区引入了北京市城市系统工程研究中心，依托各街道的安全教育基地，通过现场授课的方式，针对社区工作人员、居民、企事业单位从业人员和中小学生等群体开展了包括儿童居家安全、老年人跌倒预防、灭火技能培训、火灾紧急逃生等系列安全教育课程。通过这些课程和培训，基层应急能力得到了一定提高。

3. 公共安全宣传教育渠道多样化

由安监局牵头，结合"安全生产月"活动，利用"国际民防日""世界红十字日""防灾减灾日"等重大纪念日，组织开展了一系列以公共安全为主题的大型室外宣传活动。为了让公共安全的概念走进社区，走近居民，区应急办、区人防局、区残联、红十字会等部门合作开展自救互救培训项目，将救助知识送进机关、企业、学校、特殊人群，累计共组织6 319人次参加应急救护培训。

**（四）关注社会弱势群体**

在地区风险治理中，易遭受伤害的弱势群体是重点关注对象。每个社区均针对社区弱势群体（例如学生、老年人、残疾人等）开展了风险评估，并单独设定安全促进项目。下面以白纸坊街道的校园安全促进项目和广内街道的精神残疾人员安全促进项目为例进行说明。

1. 白纸坊街道校园安全促进项目

校园安全促进项目包括如下内容：

辖区各中小学校逐步健全了校舍安全管理、门卫值班管理、校园监控系统、食堂管理、消防安全管理、交通安全管理、学生体育运动及社会实践活动的管理等全方位安全监管机制，实行层层负责制，管理责任到人。进一步完善学校各项应急预案，并每年结合预案进行1～2次疏散演习。

进一步完善校园及周边地区的专门巡逻机制，形成了巡警、派出所警力、协警力量三级巡逻网络，对11所需要重点看护的小学、幼儿园每所配备看护力量为 1 警、2 巡防、4 治安；对其他一般看护的学校配备力量为 2 巡防、4 治安。在学校附近的两个主要十字路口分别部署 1 辆巡逻车待命，以备应急出警，预防各类案件的发生；考虑到部分中小学建在胡同内，街巷较为狭窄，限制了巡逻和出警的机动、灵活性，街道出资 2 万余元购置了 6 辆专用电动自行车，组建了一支 12 人巡防队队伍（包括派出所民警 2 名和巡防队员 10 名），主要负责在中小学、幼儿园上、下学的高峰时段校园周边主要路口和路段的看护。

联合治安志愿者队伍，每天定时定岗在学校周边安全巡逻。组织志愿者巡防力量在 7 时至 8 时和 16 时 30 分至 17 时 30 分学生上、下学等重点时段，对辖区所有小学派专人看守。

定期对校园周边的环境秩序开展专项清理整治行动，包括对学校及幼儿园周边占道经营等违法行为进行清理整治；对周边治安环境、地区重点精神病人进行排查登记等。

2. 广内街道精神残疾人员安全促进项目

精神残疾人员安全促进项目包括如下内容：

对精残人员进行风险评估，并建立健康档案。街道残联与广内卫生服务中心对社区 312 名精残人员开展了风险评估，并进行分级管理，并为每一位患者建立精神病人管理档案，以便及时掌握患者的病情变化。为了更好地为辖区精神残疾人服务，街道每年组织精神卫生知识培训，累计培训社区残协工作者 54 人次。

依托温馨家园，开展职业康复训练。街道成立了一支技能培训师队伍，目前有培训师 3 人，指导社区内轻度智力残疾人进行编制、布贴画等康复技能训练，提高其劳动技能，增加其收入。

开展丰富多彩的文化娱乐活动。街道定期组织精残智障人员集体过生日、外出购物、采摘、游园等活动，促进精残智障人员走出家庭、融入社会，极大的稳定了患者的情绪，缓解了病情，提高了他们参与社会活动的积极性。

**（五）坚持评估与持续改进，不断完善风险治理流程**

在城市社区风险治理中，西城区各街道坚持评估与持续改进，不断完善风险治理流程。各街道定期对前一年的地区安全建设工作进行评估，从中发现问题，作为下一步持续改进的依据。评估主要包括：

1. 过程评估

街道安全工作委员会办公室定期评估各安全促进工作组的工作计划、项目开展及工作进度。评估主要依据工作组各次协调会的工作汇报，及各工作组的上报资料。

2．事故与伤害记录数据评估

街道安全工作委员会办公室每半年一次根据交通、消防、社会治安及安全生产四个方面的数据进行分析，对事故和伤害数据出现上升的领域进行重点分析，找出存在的问题，督促相关部门予以整改并报整改计划。

3．居民满意度调查

在辖区发放居民满意度调查问卷，由居民从环境安全、治安安全、交通安全、消防安全、居家安全等几方面打分，并对现有安全工作提出建议。

4．外部评估

西城区社会建设领导小组办公室对地区风险治理项目进行评估，并提出相关建议。

## 三、启示

### （一）风险治理中应坚持政府主导

政府必须在风险治理中坚持主导作用。政府起主导作用，并不是说政府必须提供所有风险治理相关的产品服务，而是说政府必须承担投资主体的角色，由政府主要出资来推动风险治理。同时，政府应承担起监管者和评估者的角色，对风险治理工作的推进进行及时的监管，对所投资的项目进行评估。

### （二）风险治理中应推动多元参与

在政府管理和公共部门中引入市场和社会力量，推动多元力量共同参与社区风险治理，使政府从"运动员"的角色还原为"教练员"和"裁判员"，不仅有利于吸纳专业性社会组织提供更高质量的服务，弥补政府管理成本高、效率低的不足，而且有利于增强政府对民众安全需要的响应能力。

## 参考文献

［1］乌尔里希·贝克．世界风险社会［M］．南京：南京大学出版社，2004.

［2］赵秀玲．城市化与城市安全公共管理［J］．学术与争鸣，2007（6）.

［3］滕五晓，等．社区安全治理模式研究［J］．马克思主义与现实，2014（6）.

［4］邹积亮，朱伟．国外防灾减灾能力建设经验及启示［J］．中国应急管理，2015（11）.

［5］童星．防灾减灾与社会治理［J］．中州学刊，2014（6）.

# 我国特大城市流动人口服务管理创新
# 路径探析——以广州为例

艾尚乐

（暨南大学　广东广州　510632）

**摘　要：** 地处改革开放前沿地带的广州，是流动人口较为集中的几个特大城市之一，登记在册的流动人口接近 700 万，而实际数量已与户籍人口数持平。改革开放以来广州市流动人口服务管理无论是目标理念，还是机制模式都处在动态变化调整之中。随着新型城镇化进程的不断加速，现有流动人口服务管理机制在实践运作中凸显出理念滞后、手段单一、信息化不足、多元主体参与欠缺等诸多问题，亟待从宏观和微观两层面予以调整和创新。因此，从问题意识出发，采用案例法、比较法等手段，深入剖析广州市流动人口服务管理现实困境及其背后的深层次原因，在此基础上，从理念延伸、目标厘定、方式更新、体系完善和制度保障五方面提出切实提升广州市流动人口服务管理创新能力和水平的战略思考和政策建议。

**关键词：** 流动人口　服务管理　创新路径

地处改革开放前沿的广州，是流动人口较为集中的几个特大城市之一，登记在册的流动人口接近 700 万[1]，而实际数已与户籍人口数持平。近年来，广州市流动人口服务管理工作不断取得新进展，为广州市经济社会发展和社会稳定大局做出了积极贡献，也为全省乃至全国创造了许多先进经验与启示。但是随着新型城市化的深入推进，广州市流动人口服务管理工作面临问题先发、矛盾凸显、破题乏力、创新不足的困境，逐渐成为影响和制约自身经济社会发展的瓶颈和短板。如何建构具有前瞻性，又契合本地实际的流动人口服务管理体制，是当下摆在社会建设工作面前的一个迫切而又重大的课题。

---

[1]　广州市统计局：《广州统计年鉴》，中国统计出版社 2013 年版，第 168—169 页。

## 一、广州市流动人口服务管理凸显的问题分析

### （一）流动人口登记管理浮于表象，欠缺深入

现阶段，广州市流动人口服务管理工作主要是围绕登记管理、资格审查以及相关公共服务三方面展开工作。其中，流动人口信息登记管理最为关键，是所有相关工作的基础，同时也确实投入行政资源最多。目前，包括综治、公安、计生、民政、人社、教育、卫生等在内的流动人口服务管理部门，所采集的流动人口信息主要还是集中于生命事件类的信息，譬如年龄、籍贯、生育、家庭成员、社会关系等。对于居住、就业、纳税、个人信用、已享受社会保障和社会福利等流动性的信息记录片段化、部门化，并且动态追踪不足，信息更新迟缓，缺乏连续性和长效性，导致一些辅助决策的重大信息无法准确把握。例如，关于流动人口就业的稳定性，技术人才的比例，带资进城的比例，其中纳税群体的比重，在广州分别居住满五年、十年、十五年的人数比例①，从国外进入的流动人口的数量、经商就业以及居住情况等，均存在信息不足、底数不清的问题。

### （二）流动人口信息整合缺乏统一平台支撑

针对流动人口的服务与管理，广州市流动人员出租屋管理办、公安、国土房管、人社、地税、人口、教育、卫生、工商、民政等部门都建立了各自的管理数据库，但是彼此之间未能实现管理工作和管理信息的共享。以流动人口的总数统计为例，有的部门统计人头数、有的统计户数、有的统计服务对象数，彼此之间缺乏一套权威的统计标准，统计口径不一致，导致对外数据不一。基础的总量统计如此，在此基础上所开展的入户需求测算、区域分布动态预警、人才库建立、公共服务提供等统计分析同样缺乏统筹协调。譬如广州市流动人口的市民化成本至今尚未摸清底数，公共成本主要包括：城镇建设维护、公共服务管理、社会保障、义务教育、住房保障等公共成本方面均缺乏基础性数据。这使得广州市流动人口服务管理倾向于保守运作，拘囿于现有模式的改良和完善，很难在一个更高的突破点上实现各种资源的新平衡。

### （三）流动人口调控有效手段不足

目前，广州市推行"以房管人""以业管人""以证管人"的模式，侧重点还停留在一个"管"字上。对于流动人口总量与结构的合理调控、地区人力资源的最优配置、低端产业的调整升级，运用行政、法律、经济（劳动力市场、税收、

---

① 广州市政府：《广州市流动人员管理规定（10号令）》，2008年，第15—16页。

福利）、社会的手段引导不足，使得五个积重难返的问题出现。

**1. 流动人口在就业方面出现"洼地效应"**

经济和社会效益低下的低端产业淘汰调整不到位，大量流动人口聚集在脏、苦、粗、险、累等技术含量低的劳动密集型产业，高层次人才沉淀不够；引入资本密集型的产业和企业形成区域经济聚集的同时，不能形成相对应的人口聚集，人口流动与产业分布不相适应；闲散在社会上的无固定职业流动人员和流浪乞讨人员总量巨大。

**2. 流动人口在居住方面呈现"低端扩张"趋向**

"城市功能定位"导向机制尚未完全确立，土地资源在疏解人口与产业分布方面的功能没有得到有效发挥，流动人口在区域间未能实现合理流动和有序分布，近六成聚集在白云区、番禺区、天河区。城乡接合部、城中村出租屋无序膨胀，出租屋从治安问题逐步扩大为公共安全、计划生育、违法建设、无照经营、制假售假等综合性问题。

**3. 流动人口在公共服务需求方面出现"羊群效应"**

吸引长期居住、稳定就业、持续贡献的流动人口"出路"导向机制尚不清晰，分类管理、分级管理制度设计不足，流动人口对于子女教育、住房保障、医疗保险等公共服务一方面预期不明朗；另一方面又寄希望搭便车，这使得一些本可在户籍地实现的需求被错位抉择，总量不断积累。

**4. 流动人口在配合管理方面存在"思维定式"**

长期执行的税费政策和捆绑办证手法，使得流动人员不愿接受"条"和"块"的管理，情愿游离在现有管理体制之外。以居住证为例，即便现在已经取消收费，并逐步吸附了不少服务功能，流动人员主动办证仍未成气候。此外，已经办理的居住证中，还有一部分存在信息滞后的问题，譬如变更居住地址，"人走不注销"等，主要原因也是流动人员认为配合管理是政府额外附加在他们身上的义务，容易产生抵触情绪，不愿意主动去变更登记事项，这使得管理成本居高不下。

**5. 在穗外籍人按国别地区集中聚居的趋势明显**

近年来，广州市以经济活动为主的外籍人不断增加，并逐步进入社区。由于缺乏事前的引导分流和日常监察机制，来自不同国家地区的外籍人呈现显著的集中居住现象。按照公安机关 50 人以上集中居住为聚居的标准，在穗外籍人已经在海珠、荔湾、天河、白云、番禺和越秀区等地形成了数量不等的聚居区。部分外籍人在签证到期后滞留，成为无法统计的"三非人员"，对社会治安造成潜在威胁。

### （四）流动人口的社会融合政策相对滞后

近年来，广州市流动人口逐渐由分散流动型向家庭流动型转变，"单身外出"演变成"举家迁徙"，"底线型"利益诉求也已经转变为"发展型"利益诉求，大部分新生代农民工对所居住的城市有着较为强烈的关注度和融入意愿。然而，流动人口在广州市的再社会化过程并不顺利。

#### 1. 享受社会保障和公共服务整体水平较低

很大一部分的流动人口未办理劳动用工备案，劳动合同签订率普遍较低。已就业的流动人口中社会保险的覆盖面较小，截至 2014 年 7 月，流动人口中参加基本养老保险的占 26.1％，参加基本医疗保险的占 21.2％，参加失业保险的占 27.8％，参加工伤保险的占 36％，参加生育保险的占 20.8％。随迁子女接受学前教育和义务教育困难重重，半数左右享受不到公办教育。①

#### 2. 户籍壁垒较高

广州市积分入户新政策虽然从"高门槛、一次性"过渡到"低门槛、渐进式"，但是并没有突破户籍承载社会保障和社会福利的约束，加上每年 3 000 人的入户指标，在数百万流动人口中不能有效形成合理的预期，无法产生梯次激励效应。

#### 3. 社区活动对流动人口覆盖不足

流动人口与户籍人口的交流互动较少，参与社区文体活动和公益活动的比例较低。以流动人口为服务对象的社会组织、社工、志愿者数量较少，未形成足够的影响力。

#### 4. 政治参与和利益诉求表达渠道不够畅通

流动人口在各级党代表、人大代表、政协委员中的名额有限，参与地方事务决策和监督的自觉性和积极性不足。流动人口加入工会组织仅占 16％，受到不公正待遇之后通过正常渠道申诉和维权的意识不强，业缘、地缘聚集的群体性事件时有出现。

## 二、广州流动人口服务管理体制机制滞后原因分析

回顾改革开放以来广州市流动人口服务管理体制的变迁，从治安防范管理时

---

① 广州市统计局：《广州统计年鉴》，中国统计出版社 2013 年版，第 398—425 页。

期，到以出租屋和居住证管理为依托的综合管理时期，从某种程度来讲，都是在"问题倒逼"的情境下进行的。当前，国际上关于中国临近"刘易斯拐点"① 的讨论此消彼长，未来城市间的竞争可能主要体现为人力资本的竞争。上海、杭州、深圳、东莞等城市已经开始有意识地重视人口导入问题，并且在相关的产业政策和规划布局中各出新招，譬如深圳的"孔雀计划"和东莞的"人才东莞"战略。广州市的流动人口服务管理体制机制创新面临宏观引导不足，政策集约效应不明显等诸多困境。其深层次原因主要有：

**（一）服务管理理念亟待转变**

长久以来，由于流动人口及其群居的出租屋治安刑事发案率高，流动人口往往被视为边缘化的群体进行管治。以出租屋管理为切入点，或者以居住证办理为抓手的模式，主要还是一种以社会控制为主的管理模式。这种管控模式以纳管率为考核指标，把流动人口作为社会稳定的主要要素来进行单项控制，而非系统调控。具体实践中，主要采取区别身份登记管理的手段，强化了"外地人"的标签意识，不利于流动人口与户籍人口的社会融合。

**（二）财政资源投入存在两难选择**

对于广州这样的特大城市而言，要在不降低原有市民基本公共服务水平的前提下实现城镇基本公共服务常住人口全覆盖，政府要投入几倍于现在的财力，确实有极大的难度。即使执行现有的积分入户制度，由于前述所说的基础数据收集、系统分析以及市民化成本测算工作不到位，以现有财力及其增长潜力究竟能承担多少量的市民化成本，也是一个比较模糊的数。此外，政府财政还要面对一个"公共服务陷阱"的问题，即公共服务投入越大、水平越高，引致的需求越大、缺口越大，市民越不满意。流动人口市民化，对于城市财政而言，究竟是一个"造血"工程，还是"输血"工程？

**（三）管理机制固化单一，协同性不强**

目前，广州市对流动人口实行"党委领导、政府牵头、各家参与、统一管理"的流动人员和出租屋服务管理工作机制。从架构上来看，领导小组及其办公室是全市流动人口管理的综合统筹协调部门，政府相关职能部门各自负责一块，统筹与分工似乎较为分明，但实际上却仍然存在多头管理、各自为战、管理碎片化的问题。其原因主要在于综合统筹协调部门与各职能部门在具体管理目标上存在某种程度的偏差，政法综治部门工作重心主要放在治安管理上，注重的是相关

---

① ［美］德布拉吉·瑞：《发展经济学》，北京大学出版社 2007 年版，第 128—136 页。

的技防、人防与物防建设，而税收部门以增加税收收入为主，计生部门以维持合格的计划生育率为主，劳动监察部门以务工人员的技能培训和就业服务为主。各自的服务或者管理对象不同，步调也不尽一致，缺乏系统性、整体性、协同性的统筹。

### （四）制度工具建设滞后，后劲不足

2008 年，广州市以市政府令出台了《广州市流动人员管理规定》，但是关于流动人口管理立法，一直没有取得实质性进展。2010 年以来，《广州市农民工及非市十城区居民户口的城镇户籍人员积分制入户办法》以及《关于进一步做好优秀外来工入户和农民工子女义务教育工作意见》等一系列政策虽然体现出服务优先和管理良善的理念，但其散落在各个文件当中，在系统性、全局性、规划性和前瞻性上有所欠缺，难以全面地对流动人口的权益进行梳理和保障，譬如长期定居的外来人口的选举权与被选举权，社区事务参与权等；流出地与流入地党委政府"两地管、双落实"党建合作机制，发展异地务工人员社会组织等。[①]

## 三、广州流动人口服务管理创新路径分析

党的十八届三中全会做出了全面深化改革的重大部署，创新流动人口服务管理方式是加强社会建设和深化社会体制改革中的重要内容。流动人口规模能否得到有效调控，人口结构能否不断优化，劳动力素质能否迅速提高，直接关系到广州市加快转型升级、建设幸福广州任务的实现。因此，创新广州市流动人口服务管理机制和方式势在必行，笔者认为应从以下几方面入手：

### （一）树立包容发展理念，提高人力资本意识

在社会大转型和城市现代化进程中，城镇化和人口流动是社会发展的必然趋势，也是必由之路。转变流动人口服务管理理念，促进城市包容性发展，是顺应时代发展的一个重要体现。广州一直以开明、包容的城市气质著称，吸引了大量人才，聚集了不少优质资源，保持着发展的活力，但是在充分发挥人口流动带来的发展机遇方面，还有很多观念提升的空间。随着社会的不断进步，以及内陆城市开放程度的普遍提高，广州市长期以来依靠的土地、资源、廉价劳动力、外贸出口等方面的优势已经难以为继，亟须转向依靠管理、人才、自主研发、核心技术、知识产权等为基础的经济贡献模式。无论是加强传统产业的技术改造，发展先进制造业，还是加快发展战略性新兴产业，都需要一支稳定的、不断积累经验和技术的

---

① 姚华松：《广州流动人口空间问题——基于社会地理学视角》，《世界地理研究》2012 年第 1 期，第 25—26 页。

产业大军，为城市的人力资本积累、技术进步和产业结构优化升级奠定扎实的基础。为此，需要逐步将相对稳定的流动人口容纳到城市统一的人口与经济社会管理体系之中，使在新兴产业内从业的人口成为稳定的劳动力。另外，广州市户籍人口老龄化问题严重，根据有关人口研究报告预测，2021 年本市户籍人口将达到峰值，之后转为负增长，未来劳动力资源规模的变动将主要取决于流动人口规模。[①] 因此，及时转变管控为中心的流动人口服务管理理念，变排斥为吸纳，变堵为疏，变管理为服务，把提高流动人口的素质当作提高城市人口整体素质的重要构成，在全社会范围内树立人力资本意识，对于广州而言具有重大战略意义。

**（二）明确循序渐进方向，推动流动人口有序融入**

根据党的十八届三中全会决定精神，像广州这样的特大城市，必须严格控制人口规模，全面放开户籍管理不现实。但是，户籍制度改革背后蕴含的逻辑必须坚持，即剥离随附在户籍之上的各种不公平、不合理的行政命令和管理措施，让它不再成为体制性不公的根源。建议从适应市场经济对人力资源要素的配置需要入手，逐步把居住登记与社会管理有机结合起来，使得流动人口的劳动保险、医疗保险、社会保障、社会福利等与权益凭证相关的信息档案具有可转移性和延续性，向流动人口提供与居住密切相关的基本公共服务和社会保障，稳步推进基本公共服务常住人口全覆盖，在城市中形成一种公平竞争、和谐稳定的社会环境。

1. 纳入总体规划

根据"十二五"规划、《珠三角发展规划纲要》及广州市城市功能定位，要把流动人员服务管理纳入经济社会发展总体规划，纳入社会服务管理体制范围，统筹产业结构布局、城乡发展规划、公共资源配套，确立中长期人力资源发展、人才储备战略目标，研究制定与区域经济社会持续发展相适应的人口规模、结构、分布等规划，使流动人口规模与环境、资源承载力相适应。同时，改革财政预算体制，将流动人口的服务管理经费列入财政预算，建立经费保障机制，实行专款专用。

2. 建立导向机制

确立"福利引导、责权统一"的工作导向机制。首先，明确权利义务对等原则。发达国家的福利供给以履行公民义务为前置条件，这点值得借鉴，应该大力向流动人员宣传，申请基本公共服务的前提是依法参保、纳税、遵守计生政策、接受居住地管理等。其次，加强就业的导向性。根据产业结构调整的需要，让社会公共资源优先向职业技能型和稳定就业型劳动力倾斜，更多地将伴随经济发展

---

① 闫志强：《广州人口老龄化与养老机构发展分析》，《南方人口》2011 年第 6 期，第 30—31 页。

而增加的城市功能型流动人口留下来。再次，加强区域空间的导向性。按照主体功能区战略，对不同功能城区、县级市进行分类设置条件，引导满足不同功能区就业需要的流动人口分区域稳定下来，形成合理的空间布局。最后，加强合理预期的引导。立体实施积分入户、人才入户、投资入户等政策，扩大社保参保范围。每年公布相关的财政预算以及可以提供的基本公共服务总量，让流动人员形成稳定的预期。

### 3. 梯次提供基本公共服务

进一步改进积分入户制度，弱化户籍捆绑社会保障和社会福利的作用。围绕提高人力资本素质、增加人力资源的目标，建立梯次提供基本公共服务的制度，即按照工作年限、居住条件、信用记录、专业技能、教育水平、社会贡献以及参加社会保障交费状况等，依分数高低梯次享有计划生育、子女教育、就业培训、失业保障、公共卫生、住房保障、参与社会管理等资格，让个体差异化的流动人口能够分步满足其不同阶段的公共服务需求。

### （三）调整服务管理方式，推进社区化、信息化和多元化

#### 1. 社区化

按照流动人口规模适度、服务管理方便、资源配置有效和功能基本齐全的原则，规划和建立社区综合服务管理平台。拓展"一队三中心"的服务内容和覆盖范围，实现流动人口"一站式"服务和"网格化"管理无缝对接。完善共建机制，建立社区、企业、物业横向联动的人口服务管理机制，打造零距离服务，让流动人口在其所生活的街道或社区就能享受到便捷的服务。进一步探索流动人口在居住地参加社区居民委员会选举和参与基层党组织管理的多种实现途径，确保流动人口行使社区管理的知情权、参与权、决策权和监督权。

#### 2. 信息化

打破部门间的信息壁垒，依托现有市级流动人员管理平台，建立集中统一的城市流动人口信息管理系统。拓宽信息采集渠道，推进信息采集社区化，由驻扎在社区的服务中心按照各职能的信息需求采集各类人口的综合信息，上传至市人口信息管理系统；提高信息处理效率，建立数字化统一管理，确保信息和网络安全，做好人口综合信息的采集分析、实时监控、动态更新和人口政策研究等工作；推进部门信息共享，各职能部门按其权限可以读取和使用人口综合信息数据库，实现信息同步和业务协同；加强在穗外籍人员信息管理工作，落实外国人就业许可制度和就业日常监察制度。

### 3. 多元化

充分发挥市场和社会作用，鼓励各类社会主体积极参与流动人口服务。督促企事业单位完善内部流动人员服务管理制度，打造有向心力、凝聚力的企业文化，做好企业流动人员合法权益保障、法制宣传教育等服务管理工作，维护良好用工秩序。通过政府购买服务或委托项目管理形式，培育和发展以流动人口为主要服务对象的社会组织。支持和引导有条件、有能力的异地驻穗商会或综合性商会建立流动人口互助组织，在法律的框架下开展互助活动，实现流动人口的自我服务和自我管理。鼓励和支持社工、志愿者在流动人口生活工作密集区提供扶老助残关爱、文娱体育、青少年成长辅导、心理咨询等方面的专业服务和志愿服务。

### （四）完善现有管理体制机制，组建高阶位的统筹体系

当前广州市正处于从大量人口流动和非正规就业为依托的粗放型城市化阶段，逐步过渡到更加依靠人力资本投资和现代产业的更高层次的新型城市化发展阶段。这个阶段需要城市的人口管理达到良性有序的状态，要实现这种状态，必须尽快改革现有的流动人口管理组织体系，组建一个超越部门利益的高阶位机构来进行全面的统筹协调。可行途径是通过制定政策让现有的职能部门将原来户籍人口的服务范围逐步扩大到包括流动人口在内的实有人口。应借鉴长三角部分地区的做法，建立一个"大人口综合性服务和管理机构"，由能够跨部门跨行业统筹协调、能够有效动员社会参与的高阶位部门来牵头，通过体制整合或者职能整合等手段加强对流动人口在管理和服务方面的统筹，实现由以社会控制为主的治安管理模式向城市统筹规划、综合服务管理模式的转变。[①]

### （五）健全相关法律法规，保障服务管理常态运作

针对广州市目前城市流动人口管理法规制度不健全的情况，应提高立法层次，在人大的层面制定统一的流动人口管理条例，对流动人口管理中涉及的社会治安管理、计划生育、劳动和社会保障等问题明确相关部门、单位和个人的权利和义务；结合中央、省市的相关政策精神，对流动人口子女教育、权益保障、计划生育、社会治安和享有政治权利等方面的权利和义务以法律的形式予以明确；严禁从本地区、本部门利益出发，制定出台对流动人口就业、子女入学等方面带有限制性、歧视性政策。此外，鼓励先行先试，对于实践当中符合"小政府、强

---

① 郭秀云：《大城市外来流动人口管理模式探析——以上海为例》，《人口学刊》2009 年第 5 期，第 23—25 页。

政府，大社会、好社会"改革发展方向的系列举措，譬如流动人口流出地与流入地的双向交流合作机制、异地务工人员社会组织培育发展、专业社工和志愿服务进流动人口聚居社区及基层的一些其他有益探索，被证明行之有效的，可以通过法律法规的形式巩固下来。

总体而言，广州市流动人口总量庞大，与之相关的社会服务管理问题突出，必须予以正视。为适应特大型城市科学发展要求，广州市应注重转变服务管理理念，调整服务管理政策，一方面加强依法行政；另一方面提升配套服务，注重规模调控，兼顾结构优化，着眼近期改革，兼顾长远规划，以完善流动人口服务管理制度为主要抓手，实现流动人口规模增长适度、结构优化、流动有序的管理目标，为社会稳定奠定坚实的基础，为和谐发展提供不竭原动力。

# 参考文献

［1］李培林．社会改革与社会治理［M］．北京：社会科学文献出版社，2014.

［2］包心鉴．社会治理创新与当代中国社会发展［M］．北京：人民出版社，2014.

［3］曹庆荣．流动与和谐——流动人口管理的战略转型［M］．上海：上海交通大学出版社，2007.

［4］国家人口和计划生育委员会流动人口服务管理司．中国流动人口发展报告2012［M］．北京：中国人口出版社，2012.

［5］王建玲．基于上海户籍新政的外来人口户籍准入政策分析［D］．上海：复旦大学，2010.

［6］张文宏，雷开春．城市新移民社会融合的结构、现状与影响因素分析［J］.社会学研究，2008（5）．

［7］杨菊华．流动人口在流入地社会融入的指标体系——基于社会融入理论的进一步研究［J］．人口与经济，2010（2）．

［8］李涛，任远．城市户籍制度改革与流动人口社会融合［J］．南方人口，2011（3）．

［9］李若建．广州市外来人口的空间分布分析［J］．中山大学学报，2003（3）．

［10］C. Cindy Fan. The State，the Migrant Labor Regime，and Maiden Workers in China［J］.Political Geography，2004（123）：283－305.

# 南昌市应急管理社会组织管理创新研究

凌学武

（江西行政学院　南昌　330003）

**摘　要：** 应急管理社会组织建设是应急管理社会化工作的重中之重。目前，南昌市应急管理社会组织蓬勃发展，主要特点有：搭建组织平台、严格人员招募、内部管理规范、活动成效显著。但南昌市应急管理社会组织也面临来自志愿者个人、组织内部管理及组织外部环境的多方挑战。要通过准确定位社会组织、实现组织管理标准化、法制保障志愿者权益、搭建组织沟通平台等措施，加快推进南昌市应急管理社会组织的管理创新。

**关键词：** 应急管理　社会组织　管理创新

应急管理社会化，是做好应急管理工作的基础之一。而应急管理社会组织建设又是应急管理社会化工作的重中之重。新世纪以来，南昌市特别重视应急管理社会化工作，并把应急管理社会组织建设作为"'十三五'应急管理体系"规划的重要课题之一。由此可见，着力完善政府主导、社会参与、全民动员、协调联动的应急管理社会化工作新格局，加快推进南昌市应急管理社会组织的管理创新，就是一个急待解决的现实课题。

## 一、南昌市应急管理社会组织发展现状

### （一）南昌市应急管理社会组织概况

目前，南昌市应急管理社会组织主要有南昌市应急救援协会（南昌人防应急救援志愿服务队、南昌人防蓝天救援队、江西公益救援总队）、南昌市蓝天救援队、南昌市雄鹰救援队、南昌市蓝豹救援队、江西红十字会水上志愿救援队等。如南昌市应急救援协会，其发展历史最早可追溯到 2007 年。当时一批具有志愿服务精神、热心社会公益事业的退伍军人及户外运动爱好者，首先，发起一支从事户外遇险紧急救援的民间公益性团体。随着救援行动的不断展开，团队专业救援力量不断增强，自 2010 年起，该团队与南昌团市委合作，成立南昌市红铃铛应急救援志愿服务队。2011 年，在南昌团市委、市人防办的支持下，共同发起

并成立了南昌市第一支由民间专业人士组成的紧急救援民间公益机构：南昌市人防应急救援志愿者服务队。2012 年年初，南昌市人防应急救援志愿者服务队整体加入中国蓝天救援队，正式纳入中国紧急联盟应急反应体系，并加挂"南昌人防蓝天救援队"名称。2013 年 7 月，以南昌人防应急救援志愿者专业队伍为主体，在南昌市民政局注册登记，正式命名为南昌市应急救援协会。2014 年 9 月，为更好整合全省应急救援志愿力量，创建一支能代表江西民间救援力量最优秀精英队伍，南昌市应急救援协会号召并成立江西公益救援总队。可以说，南昌应急救援协会是以南昌市人防应急救援志愿者队伍为主体，主要依托南昌市人防办的帮助与支持而逐步发展起来的一支应急管理志愿者队伍。而南昌蓝天救援队作为蓝天救援总部的一支地方分队，接受蓝天救援总部的业务指导。南昌雄鹰救援队是在南昌红十字会主导下组建起来的一支应急管理志愿者队伍。南昌蓝豹救援队是在中国社会福利基金会主导下组建的一支应急救援志愿者队伍。江西红十字会水上救援队则主要依托江西红十字会志愿服务队而组建起来的一支专业水上搜救队伍。

**（二）南昌市应急管理社会组织主要特点**

南昌市应急管理社会组织组建充分体现了"志愿不等于自愿，志愿不等同无偿"的原则，逐步发展并日益完善。各支应急管理社会组织具有如下特点：

**1. 搭建组织平台**

任何志愿者组织活动，必须师出有名。南昌市应急管理社会组织的快速发展，逐步改变了过去小、散、乱的自发救援状态。如今，每支应急救援队伍都有自己的组织名称，队旗、队标、队徽、队服、队员证等。而且，有的应急管理社会组织具有多重名称，实行一套人马，几块牌子。可根据应急救援任务的不同，灵活运用组织名称。如南昌市应急救援协会，同时也挂牌叫南昌市人防应急救援志愿者队伍、南昌人防蓝天救援队、江西公益救援总队。每支应急救援队伍都有相关政府部门或群团组织的扶持与帮助。

**2. 严格人员招募**

南昌市应急管理社会组织招募成员的基本条件是：年满 18 周岁以上，身体健康；具有应急志愿服务精神、遵纪守法；能严格履行工作职责，自觉遵守各项规章制度；能保证接受常规救护训练和演练，服从应急管理社会组织管理。而且有的应急管理社会组织招募条件更为严格。如江西公益救援总队招募成员，其成员首先必须是江西地区应急救援志愿者，且具备两项以上与救援志愿工作相关的特长与技能；要服从指挥中心统一调度；且通过基础体能、技能考核，确保有一定的志愿服务时间参与省内和国内救援行动。

### 3. 内部管理规范

各支应急管理社会组织逐步建立并完善各项内部管理制度，如志愿者登记注册制度、档案管理制度、进阶考核制度、积分管理制度、服装管理制度、装备管理制度、队员宣誓词、队员守则、队员应急救援培训与演练制度、队员救援分级制度及队员年度考核制度等。以南昌市应急救援协会为例，该组织将志愿者分为预备、初级、中级、高级四个等级，并划分应急救援与应急服务两大志愿系列。新入会成员要接受每星期的常规救护训练及队列训练。常规应急救援训练每年60课时，常规应急志愿服务每年60小时以上。志愿者年终要参加急救、AED 复试和周年比赛。而且，每支应急管理社会组织都能根据本队伍的公益救援理念与专业特长，确立本组织应急救援的主要领域。如南昌雄鹰救援队主要侧重于山地搜救，兼顾其他类型救援。南昌应急救援协会成立时间较早，队伍人员较为齐备，故可在组织内部成立其他类型的专业救援分队，如成立水上搜救分队、空中无人机分队等。

### 4. 活动成效显著

近些年来，南昌市应急管理社会组织频繁活跃在大大小小的灾害现场。但在常态下，各支应急管理社会组织广泛开展各种公益救援培训与宣教活动。自2013 年以来，南昌市应急救援协会开展志愿者"赣江值守"服务、大型群众性活动保障、未成人灾难知识宣教、生命安全进社区等公益救援与培训服务。江西红十字会蓝天救援队参与了芦山地震救援；江西红十字水上志愿救援队参加 2015 年赣南于都"5·19"水灾救援；南昌应急救援协会志愿者参与 2013 年"4·20"芦山地震救援行动、2014 年德安"7·24"洪灾救援、2014 年鲁甸"8·3"地震救援、2014 年云南景谷"10·8"地震救援。南昌蓝天救援队参与了 2015 年"6·1"东方之星翻船事故救援，并开展"留守儿童安全宣教"等社会公益创投项目。这些救援活动与项目开展，取得了良好的社会反响与评价。

## 二、南昌市应急管理社会组织发展困境

南昌市应急管理社会组织既具有民间组织发展的普遍性障碍，又具有基于应急管理特殊领域所带来的特殊困境。

### （一）志愿者个人困境

一般来讲，应急管理社会组织成员都具有高昂的志愿精神、服务精神，其志愿行为具有无偿性、自愿性、公益性、组织性等特点。但从应急管理社会组织的

志愿者个人角度分析，还面临着不少困难。

### 1. 家庭压力

作为一个应急救援志愿者，首先面对的是来自志愿者家庭的压力。由于应急救援的特殊性与专业性，平时需要志愿者花费更多的闲暇时间，参加应急培训与演练，缺少与家人的相处。而且任何应急救援都具有一定的危险性，志愿者个人参与救援的灾害现场往往比常态下的志愿服务环境风险要高很多。家庭成员往往担心志愿者个人的安危，进而经常反对志愿者参与各种应急救援。

### 2. 流动性大

各类应急管理社会组织的志愿者，经常因为观念改变、工作调动、高校生毕业等各种原因，主动或者被动地离开应急管理社会组织，再加上志愿者加入或退出应急管理社会组织没有任何强制性，多重因素导致应急管理社会组织的志愿者个人流动性较大。特别是经历过长期志愿服务、专业培训且具有良好救援能力的志愿者流动，会给应急管理社会组织的稳定性带来巨大挑战。如南昌市人防应急救援志愿者队伍，在2011年年底队员流失最严重的月份，一次性就有三分之一的队员退出。原本一支有70人左右的志愿者队伍，最后留下来的不到50人，能长期坚持下来的志愿者少之又少。

### 3. 专业化差

从理想的角度讲，参加应急管理社会组织的志愿者个人，如果具有某一领域的专业救援技能，则直接降低培训与演练成本，提高救援能力。因此，如果在志愿者中多一些退役的消防战士、从业的医疗人员、在职的人民警察和企业专业技工等，则会大大强化应急管理社会组织的专业救援能力。而事实上，在南昌市各类应急管理社会组织志愿者中，大多数不具备某种专业救援技能。退役的消防战士、医生、警察、技工在志愿者队伍中的比例非常少。

### 4. 观念冲突

尽管各类应急管理社会组织的志愿者，为着共同目标走到一起来。但由于个人的生活、学习、工作经历的巨大差异，容易导致在应急救援共同目标下的观念纷争与行为抗拒。从整体上讲，如果以体制内外①作为志愿者分类标准，南昌市应急救援协会的志愿者大约三分之二属于体制内成员，三分之一属于体制外成

---

① 注：体制内志愿者，主要指在党政机关、事业单位、国有企业等拿财政工资的志愿者人群；体制外志愿者，主要指私营企业、自由职业者等志愿者人群。

员。这两类志愿者对政府的正式应急救援行为与自身参与的志愿救援行为，经常出现较大差异与分歧。由于对政府正式应急救援抱有过高的期望与要求，体制外志愿者容易批评、责怪政府的专业应急救援人员与救援行为。结果是政府对应急管理社会组织的排斥与不合作。而体制内志愿者，则基本上认同政府的正式救援行为。作为政府正式救援力量的有益补充，容易受到政府的认可与接受。由此可导致体制内外的志愿者对同一个政府救援行为与自身参与的志愿救援行为的理解偏差，如果控制不当，就会导致应急管理社会组织的成员分裂，直至组织解体。

### （二）社会组织自身困境

#### 1. 组织定位不明

南昌市应急管理社会组织日益发展壮大，登记注册与非登记注册的社会组织，大大小小有十几支。但任何应急管理社会组织的发展，都要明确本组织的自身定位问题。特别是要明确本组织能干什么、行动目标是什么、能在多大范围内行动等基本问题。事实上，多数南昌市应急管理社会组织都存在救援领域重叠、救援能力类似的情况。南昌市蓝天救援队、南昌应急救援协会、南昌市雄鹰救援队、南昌市蓝豹救援队、江西红十字会水上志愿救援队，都集中在户外搜救、水上救援、安全教育、公益宣传、大型活动保障等领域，既没有体现救援领域的专业细分，也没有明确灾害的分级响应。如果应急管理社会组织定位不明，则无法进行更为专业的应急救援，也不知道面对什么样等级的灾害能够介入，也不明确在多大的行政区划范围内能有效开展应急救援。

#### 2. 资金装备不足

目前，南昌市应急管理社会组织普遍面临着发展资金与救援装备不足的窘境。尽管应急救援志愿者参与应急救援志愿服务、培训、演练及实战，其付出的时间与劳动成果都是无偿的。但涉及的一些集体行动的费用、必要的救援装备，必须有资金与装备的前期投入。尽管应急管理社会组织都有相关政府部门或者群团组织的支持与帮助，但所提供的资金与装备，大都限于应急救援最基础的水平，如用有限资金购买救援头盔、担架、铁锹、帐篷、医疗急救箱、液压钳、救援绳等，大型的专业救援设备几乎为零。有时应急救援志愿者外出搜救，相关政府部门及群团组织答应报销集体项目费用。而参与外出搜救的志愿者，肯定会产生无法用发票证明的其他杂项开支。目前情况是杂项费用只能志愿者个人承担，无法报销。长期下去，志愿者个人难以承担越来越多的救援费用，结果会逐渐扼杀其参与应急救援的积极性，无法实现应急管理社会组织的可持续发展。

### 3. 实战能力薄弱

任何参与到应急救援现场的人，都必须具有胜任救援要求的专业素养与技能。在这点意义上，无论是专业救援人员，还是应急救援志愿者，其专业技术要求与标准都是一致的。对于应急管理社会组织来说，其志愿者成员可以称为非正式的专业救援人员。要对无专业救援知识、技能的志愿者进行专业的应急救援培训与演练，就成为应急管理社会组织发展的关键环节之一。从对志愿者实际培训演练效果来看，课堂上的专题培训与常规的模拟演练差距较大，而常规的模拟演练与参与实际救援的水平差距就更大。以 2015 年 11 月 23 日的南昌市应急救援协会年度晋升正式队员的综合考核为例，在模拟地震、泥石流、洪水的山地环境下进行人员搜救，两支应急救援志愿者队伍，多处违反课堂培训所要求的基本安全原则。在以战斗组的集体搜救行动中，其成员角色错位、缺位、越位问题突出，搜救小组的指挥官变成了医疗员，配备的心理疏导员变成了搜救队员。搜救小组各成员之间通讯联络不畅、重复搜救、伤员无人陪护等诸多搜救战术问题凸显。

### （三）社会组织外部困境

#### 1. 政府管理体制机制问题

2013 年 3 月，《国务院机构改革与职能转变方案》提出要改革社会组织管理制度，改变过去长期制约民间组织发展的双重管理制度。对于重点培育、优先发展的行业协会商会类等社会组织，可以直接向民政部门依法申请登记，无须先要找到一个政府部门作为主管部门。这本应是应急管理社会组织发展的一个重大好消息，可以增强应急管理社会组织的自主性与便利性。尽管南昌市应急管理社会组织中的几支主要队伍，都已向民政部门直接进行登记，无须事先征得相关政府主管部门的许可。但事实上，由于应急管理社会组织在发展初期，仍要依靠某一政府部门或群团组织的支持与帮助。以南昌市应急救援协会为例，协会最初作为南昌人防办主导建设的一支应急救援志愿者队伍，得到人防部门的大力帮助与扶持。但如果仅在人防部门职责范围内发挥应急救援作用，其组织发展空间非常狭窄。因此，以人防应急救援志愿者队伍为主体，平时主动加强与其他政府部门的横向联系，努力争取应急、地震、消防、公安、民政等政府部门的支持。但在获取相关部门扶持的同时，南昌市应急救援协会也丧失了社会组织的独立性与自主性。

#### 2. 社会组织队伍沟通不畅问题

目前，每个南昌市应急管理社会组织从事的应急救援志愿服务领域大体相同，各组织之间本应畅通信息，加强沟通，合理布置救援力量。实际上，各应急管理社会组织之间沟通协调不畅、信息不能共享，也就无法形成应急志愿救援合力。以紧急求助电话为例，南昌应急救援协会的遇险紧急求救电话是4006939958，而南昌蓝天救援队的遇险紧急求救电话为4006009958。不同的遇险紧急求助电话，只会给需要帮助的人带来困惑与不便。另外，各支应急管理社会组织除了与主导自身建设发展的政府部门及群团组织沟通密切外，还缺乏与其他政府专业应急救援部门的沟通联系，其获取应急救援信息流程与指挥命令关系没有规范化。如南昌市应急救援协会参与的几次救援行动，是靠协会主要队员与灾害地区的防灾减灾委主动打电话询问后，才参灾区救援的。这种非正式的沟通协调关系，只会导致应急管理社会组织参与救援的偶然性与随意性，而无法真正发挥应急管理社会组织的志愿救援作用。

3. 社会组织志愿者权益保护问题

应急管理志愿救援行为具有高度的专业性与危险性，而且我国目前对应急管理志愿者的权益保护法律法规不健全，导致了应急救援志愿者的权益得不到有效保障。比如应急救援志愿者人身受到伤害，将如何获得相应的权益保障？用人单位与企业如何保障本单位的志愿者停止手头工作去参加紧急救援？志愿者志愿服务和救援的时间如何获得社会认可？应急救援志愿者判断失误导致对被救人员的二次伤害，将如何担责？这些都需要法律法规进一步规范明确。

4. 社会认同度不高问题

在我国现行应急管理体制下，应急管理社会组织的地位比较尴尬。一方面，政府对应急管理社会组织的认同度不高，对来自民间的社会组织救援能力持有疑问。因为一般的应急救援，政府主要依靠专业救援队伍。如果专业救援队伍都能处置好，那么应急管理社会组织发挥补充力量的作用就不会突显。另一方面，社会公众对应急管理社会组织的知名度和认可度比较低。由于部分社会组织的透明度和公信力不足，发生公益组织的财务和欺诈丑闻，伤害社会组织的民众根基。如何提高公众认同度，也是摆在应急管理社会组织发展面前的一道难题。

## 三、南昌市应急管理社会组织发展建议

### （一）准确定位社会组织

1. 救援专业领域定位

各应急管理社会组织，要在掌握常规救援知识的基础上，专注于某一个或几

个领域的应急救援，如医疗救护、心理援助、消防灭火、传染病防治、化学品事故处理、高空救援、矿山救援等等。既要突出本组织的专业属性，又要考虑主导社会组织建设发展的政府部门或群团组织的指导要求。如南昌人防应急救援志愿者队伍，就以人民防空防灾为抓手，着力突出应急救援的空中监测力量。如南昌蓝天救援队，就以水上救援和野外搜救为重点救援领域。

2. 救援能力定位

应急管理社会组织参与应急救援，要根据自身救援能力的大小，建立规范的灾害响应机制。要根据组织自身的人员素质、装备、资金，准确评估本组织能够参加什么级别的灾害救援。如果灾害超出了本组织救援能力的，则不建议应急管理社会组织冲到救援第一线，因为保证志愿者自身安全是应急救援的第一原则。

3. 救援范围定位

南昌市应急管理社会组织的救援范围，应按照就近便利原则，主要集中在南昌市行政区划内及周边不远地区行动。从我国突发事件实际情况来看，除了需要全国动员的特别重大突发事件之外，各地应急管理社会组织应按照就近便利原则参与救援，则能够降低参与应急救援的交通、能源等社会成本及志愿者个人时间、经济成本，减轻突发事件发生地的管理与指挥压力，最大限度地发挥应急管理社会组织的效用。

## （二）实现组织管理标准化

各类应急管理社会组织，应在政府与社会各界的帮助下，实现组织内部管理规范化与标准化。首先，政府要保障应急救援装备的标准化配备。尽管应急救援志愿者的救援行为是公益的、无偿的、自愿的，但这并不代表他们不能获得物质帮助权。相反，在应急救援行动中，救援装备水平往往是决定救援成功与否的关键因素之一。政府应根据不同应急管理社会组织的专业救援领域，标准化配备相应的救援装备，让应急管理社会组织救援作用最大化。其次，实行严格的志愿者培训与考核制度。要模块化、阶梯式设置培训与演练课程，要按照专业化应急救援标准严格考核志愿者。最后，要进一步规范应急管理社会组织其他内部管理制度。如规范组织内部指挥命令关系，优化应急信息报送流程，完善志愿者个人档案管理制度、健内部财务管理制度等。

## （三）法制保障志愿者权益

应急管理社会组织志愿者从事着高风险的应急救援，其人身权、财产权、风险知情权应获得充分保障。部分地方志愿服务规范文件中规定志愿服务组织可以根据自身条件和实际需要，为志愿者办理相应的人身意外保险。由于这类规范性文件法律效力位阶低，在实践中没有得到有效落实。因此，建议在国家立法层面，修改有关法律条款，明确应急救援志愿者意外伤害保险的强制购买与标准实施。也可参照国外有关国家的做法，从应急救援志愿者向应急救援指挥部报道时起，其在参加应急救援期间所有权益保障等同于国家专业救援人员。另外，相关权益保障，还需要社会有关单位配合。要保障在紧急情况下，用人单位不能拒绝应急救援志愿者参与救援，也不能因此克扣志愿者工资。相应的应急志愿服务时间，可计算在工龄时间内。如果参加应急救援且取得良好效果，有关政府部门应给予一定的精神鼓励与物质奖励。如果应急救援志愿者好心办坏事，政府应宽容失败，着力保护应急救援志愿精神，主动承担不利后果的主要责任。当然，为了规范应急救援志愿者的救援行为，尽量避免不利后果的出现，志愿者本人也要承担一定的连带责任。

### （四）搭建组织沟通平台

一方面要畅通各个应急管理社会组织之间的沟通交流。应急管理社会组织作为民间力量参与应急救援，作用之一是不仅提高自救能力，而且还能广泛开展互救，提升第一现场响应人的应急处置能力，力求在萌芽阶段控制住危机。因此，各个应急管理社会组织应相互共享灾害信息，相互交流、差异化发展。在应急救援处置时，相互之间协调配合、合理配置救援力量。另一方面，要积极探索政府与各应急管理社会组织之间的合作交流。将各支应急管理社会组织纳入政府统一的应急指挥平台，社会组织可以获得关于危机事态的发生发展及政府应对情况，便于社会组织行动的调整和配合。政府在应急管理中应知晓各社会组织的救援领域与救援能力，要常态化地与各社会组织进行沟通协调。相应的各应急管理社会组织也要广泛与政府综合应急管理部门及专业救援部门的沟通协调，主动寻求政府的指导。另外，政府也可将部分应急管理公共服务市场化，充分调动应急管理社会组织的积极性，按照力所能及的原则，进行应急管理公共服务的购买。这既锻炼了应急管理社会组织的能力，又提供资源有效推动应急管理社会组织的健康发展。

# 渤海沿岸城市的生态风险及治理
## ——以潍坊市为实证分析

卜　华　周庆翔

（山东省潍坊市行政学院　潍坊　262406）

**摘　要**：随着城市的不断扩张，城市正面临多重风险隐患。对于渤海沿岸城市来说，除了一般意义上的城市风险，还具有自身独特的风险特征，其生态风险更为突出。生态风险所引起的灾害不仅仅是经济的损失问题，而是生态本身的健康、安全和完整。因此，加强对渤海沿岸城市的生态风险研究与治理意义更为重要。

**关键词**：渤海沿岸　城市生态风险　治理

随着城市化的发展，城市规模越来越大，城市建筑越来越高，城市汽车越来越多，由此造成了城市的风险也越来越多。灾害风险是由人类活动引起或由人类活动与自然界的活动过程共同作用造成的，对人们的生命财产造成损失甚至毁灭性的破坏。而生态风险有可能导致生态系统结构和功能的损失，生态系统内物种的病变、植被演替过程的中断或改变、生物多样性的减少等。生态风险所引起的灾害不仅仅是经济的损失问题，而是生态本身的健康、安全和完整。生态安全对于人与自然的和谐意义尤为重大。

渤海沿岸城市，跨山东半岛、辽东半岛和京津冀地区，是中国北方最大的经济核心区，也是经济实力最强的经济核心区，辐射华北、东北和西北，其战略地位与经济地位都非常重要。对于渤海沿岸城市来说，除了一般意义上的城市风险，还具有自身独特的风险特征，那就是生态风险更为彰显。本文试以渤海沿岸的潍坊市作为实证，分析渤海沿岸城市的生态风险，并提出相应的治理路径。

## 一、渤海沿岸城市的生态风险

### （一）环境污染对生态造成一定程度的破坏

1. 海洋环境污染，使近海海洋生态恶化

一是工业废水污染。近海海域每年接纳上游工业及生活等陆源废水 2 亿多吨，海水养殖、船舶运输、农业面源污染等自身造成的污染物达 10 万多吨，严重污染了近岸海域水质，多次发生赤潮及突发性污染事故。从污染排放情况看，潍坊市近岸海域水质中的主要污染项目是无机氮、石油类、化学需氧量和活性磷酸盐，属有机型污染，COD 排放量已经超过了水环境容量，潍坊市所辖海域水质大部分为中度和轻度污染海域，入海排污口污染物超标排放，排污口邻近海域水质达不到海洋功能区的水质要求，污染严重，海洋环境容量也基本耗尽。如果污染物按目前水平发展，赤潮将更加频繁，进一步破坏近海渔业资源和生态系统，影响和制约沿海经济的稳定发展，必须采取有力措施减缓和遏制海洋环境污染。二是工业废气污染。潍坊北部沿海以海洋化工、机械制造、食品加工为主，排放的工业废气除 $SO_2$、氮氧化物、烟尘、粉尘等常规大气污染外，各工业园区还有部分特征大气污染物排放，包括非甲烷总烃、HCl 等。这些工业废气的排放具有较大的环境风险。三是工业固废污染。工业固体废物种类包括碱渣、粉煤灰、炉渣、碎石料、工业粉尘等。

### 2. 淡水资源的过度开采，易造成地质灾害

淡水资源短缺，地下水的开采受到很多因素的制约。潍坊市北部沿海按人口分配水资源量，潍北地区可以获得 2.03 亿立方米，按地区生产总值分配，可获得 2.83 亿立方米。北部沿海的支柱产业包括盐化工、石油化工、精细化工、化工新材料、机械制造、纺织、电子及综合信息网络等产业。2010 年，工业需水量为 9 649 万立方米，单位工业产值用水 9.65 吨/万元；到 2030 年，工业需水量 12 544 万立方米，单位工业产值用水 6.27 吨/万元。加上农业用水、生活用水、绿化需水等，需水量为 4.26 亿立方米，供水量按 2.83 亿立方米计算，供水缺口为 1.43 亿立方米。

滨海经济开发区每年地下取水量约为 1 200 万立方米。开采地下水作为一个重要的开源措施，工程量小、成本低，但地下取水受资源条件限制很大，而且许多地区多年来由于过度开采地下水，已形成地下漏斗，造成房屋倾斜，甚至导致了海水倒灌等环境危害，地下水的开采受到很多因素的制约。由于地下水长期过量开采，潍坊市滨海平原内陆地区形成了寿光—昌邑大漏斗，横贯寿光、寒亭、昌邑三市区全境。潍坊市由于长期以来地下水的过度开采，地下水位持续大幅度下降，引发了地下水水质污染、咸水入侵等一系列环境地质问题。开采地下水，应充分考虑海水倒灌问题。

### 3. 近海沿岸生态脆弱，难以抵御海洋灾害

渤海沿岸生态脆弱，环境缓冲力弱。莱州湾是我国的风暴潮多发区之一。受

地理环境的影响，渤海莱州湾沿岸容易出现严重的风暴潮灾害。由于坡度小，海潮侵蚀易发生，侵入距离远、危害大。渤海沿岸大多为滨海平原，由于地势低平，有许多河道汇入，这些河道比降小，无防潮设施，历史上发生大的风暴潮时，除了沿岸滩区受淹外，潮水往往沿河床上溯数十公里，不仅造成直接风暴潮灾害，而且带来间接经济损失和次生灾害，使灾害损失加重。海岸防护设施不完备，现有防潮堤标准低，风暴潮威胁较大，海岸蚀退明显。莱州湾自东到西整个海岸防潮大堤均为人工建造的土石结构，建设标准不一，建设年代各异，牢固性千差万别，一旦发生大的风暴增水，形成慢堤或溃坝，对沿岸的涉海经济打击将是毁灭性的。潍坊市是莱州湾受风暴潮灾害最严重的城市，历史上多次受到风暴潮的侵袭。1987 年 11月，风潮来袭，在养虾大风潮中刚兴建起来的防潮大堤溃坝多处，经济损失近亿元；2006 年 11 月，一场十几年未遇的风暴潮袭击了潍坊，沿海近 10 万亩海水养殖场化为一片汪洋；2007 年 3 月，潍坊北部沿海遭受了强风暴潮袭击，潍坊港、羊口港、昌邑北部沿海潮位上升明显，昌邑北部沿海出现了海水沿排卤沟倒灌，昌邑万亩盐田被淹，损失非常惨重。另外，填海造地、物流港工程、风力发电站等改变着沿海的动态平衡，围海造地不仅可以吞噬大片的湿地，而且减弱了海流流速，加速淤积，改变底质成分，进而影响了滤食性贝类的养殖。尤其是近年来的沿海滩涂开发利用活动的不断增加，使海洋生态环境问题日益突出，一些海区自然环境出现退化，海洋生物多样性受到严重威胁。这些都对近海生态造成一定的影响和破坏，有时甚至会引发环境灾害，造成巨大的损失。

**4. 环渤海城市重化工业集聚，增加了化工事故及火灾隐患风险**

渤海沿岸城市利用海洋运输优势，集聚了大量的化工项目，天津、大连、唐山、东营、潍坊等都是重化工业集聚区，在生产、仓储、物流等环节由于管理与监管的不到位，极大增加了化工事故及火灾等风险。由于现代城市建设的不断加速，以及市政整体规划未对石化等高危品存储予以充分重视，导致旧有的布局与管理体系无法适应新的市政发展。有的市政规划把高楼建到企业以前铺好的管道上，使企业无法正常巡线，导致事故频仍。

石化工业城市大连，曾在 4 年内发生 7 次爆炸事故。天津港的危险品贮存密集度太高，且与周边居民区距离过近，容易引发危险。2015 年 8 月 12 日 23：30左右，位于天津滨海新区塘沽开发区的天津东疆保税港区瑞海国际物流有限公司所属危险品仓库发生爆炸。发生爆炸的是集装箱内的易燃易爆物品。第一次爆炸近震震级 ML 约 2.3 级，相当于 3 吨 TNT；第二次爆炸发生在 30 秒钟后，近震震级 ML 约 2.9 级，相当于 21 吨 TNT。天津塘沽、滨海等，以及河北河间、肃宁、晋州等地均有震感，这次爆炸造成的损失是惨重的。2015 年 8 月 31 日山东东营滨源化学有限公司"'8·31'东营化工厂爆炸事故"死亡人员 13 人；1 人重伤、13 人轻伤及多人轻微伤，并造成特别巨大经济损失。潍坊北部重化工业占比较重，山东海化成为世界上最大的合成碱生产企业和亚太地区最大的纯碱出口基地。这些都增加了化工事故及火灾、泄露等风险。2016 年 1 月 29 日，潍坊滨海经济开发区的海化集团排渣场废石灰液泄露，现场如海潮涌进，侵蚀面积比较大，厂区及多辆汽车被淹没，虽然据海化集团负责人称泄露不具备危险特性，但也给生产生活造成了损失。

## 二、生态风险的预防与治理

生态风险是客观存在的，关键是要做好预防和治理。要统筹区域开发与保护，科学规划，以自然资源有效保护和合理开发为导向，以资源的有序有偿、集约高效、循环利用为原则，建立节约型的资源利用体系和稳定的供应体系，提高资源的承载力；大力改善生态环境，预防和减少生态风险，以优良的发展环境增创发展新优势，全面提升城市综合竞争力，确保经济健康可持续发展。

### （一）科学规划，按照生态功能，合理布局

区域发展规划按重点开发、限制开发和禁止开发三类功能区进行规划。一是重点开发区域。主要包括临港产业区和各类开发区，距海岸线 10 公里以外的成片荒滩盐碱地。以港口和铁路交通干线等为依托，以大型化工基地、能源基地、物流基地为重点，着力发展生态产业和循环经济。二是限制开发区域。主要指沿海岸线开发带的浅海滩涂、盐碱地，以及高效生态农业区等。浅海滩涂区，充分考虑区域生态环境脆弱、环保要求较高的实际，适度发展养殖业，有序发展原盐业，加快发展滨海旅游业，合理开发滩海油田、风能和海水淡化，严禁发展污染严重的重化工业，限制设立海洋倾废区；高效生态农业区，依托区域资源和龙头企业，努力调整种养殖结构，大力发展高效、生态、观光、安全农业，着力培养具有突出优势和生态适应性的优质名牌农产品。三是禁止开发区域。主要指农业保护区、水源地保护区和生态自然保护区等。农业保护区，严格保护基本农田，稳定耕地面积，着力发展特色农业，严禁其他产业挤占农业用地；水源地保护区，高度重视河流源头、沿岸水源涵养和库区保护，严禁发展高污染产业，限制城镇建设和人口集聚；生态自然保护区（带），海岸线自然保护带、小清河湿地、柽柳国家海洋生态特别保护区等重点发展生态旅游业，立体林业、绿色种植业以及高效生态农业。

## （二）围填海要适度，并注意生态保护

工程的吹填海过程，可伤害浮游于水体中的鱼卵仔鱼。为更好地保护海洋生物资源，吹填作业应避开鱼卵仔鱼的繁殖盛期，尽量选择在秋冬季进行。工程运营期产生的污水需经妥善处理后，进行深水排放，以减轻附近海域的环境压力，避免赤潮的频发。尽量选择产生悬浮泥沙量较小的施工工艺，施工时应尽量选择风浪小的天气进行，以缩小悬浮泥沙的扩散范围，减轻对生物生态环境的影响，减少对海洋生物资源的损失。人工放流应避开施工区域，以减少苗种资源的损失。为了维护海域生态环境的平衡，应按照有关海洋环保法规，加强对排海污染物的控制，减轻陆源污染物对渤海湾近岸海域生态环境的影响。在施工过程中，应加强对船舶污染物中船舶压舱水和燃料油、洗舱水和燃料油等含油污水的达标排放进行监督管理，加强悬浮泥沙等主要污染物的监测，减少环境污染事故的发生。考虑到风险事故可引起工程海域生态环境的严重污染，应针对吹填管破裂、溢油等风险事故，制定应急反应计划和措施，建立快速、科学、有效的事故应急反应体系，一旦发生事故，能迅速有效地做出应急反应，将污染事故可能对生物生态环境造成的损失降到最低程度。

## （三）通过加快制造业的升级转型，减少对生态的破坏

加快经济发展方式转变和经济结构调整，是我们应对后金融危机，实现科学发展的迫切之需。制造业的升级转型对于发展方式转变和结构调整是至关重要的。目前，产业结构演进面临的主要矛盾是高级化需求结构和低级化供给结构、产业扩张需求与资源瓶颈制约的矛盾，推动制造业产业结构的升级、转型是产业调整发展的首选目标。大力推进改革、创新，在体制、政策、科技及对外开放等各个主要方面为制造业的升级、转型构造强有力的激励和发展合力。潍坊市制造业产业升级和成长方式的转型应确定为"重化、蓝化、优化"三个方面的重点定位与演进目标，确定相应的新型主导产业体系。

### 1. "重化"演进，"深化"发展

"重化"，尤其是装备制造业的规模化、高级化发展，能够根本改变制造业的现有结构，是现阶段制造业产业发展的重要方向。制造业产业升级的发展重点应放在大中型装备制造业，主要包括海洋装备制造、普通机械、交通运输设备、汽车工业以及其他高技术制造产业。重化演进的同时，注重深化发展。从各种因素对经济增长作用的影响来看，目前制约经济增长的核心因素，已从以往的"经济制度瓶颈"转向产业结构升级和技术进步，先进、核心技术的培育和产业结构的转型，已成为未来经济边际增长的关键。重点是鼓励重化产业、新兴高新产业和

关键性行业的核心技术研发、应用与技术产业化，促进产业、产品的技术创新、改造、价值链延伸、深加工度化和品牌化发展。深化发展的实质，就是要有效推进各类产业的高、新技术化。

2．"蓝化"发展，"绿色"保障

潍坊市的制造业要以"蓝化"为方向，海陆资源互补、海陆产业互动，推进海陆经济的一体化。一是加强对海洋经济的研究。着重加强对于海洋资源的深加工、海洋装备核心技术的研究，突破向海洋延伸的技术瓶颈。二是充分发挥港口功能，拉动临港产业发展。充分利用临海的区位优势和海洋的开放性，发展临海产业，促进依托港口的制造业发展，特别是大型、偏重产业，辐射带动陆域经济，形成海洋经济和陆域经济相互促进、协调发展的格局。三是拉长海洋产业链，推动产业链条式组合。对海洋资源的利用方面，突破海洋产业结构单一的局限性，大力发展海洋食品、海洋保健品和海洋药品；依托潍柴滨海船舶动力产业园，发展船舶动力及修造船业、海洋工程设备等，延伸海洋装备制造产业链。"蓝化"发展的过程中，要以"绿色"作为保障，蓝绿交融，注重发展的生态效益。由于渤海水体循环能力差，治污欠账较多，环境相当脆弱，向海洋拓展的同时必须保护和改善渤海环境。防止和控制陆源污染物排入渤海，防止、减轻各海洋产业对渤海的污染。要强化环境保护的法治和社会监督，鼓励新兴绿色产业的投资发展，促进传统制造业的改造和高质量发展。实现这一转变在政策层面上必须满足双重要求，一方面，必须大力建立和健全各类相关法律法规，严格实行全社会的"环保"监督与法治；另一方面，要充分运用各种政策手段大力鼓励发展各类绿色环保型产业、企业和技术，将传统产业注入高技术含量，使其成为产业高端，激励和规范各类传统制造产业的高新化和生态化发展。

3．"优化"布局，集群发展

"优化"是指产业发展空间布局与集聚发展的科学化，产业组织形式与规模的合理化和区域科技创新体系和机制的市场化。结合城市化和工业园区的规划、建设，研究、实施政府产业集群规划，推进制造业集聚式、网络化、创新型发展。产业集群是现代工业产业组织的高级化形式，是产业竞争优势的主要来源和产业升级转型的主要载体，也必将成为未来潍坊先进制造业的主要运营形式。因此，进一步扩大产业集聚度，优化整合发展现有集群或块状经济，是实现升级转型战略的必然要求。政府部门应根据自然、社会资源的优势条件和现有产业群落的发展态势，制订和实施"产业集群规划"，培育扶持龙头企业，对产业集群内最具竞争力的企业，重视其产业投资、科技研发、规范管理和集群成长中的关键作用，强化扶优扶强的政策措施，努力为制造业产业集群培育核心、龙头、骨干，深化集群的分工协作体系和满足产业重化、升级的规模要求，较大地提升组织内部效率、资源配置和利用效率、规范管理能力、研发创新能力，促使其更有效的实现发展方式的转型。结合城市化建设、信息化建设和社会化支持、服务体系的培育发展，配套各种鼓励与限制性政策，有效推进先进制造业产业群、产业带和城市群形成发育和健康成长。

**（四）大力发展循环经济，推进节能减排，严格控制污染**

一是积极发展海洋循环经济。培育和发展新型海洋循环产业，促进海洋经济可持续发展。发展海洋循环经济高技术和关键技术，提高循环使用海洋资源的效率。二是完善生态保护机制。建立相关的环境容量有偿使用制度、环境准入制度和污染物排放权交易市场；支持建立自然保护区生态补偿机制；支持建立矿产资源开发的生态补偿机制。三是推进节能减排。加强对年耗能 2 000 吨标准煤以上企业和社会重点用能单位的监控，实施好重大节能工程，加快发展循环经济和节能环保产业，重点推动工程减排、节能减排和管理减排，加大对重点流域、重点海湾、近岸海域和重点污染源的治理与监控，加快推进白浪河下游综合治理工程，创新治理办法，不能让污水流入大海。超前建设城市污水处理厂，加强对废气、废水的防治，逐步修复和保护生态。

**（五）加大对化工项目的监管力度，减少化工事故风险**

一是对化工项目进行严格的登记。进一步完善法律，对化工企业进行强制登记，建立化工用品数据库，全面掌握生产、使用、经营与仓储、运输情况。二是建立完善的监管体系。健全的管理体系是预防化工事故的有效方式之一。应从人员、设备、生产过程等方面加强安全管理。三是建立专门急救应急体系。化工事故有其特殊性，危险性与危害更大，应建立专门的急救应急体系，加强对急救人员的培训，提高对危险化学用品的处置水平。

## 参考文献

［1］任致远. 城市安全：生命的呼唤［J］. 城市发展研究，2011（3）.

［2］侯云，吴伟. 环渤海城市带可持续发展状况评价［J］. 城市，2007（5）.

［3］李毅. 反思天津大爆炸［J］. 环境教育，2015（4）.

［4］陈晶，李方，周中华. 浅谈我国危险化学品安全生产管理现状及对策［J］. 科技创新导报，2015（28）.

［5］金磊．中国城市灾害风险与综合安全建设［J］．中国名城，2010（12）．

［6］索贵彬．环渤海经济圈城市生态位评价研究［J］．生态经济，2010（2）．

［7］丛尧，刘洪梅．危险化学品安全监管中存在的问题与对策［J］．化工管理，2014（11）．

# 基层应急管理的问题及对策——基于重庆的调研<sup>①</sup>

孙　雪　李　颖　段先义

（重庆行政学院　重庆　632160）

**摘　要**：基层是应急管理的"深水区"，也是关口前移的关键区。利用问卷调查和结构访谈方法对重庆市的基层应急领导干部进行调研，总结了重庆市基层应急管理的四个特色：推进了基层应急管理规范化建设、实施了基层应急管理的全覆盖培训、开展了基层风险管理项目、采用了"六无"式盲演。梳理出基层应急管理存在的问题：基层应急认识有待于进一步提高、基层应急专业知识有待于进一步加强、基层应急培训有待于进一步完善。并提出加强基层应急队伍建设和管理、完善基层应急管理的法规和政策、深化基层应急管理规范化建设、健全基层应急培训机制等对策，以期对提高基层应急管理能力提供理论参考。

**关键词**：基层　应急管理　问题　对策

闪淳昌指出"应急管理关键在基层"；习近平强调"要把基层一线作为公共安全的主战场，推广基层一线维护公共安全的好办法、好经验"<sup>②</sup>；《国家突发公共事件总体应急预案》指出"要加强以乡镇和社区为单位的公众应急能力建设，发挥其在应对突发公共事件中的重要作用"。此处的基层主要是指乡镇（街道）。基层应急管理不仅需要从实践层面进行探讨，更需要从学术角度，探寻基层应急管理的问题和对策，梳理共性问题和规律，以期对全国 7 696<sup>③</sup> 个街道、32 683<sup>④</sup> 个乡镇的应急管理有所借鉴。

---

①　基金项目：本文系中共重庆市委党校（重庆行政学院）校级课题"重庆市五大功能区应急管理差异性研究—社区样本"（课题批准号：CQDX2015A-004）阶段性成果。

②　中共中央政治局 2015 年 5 月 29 日就健全公共安全体系进行第二十三次集体学习讲话。

③　中国统计年鉴（2014—2015 年）。

④　中国统计年鉴（2014—2015 年）。

## 一、现状

### （一）实践维度

2007 年国务院办公厅出台了《关于加强基层应急管理工作的意见》，继后广东[①]、重庆[②]等各地区以政策文件形式出台了加强基层应急管理的意见；在措施办法上，全国各地区应急管理工作机构也进行实践和研究，探寻基层应急管理在"思想认识、机构设置、队伍建设、宣教培训、管理"等方面的共性规律。思想认识方面，单德宏、崔耀允梳理了公众对应急管理工作思想认识不足的三种表现，并提出三种增强应急管理意识的措施；董恒春发现了河南商丘的公众危机意识不强的问题，提出了提高公众危机意识的五项对策；威海市人民政府应急管理办公室发现了当地基层应急管理的重视程度不高的问题：存在思想麻痹和侥幸心理，这些对基层应急管理思想层面的研究，为新形势下提高基层应急管理的危机意识提供借鉴。机构设置方面，单德宏、崔耀允认为辽宁省丹东市的基层应急管理有"机构不一、人员编制不规范、应急职责不明确"的机构设置问题；董恒春发现了河南商丘的应急管理所涉及的部门与部门之间分割明显，且协调不足的问题，并从行业、部门、机制、职责维度提出完善对策，这些对完善基层应急管理的机构设置借鉴意义重大。队伍建设方面，单德宏、崔耀允分析了辽宁省丹东市人员不足、人员调动频繁、身兼多职和业务素质偏低等应急队伍问题，并从"入口、培训、走出去"三个角度提出完善对策，对分析基层应急队伍现状提供参考。宣教培训方面，湖北省南漳县的应急管理形成"7 以"特色培训体系，倡导应急队伍分类培训，采取灵活多样的宣传形式，增强了培训效果。管理方面，广西壮族自治区百色市人民政府对县（区）基层应急管理的"十个有"规范化和县（区）、乡（镇、街道）应急办必须建立"三室一库"规范化问题进行探讨和实践，为基层应急管理的规范化发展提供参考。

### （二）理论维度

国内基层应急管理研究内容主要集中在介绍国内外经验和模式、问题和对策、应急管理等方面。经验和模式方面：陈成文对美国应急管理层级模式、加拿大应急管理协作模式、澳大利亚有序的应急管理体制、日本健全的应急管理信息系统、俄罗斯垂直型应急管理体系进行研究，从中梳理出的六条关于提高我国基层应急管理的经验和启示意义重大；宋劲松对英国的基层应急管理组织模式进行

---

① 广东省人民政府发布《关于进一步加强应急管理工作的意见》（粤府〔2007〕71 号）。
② 重庆市人民政府办公厅发布《关于加强基层应急管理工作的意见》（渝办发〔2009〕5 号）。

探究，对完善我国基层应急管理的社会动员机制有所帮助；唐桂娟对美国应急管理全社区模式进行探讨，其策略、路径和经验为我国基层应急管理提供参考。问题和对策方面：岳静对安徽滁州市的城市社区应急管理的组织机构、社区预警和应急预案、危机意识三方面问题进行剖析，并提出对策，遗憾的是只进行了定性分析；张华文对城市社区应急文化进行剖析，聚焦的应急意识为本文研究提供参考；梁建春通过问卷，对基层政府应急管理的民众维度的评价和意识、政府维度的责任意识、预防体系构建、信息平台建设等现状进行研究，调查对象和范围广泛。应急管理方面：李菲菲、庞素琳提出了治理理论视角下我国社区应急管理的建设模式，是从理论上对基层应急管理的创新，但需从实践上进行运用和佐证；陶鹏、童星对基层政府以基层官僚为核心的权变应急疏散模式进行研究，深化了应急管理的基层研究；吴晓涛对国内外城市社区应急准备进行综述，对提高我国基层应急管理的规范化、标准化有重要意义；Sergio Herranz利用可视化技术，探讨如何建立共享的社区应急志愿者队伍，拓展了基层应急管理的研究视角；Juan Li对基层应急管理的信息协调系统进行研究，为优化基层应急管理的信息报送制度提供了参考。

基层应急管理有实践层面在思想认识、机构设置、队伍建设、宣教培训、管理等方面的横向研究；也有在理论层面在经验和模式、问题和对策、应急管理等方面的纵向研究，如何用科学合理的研究方法对已经发生的基层应急管理行为进行客观定性和剖析，探寻共性问题和规律，实现基层应急管理实践性和学究性的有益补充，值得探究。

## 二、研究方法

### (一) 问卷的编制

首先，在借鉴上述研究的基础上，设计访谈内容，选取重庆基层应急领导干部典型代表 60 名，并进行有效的访谈，了解基层应急管理的现状，形成初步研究主题。其次，邀请应急管理领域的专家、教师、领导干部等群体对初步形成的研究主题运用头脑风暴方法进行筛选，确定了最终的研究问题。最后，综合考量基层应急管理研究的可行性和有效性，最终形成了由基本情况、现状调查、培训需求调查、其他建议四部分组成的调查问卷。个人基本情况主要涉及性别、年龄、职务、从事应急管理工作年限四个方面，用于研究基层应急管理队伍的结构性问题。现状调查主要包括对基层应急管理所需专业知识、面临困难等方面。培训需求调查主要包括培训内容调查、培训方式方法调查、改进措施三方面，主要是了解和掌握基层应急培训的现状和问题，便于有针对性的优化基层应急培训的方法。其他建议主要是为了保证基层应急管理研究的完整性。调查问卷的组成部分和研究问题的相互支撑，保证了研究的效度和信度。

### （二）问卷的发放和统计

调查问题以问卷的形式，对重庆市的基层应急领导干部，利用他（她）们在2013—2015 年度在市委党校学习培训期间，开展问卷调查和深度访谈。

2013—2015 年度调查问卷发放 1 188 份，有效回收 812 份，整体回收率较好，可以客观描述和呈现出重庆市基层应急管理存在的问题，并梳理出提高基层应急管理能力的对策建议。

## 三、重庆基层应急管理的特色

### （一）推进了基层应急管理规范化建设

重庆市人民政府办公厅印发了《重庆市人民政府办公厅关于印发重庆市基层应急管理规范化建设标准（试行）的通知》（渝办发〔2012〕204 号），规范了全市如何开展基层应急管理规范化建设，具体包括应急队伍体系、监测预警体系、应急保障能力、应急组织工作体系、应急预案体系、应急宣教工作体系、应急值守和信息报告工作、突发事件应急处置、恢复重建与善后处理、应急管理"一岗双责"制度等 11 个方面，制定了基层应急管理的工作标准，细化了工作任务，做到"预防与应急并重、常态与非常态结合"，要求各乡镇（街道）、村（社区）严格对照标准，规范实施。截至 2015 年 12 月，完成 632 个乡镇（街道）、6 465个村（社区）应急管理规范化建设任务，初步构建了基层"大应急"工作体系，使得基层突发事件快速响应和处置能力不断提高。

### （二）实施了基层应急管理的全覆盖培训

2013—2015 年度，开展了全市乡镇（街道）基层领导干部的轮训工作。培训内容主要涉及自然灾害、事故灾难等四大类突发事件、信息报送、应急处置与应急保障、突发事件紧急救助等专业内容，做到了按实际需求开展培训。培训方法采取了专题讲授、案例教学、桌面推演、指挥部演练等形式，初步实现了多元化的培训。培训效果较好：使得基层应急队伍，在认识上，强化了基层应急管理工作重要性的认识，也认识到已有工作的不足；在实践上，学会了如何科学先期处置突发事件，利于提升应急工作的业务水平和能力；在理论上，增加和拓展了应急管理的相关专业知识和处置方法。

### （三）开展了基层风险管理项目

基层风险管理项目以中德政府灾害风险管理合作项目为契机，认真吸纳发达国家研究成果，广泛借鉴国内做法，在试点探索的基础上，制定了集风险识别、登记、评估、控制以及应急准备为一体的风险管理体系。为了推进风险管理项目，重庆市人民政府出台了《关于加强突发事件风险管理工作的意见》（渝府发〔2015〕15 号），继后全市 40 个行政管理单元，结合自身实际，都细化了《关于加强突发事件风险管理工作的意见》。同时，重庆市人民政府应急管理办公室编制了《重庆市突发事件风险管理操作指南（试行）》，这个指南适用于乡镇街道、基层组织、企事业单位等对象，而且立足操作实际，以"六表一图"为工作机理（风险信息采集表、损害后果计算表、发生可能性分析表、风险评估登记表、风险防控措施表、风险变化情况表和风险矩阵图），阐述了基层如何进行风险识别与登记、风险评估、风险控制与监测更新的方法和程序，以便更好指导基层风险管理工作。

### （四）采用了"六无"式盲演

培训演练是除了课堂讲授（案例分析）、参观考察等的传统培训方法外最为突出的新手段。"六无"式盲演作为培训演练的一种方式，主要是指"无演练脚本、无演练角色指定、无预先信息、无事先预演、无过程告知、无虚假场景的演练"。采取这种演练方式，可以发现基层应急处置存在的实际问题；可以通过模拟演练，提高参演学员先期处置能力。而且在演练结束后，收到应急专家、基层应急领导干部等群体的好评与点赞。

## 四、存在的问题

通过对问卷横纵向对比研究，梳理总结了如下问题：

### （一）基层应急认识有待于进一步提高

调查显示，基层应急管理认识有待于进一步提高，主要体现在基层应急领导干部的风险认识和个体的参与认识有待于进一步提高。由于"认识对实践有反作用，正确的认识对实践有指导作用"，对于基层应急领导干部而言，由于风险认识不高，影响了对突发事件的预防与应急准备、监测与预警等实践；对于个体的参与认识有待于进一步提高，主要表现在需要提高个体参与应急准备的主动性和把风险认识转化到个体的实际行动中，从而保障个体面对突发事件时，具备一定的自救、互救能力。

### （二）基层应急专业知识有待于进一步加强

应急专业知识是应急管理的基础条件。调查显示，有 86.70％的基层应急领导干部认为"基层应急专业知识欠缺"是基层应急较大的困难；主要涉及"基层应急领导对突发事件的决策、先期处置、信息报送"和"个体的自救、互救"等应急专业知识的欠缺，这与梁建春（2014）对基层政府应急管理的现状调查的研究具有相似的结论。基层应急管理专业知识的欠缺，在一定程度上影响了基层应急管理预防、监测、处置与救援、恢复与重建工作的开展，故需继续加强基层应急专业知识的培训和教育。

**（三）基层应急培训有待于进一步完善**

应急培训内容是应急培训体系的关键点，其设置科学与否直接影响应急宣教培训质量的高低。调查显示，基层应急领导干部认为"培训内容需要涉及：各类突发事件相关的专业知识、突发事件的先期处置与汇报、突发事件的现场沟通、心理辅导等内容"，这体现出基层应急管理的培训内容要更实用、要更系统、要更深入，才能发挥出培训应有的作用和效果。基层应急领导干部认为"培训方法要体现出多元化，要走出教室课堂，走进现场，增强培训的实战性和真实性"。由于经济全球化、社会信息化的深入发展和生态环境的变化，使得各类突发事件呈多发态势，且处置变得复杂；加之当地基层应急队伍主要以 36～45 岁为主，占整个基层应急队伍的比例是 49.14%，这些群体接受新事物有一定的过渡时间，只有采取多元化的培训方法，创新培训形式，才能满足基层应急培训的需求，强化基层应急培训的效果和质量。

## 五、对策

为了提高基层应急管理能力，更加科学、有序、高效地做好基层应急管理工作，可从如下几方面着手：

**（一）加强基层应急队伍建设和管理**

1. 加强基层应急队伍建设。加强全市各区县（自治县）、乡镇（街道）、村（社区）综合性应急救援队伍、专业应急队伍、应急志愿者队伍、应急专家队伍、应急保障队伍、应急管理干部队伍建设，确保应急管理的科学化、社会化、规范化。

2. 强化基层应急队伍管理。明确全市各区县（自治县）、乡镇（街道）、村（社区）分管应急工作领导的职责；立足发展实际，做好基层应急队伍的指挥调度管理、培训与演练管理、综合保障管理，最终提高基层应急队伍的综合处置能力以及自我保护能力。

**（二）完善基层应急管理的法规和政策**

1. 完善基层应急管理法律法规。依托《突发事件应对法》、已有的单行应急管理法律法规等规定，探索出适合基层应急管理的专门法律法规，加快推进基层应急管理的法治化进程。

2. 细化基层应急管理的政策。结合当地实际情况，细化出基层应急管理的扶持政策和管理政策。对于扶持政策，要完善基层应急管理的财政扶持政策；对于管理政策，要完善基层应急资源的管理政策、基层应急队伍的保险及抚恤等管理政策，解决好基层应急队伍的实际困难和后顾之忧，更好投入基层应急工作。

**（三）深化基层应急管理规范化建设**

1. 设计规范化、差异化的基层应急预案体系。编制上，立足全市发展特点，各区县（自治县）、乡镇（街道）、村（社区）需分级分类编制综合及单项应急预案，范围上做到"横向到边、纵向到底"，形式上做到"简化、实化、流程化、图解化"。实施上，实现基层应急预案的动态管理，落实好乡镇（街道）、村（社区）的应急预案定期进行修订的规定，建立差异化的基层应急预案评估制度。

2. 建立规范化的基层隐患排查治理制度。排查上，遵循"全员、全方位、全过程"的原则，创新隐患排查形式、方式，不仅要定期定时开展安全排查，更要开展暗访检查、交叉检查、专项督查、随机抽查。治理上，切实做到技术措施、安全保障措施、专项技能培训和强制执行措施四到位，实行隐患责任追究制度。

3. 健全基层应急管理信息报送制度。报送形式上，各区县（自治县）要结合基层的实际情况，细化并规范报送的格式、报送的流程。报送时间上，各区县（自治县）要明确应急信息报送时间，保证应急信息的上报与下达的及时性。报送内容上，各区县（自治县）要把应急事件的前、中、后进行上报与下达，保证应急信息的完整性、原始性、全面性。

**（四）健全基层应急培训机制**

1. 精准设置基层应急培训内容。依据全市的各区域发展特点、各区县（自治县）、乡镇（街道）、村（社区）发展实际，精准界定基层应急培训需求，可以借鉴国内外先进做法，科学设置应急培训内容。

2. 综合运用应急培训方法。灵活选择基层应急培训方式，优化组合基层应急培训方法，实现宣传形式和方式的创新，做到"六进"宣传与科普宣传，应急文化与当地文化，传统宣传与现代宣传，重要时段宣传与平时宣传四个相结合，真正提高基层应急管理的培训与宣传质量和效果。

3. 及时开展应急培训评估。利用科学评估方法，对每次应急工作进行科学评估；组建专业的基层应急工作评估队伍，加强专业评估机构建设；以期更好探寻突发事件背后的共性问题，汲取经验。

## 参考文献

［1］应急管理关键在基层（专访）［N］．人民日报，2007-08-09．

［2］单德宏，崔耀允．浅析基层应急管理工作现状及对策［J］．中国应急管理，2008（9）．

［3］董恒春．当前基层应急管理面临的困难及对策［J］．中国应急管理，2008（7）．

［4］威海市人民政府应急管理办公室．基层应急管理工作的调查与思考［J］．中国应急管理，2011（2）。

［5］湖北省南漳县人民政府应急管理办公室．加强基层应急管理工作基础能力建设的实践探索［J］．中国应急管理，2012（9）．

［6］广西壮族自治区百色市人民政府．以基层规范化建设为抓手，全面提升应急能力［J］．中国应急管理，2015（10）46-47．

［7］陈成文、蒋勇，黄娟．应急管理：国外模式及其启示［J］．甘肃社会科学，2010（5）：201-206．

［8］宋劲松．英国基层应急管理组织模式研究［J］．行政管理改革，2011（2）：76-79．

［9］唐桂娟．美国应急管理全社区模式：策略、路径与经验［J］．学术交流，2015（4）：64-69．

［10］岳静．城市社区应急管理现状分析与对策研究［J］．理论建设，2013（6）：96-98．

［11］张华文，陈国华，颜伟文．城市社区应急文化体系构建研究［J］．灾害学，2008（4）：101-105．

［12］梁建春，莫映宽，熊健敏．基层政府应急管理的现状调查与分析［J］．武汉理工大学学报（社会科学版），2014（2）：175-180．

［13］李菲菲，庞素琳．基于治理理论视角的我国社区应急管理建设模式分析［J］．管理评论，2015（2）：197-208．

［14］陶鹏，童星．中国基层政府应急疏散行为模式：基于多案例比较分析［J］．中国地质大学学报（社会科学版），2014（4）：100-107．

［15］吴晓涛，杨桂英，程书波，姚军玲，金英淑．城市社区应急准备研究评述及展望［J］．河南理工大学学报（社会科学版），2013（1）：41-45．

［16］ Sergio Herranz、Rosa Romero-Gómez、Paloma Díaz、Teresa Onorati. Multi-view Visualizations for Emergency Communities of Volunteers ［J］. Journal of Visual Languages and Computing，2014（25），981—994.

［17］ Juan Lian、Qingrui Li、Chao Liu、Samee Ullah Khan、Nasir Ghani. Community-based Collaborative Information System for Emergency Management ［J］. Computers & Operations Research，2014（42）：116—124.

［18］闪淳昌，薛澜. 应急管理概论——理论与实践 ［M］. 北京：高等教育出版社，2015.

# 城市"街区制"条件下居民住宅小区开展应急管理工作的挑战与创新

刘春祥

（天津市政府应急办　天津　300045）

**摘　要：** 2015 年 12 月，中央城市工作会议在北京举行，会议出台相关工作意见，对今后一个时期我国城市规划建设管理作出全面部署。其中"街区制"改革引起社会广泛关注。该政策的出台，直接影响到我国各级政府长期以来以"封闭居民小区"为工作对象，设计推行的城市基层应急管理工作相关部署。本文对相关影响进行分析研究，并提出工作建议。希望各级政府和基层应急管理部门要高度重视这一变革，尽早研究谋划，努力创新思路，积极迎接挑战。

**关键词：** 住宅小区　街区制　应急管理　挑战与创新

2015 年 12 月 20 日至 21 日，中央城市工作会议在北京举行。党和国家领导人出席会议。习近平总书记、李克强总理在会议上发表了重要讲话。2 月 21 日，新闻媒体报道了《中共中央国务院关于进一步加强城市规划建设管理工作的若干意见》（以下简称：《若干意见》）。《若干意见》一共 30 条，对城市规划建设管理作出了全面部署，是指导今后一个时期，我国城市规划建设管理工作的重要文件。《若干意见》的出台，对我国城市应急管理工作产生了重大而深远的影响。其中，引起社会广泛关注的第十六条"优化街区路网结构"相关意见，直接影响到我国各级政府长期以来以"封闭居民小区"为工作对象，设计推行的城市基层应急管理工作相关部署。各级政府和基层应急管理部门应高度重视这一变革，尽早研究谋划，努力创新思路，积极迎接挑战。

## 一、"街区制"是党和国家制定的城市发展建设方针

### （一）城市"街区制"变革是这次中央城市工作会议的重要内容之一

在会议的重要成果《若干意见》第十六条中，专门提出：新建住宅要推广街区制，原则上不再建设封闭住宅小区。已建成的住宅小区和单位大院要逐步打开。到 2020 年，城市建成区平均路网密度提高到 8 公里/平方公里，道路面积率

达到 15％等相关内容。由此可知,党和国家对城市推行"街区制"变革已经下定了决心,制定了任务,规定了标准,设定了时限。

**(二)城市"街区制"变革是城市经济社会发展进入新阶段的客观需要**

推广街区制是对中外城市规划经验的借鉴。"小街坊"是一种较为先进的城市规划理念,是城市发展到一定阶段后必然的趋势和方向。《若干意见》中提出"加强街区的规划和建设,分梯级明确新建街区面积,推动发展开放便捷、尺度适宜、配套完善、邻里和谐的生活街区",要"树立'窄马路、密路网'的城市道路布局理念"。这正是协调和解决当前我国在推进城镇化建设中,如何提高城市生活质量等问题的有效措施。解决我们多年城市发展建设后出现的道路资源浪费,车辆交通拥堵,空间分布不合理,市民出行困难等一系列城市病的有效良方。

**(三)城市"街区制"变革将推动我国现有基层应急管理工作的转型**

长期以来,我国推动基层应急管理工作主要围绕"四进"(进社区、进乡村、进学校、进企业)来开展。其中,进社区是开展基层应急管理工作的重要抓手和切入点。2015 年,天津市颁布了《社区应急工作规范地方标准》(DB 12/T 600-2015),在该文件中,对城市社区的定义为"聚居在一定地域范围内的人们所组成的社会生活共同体。一般是指经过社区体制改革后作了规模调整的居民委员会辖区"。在规范设计中,现有封闭式居民住宅小区是社区应急管理工作的基础单元和工作对象。随着城市建设的街区制变革,基层应急管理的工作对象将会发生变化,原有应急管理观念和手段也必然要随之而改变。

## 二、"街区制"条件下居民住宅小区未来情况设想

通过认真学习领会党和国家对城市规划建设管理的新思想、新理念,以及深刻分析《若干意见》所提出的明确任务和标准,我们可以大致勾画出未来城市居民住宅小区发展的状况。这是我们各级政府应急管理部门转变工作思路,超前谋划开展"街区制"条件下基层应急管理工作的前提条件和基础模型。城市"街区制"条件下居民住宅小区将可能发生以下情况变化:

**(一)居民住宅小区将以高层楼房为主**

中央城市工作会议树立了"精明增长""紧凑城市"理念,科学划定城市开发边界,推动城市发展由外延扩张式向内涵提升式转变。城市空间发展如果限制向四周扩张,只能转而向上下空间发展。为了解决城市居民居住问题,只有在有限的土地上建设高层住宅,才能有效满足社会需求。由此带来的高层消防和高层

人员疏散及避险逃生能力等问题将会日益突出。

**（二）居民住宅小区开放边界**

这就是引起社会广泛关注和议论的"不设围墙"。居民住宅小区不设围墙是"街区制"一个重要标志，小区公共空间由业主集体管理转变为社会公共管理，小区内道路循环系统融入社会公共交通系统。没有围墙的居民住宅小区，可以将原来利用率较低的小区公共空间（道路、绿地、服务设施等）转为社会公共空间，由社会公众共同使用，从而提高了小区内公共空间的使用效率，满足社会公众的使用需求。

**（三）居民住宅小区人员成分趋于复杂**

由于不设围墙，小区失去了原有人员管控条件，住宅小区的居民与社会人员混杂在一起，形成"楼外即社会"的情况。而且封闭小区的居民，由于人员基本固定，所以人群生活具有习惯性和趋势性。而开放式的居民住宅小区，在人员流动方面更多地表现为无序性和偶发性。"以人为本"是应急管理工作的核心，面对"街区制"带来的人群管理新情况，各级政府应引起高度的重视。

## 三、"街区制"居民小区对基层应急管理工作带来的挑战

作为基层应急管理工作的重要内容，加强居民住宅小区的应急管理工作是应急管理进社区的核心任务。在"街区制"条件下未来居民住宅小区将面临新的状况，给政府开展基层应急管理工作带来新的挑战。这种挑战主要围绕地域空间和人员管理两个方面。

地域空间的挑战来源于开放的小区空间，打破了原有封闭小区地域范围的概念。以往"条块结合，以块为主"的应急管理工作原则受到考验。地域空间变化使相关工作的管辖权、职责区、责任人、任务项等都会随之发生变化，极易产生重叠交叉和盲区漏控等情况。

人员管理的挑战主要表现在对以往相对固定的人群开展工作，转而向区域内不确定人群开展工作。"街区制"条件下，楼外即社会，社会人的管控工作其难度要远远超过对封闭住宅小区内的人员管理。在突发事件应急处置中，对小区中社会人的管理将会极大地增加政府管理成本和工作难度。

## 四、"街区制"居民小区应急管理工作的创新

城市"街区制"建设势在必行，各级政府只有在认真贯彻落实《若干意见》的基础上，围绕新变化、新情况对政府基层应急管理工作带来的新挑战，提前布

局、迎难而上、创新思路、积极应对。

### （一）加强基层应急管理工作的制度建设

天津市在加强基层应急管理工作方面做了有益的尝试，组织编写并颁布了《社区应急工作规范地方标准》（DB 12/T 600—2015），以地方标准的形式，提出了基层应急管理的制度性要求，列出了基层社区开展应急管理工作的"规定动作"。为政府检查、考核基层应急管理工作情况树立了标准。随着"街区制"建设，地方政府应进一步细化相关规章制度，围绕新情况，制定新措施，并将具体措施制度化、规范化，将责任划分清晰，落到实处。

### （二）完善基层应急管理组织体系建设

根据天津市《社区应急工作规范》，基层应该组建社区应急工作组。社区应急工作组组长由所在地乡镇政府、街道办事处分管应急管理工作负责人担任，副组长由居委会、村委会主任担任。城市社区应急工作组成员主要包括居民委员会成员，以及社区卫生服务中心、志愿者队伍、物业和驻社区公安机关、单位等重点单位负责人。在"街区制"条件下，城市社区应急工作组成员必然要进行调整，原有住宅小区物业（保安队伍）部门的作用可能会降低，楼委会组织和志愿者队伍的作用需要切实加强。

### （三）提高住宅小区监控预警能力水平

监控预警是应急管理工作的重要内容。"街区制"条件下的开放式居民住宅小区给监控预警工作带来了新的挑战。以往封闭式小区可以通过抓住小区出入口和重要路口的方式进行监控，及时发现问题进行预警。"街区制"条件下开放式居民住宅小区在监控预警能力方面需要进一步加强，要实现所有区域全覆盖监控，这就需要对小区整体布局进行科学细致的调查研究，通过科技手段完善和提高小区监控预警能力水平。

### （四）加强区域内的风险隐患管理

"街区制"条件下开放式居民住宅小区，各种风险因素会较封闭式小区增加很多。所以在基层应急管理工作中，要坚持制度化开展小区区域内各种类型风险隐患排查工作。围绕灾害类型，对小区内的重点点位进行认真排查。对排查出的灾害隐患要进行登记造册管理。将有关问题隐患作为基层应急管理的重要任务，研究措施，责任到人，明确时限，狠抓落实。

### （五）制定完备的灾害应急响应机制

作为基层应急管理部门和相关应急处置力量，由于技能水平和装备条件的制约，在开展居民住宅小区灾害应急处置工作中有其自身的特点和要求。基层应急管理部门和应急处置力量在处置突发灾害中，关键在"早"和"小"上下功夫。当灾害超出自身能力情况下，需要通过成熟有效的应急响应机制，快速科学地实施应对工作。这些机制主要包括：信息报告机制、服务保障机制、灾后恢复机制等。

### （六）持续组织开展灾害应急预案演练

"街区制"条件下的居民住宅小区，在制定小区应急预案方面也需要进行调整，预案主体要根据情况由小区整体单位向独立楼体单位，甚至向独立住户单位转变。特别是人员疏散预案，以往一个封闭小区基于少数固定出入口设置的疏散线路，在开放式小区条件下，需要根据不同情况逐一设计，这增加了相关预案的制定难度和实施难度。应急演练方面更加追求小范围，经常性的应急演练活动，以提高每一位居民的应急处置能力。

### （七）强化居民个体的应急意识和避险技能

当前针对封闭式居民小区，基层应急管理部门主要倡导的是灾害面前听指挥，讲秩序。当灾害发生时，基层政府部门可以通过封闭小区内的重要据点，组织指挥小区居民有序行动。但是"街区制"条件下的开放式居民小区，基层政府部门无法提供足够的人力和物力，对小区居民进行有序组织。这就需要居民个体面对灾害时能够独立应对，科学避险。要想实现这种目标，就需要基层政府在平日里切实加强对小区居民的应急宣教和培训工作，不能再像过去标语式、口号式的宣传，要确实达到将宣教内容做到每一户，教育到每一人的程度。

### （八）加大培养应急救援志愿者队伍

基层应急救援队伍是灾害救援的重要力量，在当前居民住宅小区条件下，很多基层政府将小区物业的保安队伍作为小区突发事件的第一响应者。但是"街区制"情况下，物业公司保安队伍在应急处置中的作用可能会弱化。在灾害应急救援方面将会更加注重邻里相助和志愿服务。所以，各级地方政府应着手谋划，加强对应急志愿者队伍的培养建设，以适应未来"街区制"条件下住宅小区的应急处置工作。

城市是经济社会发展和人民生产生活的重要载体，是现代文明的标志。城市的发展有其自身规律和阶段性。当城市发展建设发生重大转型与改变时，必然会需要相关领域的协同转变。应急管理工作是社会管理工作中的重要内容，它的特殊性决定了任何滞后反应，都会给人民生命财产和社会公共利益造成不可预测的损害。广大应急工作者应站在高处、看到远处、想到细处。让预防走在灾害前面，让工作干在需要前面。

# 中国应急预案：功能与问题

## ——以天津港"8·12"瑞海公司危险品仓库特别重大火灾爆炸事故为例

崔维　　刘士竹

（山东行政学院　济南　250014）

**摘　要：** 应急预案是我国应急管理的重要政策工具。本文采用案例研究法，以天津港"8·12"瑞海公司危险品仓库特别重大火灾爆炸事故为例，以《天津港"8·12"瑞海公司危险品仓库特别重大火灾爆炸事故调查报告》、天津危化品事故应急处置所依据的各级各类预案为分析文本，以天津危化品事故应急处置过程为主线，分析目前我国应急预案的功能及其存在的问题。

**关键词：** 应急预案　功能　天津港事故

自 2003 年非典疫情之后，我国逐步建立起了"横向到边，纵向到底"的应急预案体系，实现了应急预案"从无到有"，应急预案成为我国应急管理的重要政策工具。而此项政策工具目前在我国突发事件预防和应急处置中是否发挥应有功能，存在哪些问题且如何进一步优化已成为业内普遍关注的问题。为此，本文采用案例研究法，以天津港"8·12"瑞海公司危险品仓库特别重大火灾爆炸事故为例，具体以《天津港"8·12"瑞海公司危险品仓库特别重大火灾爆炸事故调查报告》、事故应急处置中依据的各级各类预案为分析文本，以天津危化品事故应急处置过程为主线，逐一分析目前我国应急预案功能及其存在的问题。

## 一、我国应急预案功能分析

### （一）我国应急预案体系功能分析

借鉴美国应急预案体系的功能划分，应急预案体系可分为战略级预案、操作级预案、战术级预案和现场行动方案。其中操作级预案依据其功能可分为概念预案和行动预案。所谓战略级预案，位于应急预案最顶层，其核心是提出突发事件应急管理愿景目标，主要功能是政策引导、总体布局和确定目标。操作级预案主要适用对象是以各级政府为主。该类预案主要是基于各类灾害的特定情景，描述政府和各个部门在应急管理工作中的任务、职责和统一协调的机制和程序。操作级预案依据其功能划分为概念预案和行动预案两种。概念预案主要用于政府应急管理部门和应急指挥机构，主要功能是综合协调辖区内各类行动与资源。行动预案主要用于政府响应部门与参与应急活动的各个功能单位，具体详细地确定各个单位的任务和职责，其内容应更加详细、具体。战术级预案，它在行动预案的基础上产生并视现场的随机情况而改进完善，主要适用对象是政府各个部门及其下属单位。现场行动方案一般也称为现场运行计划，只适用于一个单项任务。这四种功能应急预案在我国的目前应急预案体系中分别有所体现和应用。

从 2003 年非典以来，我国按照"统一规划、分类指导、分级负责、动态管理"的原则，已经构建起了我国应急预案体系。根据 2013 年颁布的《突发事件应急预案管理办法》（国办发〔2013〕101 号），应急预案按照制定主体划分，分为政府及其部门应急预案、单位和基层组织应急预案两大类。其中，政府及其部门应急预案由各级人民政府及其部门制定，包括总体应急预案、专项应急预案、部门应急预案等。不同级别和类别的应急预案在我国应急预案体系中发挥的功能是不同的。

### 1. 我国各类别应急预案的内容和功能

从应急预案类别上看，总体应急预案是应急预案体系的总纲，是政府组织应对突发事件的总体制度安排，由县级以上各级人民政府制定。总体应急预案大多属于战略级预案，其基本功能是总体布局和确定目标。目标内容主要是在本预案适用的行政区域内，根据对四大类突发事件风险评估的结果，确定专项预案的数量与名称，并为配合每项专项应急预案确定不同的部门应急预案。

专项应急预案是政府为应对某一类型或某几种类型突发事件，或者针对重要目标物保护、重大活动保障、应急资源保障等重要专项工作而预先制定的涉及多个部门职责的工作方案，由有关部门牵头制订，报本级人民政府批准后印发实施。专项应急预案的功能在于识别某一类突发事件发生可能性和危害范围以及结果，确定本预案当中所涉各主体的职责以及应急处置流程与措施。因此，它一般属于操作级预案中的概念预案。

部门应急预案是政府有关部门根据总体应急预案、专项应急预案和部门职责，为应对本部门（行业、领域）突发事件，或者针对重要目标物保护、重大活动保障、应急资源保障等涉及部门工作而预先制定的工作方案，由各级政府有关部门制定。部门应急预案的功能是为了配合本行政区域的各项与本部门职责相关的专项应急预案，细化本部门在某一突发事件预防和应急处置中的职责和流程而定。因此，部门应急预案大多属于战术级预案和操作级预案中的行动预案。

单位和基层组织应急预案由机关、企业、事业单位、社会团体和居委会、村委会等法人和基层组织制定，侧重明确应急响应责任人、风险隐患监测、信息报告、预警响应、应急处置、人员疏散撤离组织和路线、可调用或可请求援助的应急资源情况及如何实施等，单位和基层组织应急预案的主要功能在于自救互救、信息报告和先期处置。因此，单位和基层组织应急预案大多属于战术级预案和现场行动方案。

2. 各级别应急预案的内容和功能

根据突发事件事故分级标准，不同层级的预案内容及功能各有所侧重。

国家级应急预案侧重明确突发事件的应对原则、组织指挥机制、预警分级和事件分级标准、信息报告要求、分级响应及响应行动、应急保障措施等，功能在于重点规范特别重大突发事件一级应急响应，国家层面应急处置流程与措施，同时体现政策性和指导性。

省级应急预案侧重明确突发事件的组织指挥机制、信息报告要求、分级响应及响应行动、队伍物资保障及调动程序、市县级政府职责等，功能在于重点规范重大突发事件二级应急响应及以上，省级层面应对行动，同时体现指导性。

市应急预案侧重明确突发事件的组织指挥机制、风险评估、监测预警、信息报告、应急处置措施、队伍物资保障及调动程序等内容，其中市级专项和部门应急预案的功能在于重点规范较大突发事件三级应急响应及以上。县级应急预案的功能在于重点规范一般突发事件四级应急响应及以上。市（地）级和县级层面应对行动，体现应急处置的主体职能。

乡镇街道、社区和企业事业单位应急预案的功能侧重明确突发事件的预警信息传播、组织先期处置和自救互救、信息收集报告、人员临时安置等内容，其功能在于突发事件先期处置。

在各级应急预案系统中都可能包括战略级、行动级（概念预案和行动预案）、战术级和现场行动级四种类型的预案，但由于目标职能不同而各有侧重。其中，国家级预案中主要包括战略预案和行动预案，使用单位往往是国务院及其组成部门，基本任务是协调统一重大支援行动。省、市、县地方政府级预案有战略预案，但其主体应为综合性的应急行动预案，基本任务应是协调统一指挥、组织现场应急响应。乡镇街道、社区和企业事业单位应急预案一般属于现场行动级预案，功能是现场"第一响应"，组织开展现场救援活动。

综上，从应急预案体系角度来看，我国防范各类突发事件以及进行应急处置所依据的应急预案体系已经基本完备，但各级、类别应急预案在突发事件应急处置中是否发挥了各自功能，并且与其他预案之间是否实现有效衔接，这是我们要重点思考的问题。具体有：各预案在我国应急预案体系中发挥何种作用和功能，确定本预案的指挥主体是否和其他相关预案规定的指挥主体相衔接，确定依据本预案的应急处置流程是否和其他相关预案规定的处置流程相衔接等。

### （二）我国单项应急预案功能分析

在我国应急预案体系建设中，实现单项预案的功能对于推进应急预案体系建设、加强应急管理工作具有重要的现实意义。在各单项应急预案中，一般战略级应急预案的功能主要偏重于政策引导和总体布局与规划，宜粗不宜细。而操作级预案、战术级预案和现场行动预案则需要实现以下功能：一是以风险评估和应急能力评估为基础，以确定性去应对危机事件当中都会遇到的确定性问题，核心就是资源的协调分配和事故权责体系构建。二是以灵活性去应对危机事件当中的不确定性，核心就是危机分析及危机决策。危机分析及危机决策的前提和基础是开展风险评估，应当在预案编制前明确风险，模拟情景，根据不同情景提出有针对性的应急处置措施。

## 二、天津港"8·12"瑞海公司危险品仓库特别重大火灾爆炸事故中所涉及应急预案的功能及问题

2015 年 8 月 12 日，位于天津市滨海新区天津港的瑞海国际物流有限公司（以下简称瑞海公司）危险品仓库发生特别重大火灾爆炸事故。本文将以该事故应急处置过程为主线进行相关应急预案的功能分析。根据《天津港"8·12"瑞海公司危险品仓库特别重大火灾爆炸事故调查报告》（以下简称调查报告），可将此事故分为三个阶段：爆炸前灭火救援处置阶段；爆炸后现场救援处置阶段；医疗救治和善后处理阶段。基于应急预案的预防和应急处置功能，本文将重点分析前两个阶段，以调查报告和应急处置过程中所依据的各项预案为分析文本，逐一分析单项应急预案的功能发挥和在我国应急预案体系的功能与问题所在。

### （一）爆炸前灭火救援处置阶段中的所依据应急预案的功能及其问题

该阶段从 2015 年 8 月 12 日 22 时 51 分 46 秒，位于天津市滨海新区吉运二道 95 号的瑞海公司危险品仓库运抵区最先起火开始，直到爆炸前为灭火救援处置阶段。22 时 52 分，天津市公安局 110 指挥中心接到瑞海公司火灾报警，立即转警给天津港公安局消防支队。与此同时，天津市公安消防总队 119 指挥中心也

接到群众报警。接警后，天津港公安局消防四大队首先到场开展灭火救援。

从危化品事故分级标准和预案功能上看，此阶段可以判定为Ⅳ级（一般）危险化学品事故，应急处置主体是滨海区政府，处置所依据的应急预案体系应是滨海新区相关的各类别应急预案，具体包括瑞海公司危化品事故应急预案；滨海新区突发事件总体应急预案；滨海新区危化品事故专项应急预案；滨海新区交通运输委员会危化品事故部门应急预案；天津港（集团）有限公司危化品事故部门应急预案；天津港公安局危化品事故部门应急预案；天津海关危化品事故部门应急预案；滨海新区安全监管局危化品事故部门应急预案等。下面逐一分析滨海新区各类别应急预案的功能发挥情况。

**瑞海公司危化品事故应急预案功能发挥情况：** 瑞海公司危险品仓库运抵区最先起火后，瑞海公司应当依据本公司预案进行风险研判和先期处置。然而，依据事故调查报告，指挥员向瑞海公司现场工作人员询问具体起火物质，但现场工作人员均不知情。瑞海公司没有明确本单位的港口危险货物存储场所进行重大危险源辨识评估，也没有将重大危险源向天津市交通运输部门进行登记备案，更没有针对理化性质各异、处置方法不同的危险货物制定针对性的应急处置预案，组织员工进行应急演练。可见，从此事故中可看出，作为战术级预案和现场行动方案，企业应急预案功能缺失，其资源协调分配和事故权责体系构建、危机分析和危机决策等诸多功能均未发挥，具体表现为没有进行风险评估、自救互救、信息报告和先期处置等。这也是此次特大爆炸事故发生的重要原因。

**滨海新区突发事件总体应急预案功能发挥情况：** 此阶段所依据的总体应急预案应为：《天津市滨海新区突发公共事件总体应急预案》（津滨政发〔2014〕23号）。总体应急预案的功能主要是总体布局和确定目标，具体表现为依据本行政区域内的各类突发事件的风险高低，确定专项应急预案和为配合专项应急预案而制定的各部门应急预案。在此次事故中，总体应急预案作为战略级预案，实现了以下功能，即明确了滨海新区危化品事故应急预案为专项应急预案。但是其没有进一步明确危化品事故专项应急预案中需要哪些部门配合制定危化品事故部门应急预案。这就导致了在此次事故应对中缺失了相关部门应急预案，其功能更是未能发挥。缺失的相关部门应当包括：滨海新区交通运输委员会危化品事故部门应急预案；天津港（集团）有限公司危化品事故部门应急预案；天津港公安局危化品事故部门应急预案；天津海关危化品事故部门应急预案；滨海新区安全监管局危化品事故部门应急预案等等。尤其作为危化品的行业监管部门，滨海新区天津市交通运输委员会危化品事故部门应急预案更是缺失，也更谈及不到行业监管部门应急预案的功能发挥。可见，作为战略级预案，总体应急预案对部门应急预案的总体布局和确定目标的功能未能有效发挥，具体表现在各部门应急预案的缺失。

**滨海新区危化品事故专项应急预案功能发挥情况：**该专项应急预案已经编制了风险评估内容，确定新区目前共有危险化学品重大危险源88处，主要分布于塘沽和大港。其中危化生产单位43处、使用单位14处、储存单位30处、经营储存单位1处。随着南港工业区和大港世界级石油化工产业基地的建设，新区"大危化"特点显现。依据该专项预案，事故发生后滨海新区政府应立即成立现场指挥部。相关部门也应依据专项预案职责和应急处置流程以及自己的部门应急预案进入各自应急处置角色。然而，在此次事故中，瑞海公司危险品仓库运抵区最先起火后，依据调查报告，先期应急处置过程中没有找到相应危险源，可见该专项应急预案未能充分发挥风险评估的功能，风险识别不足。另外，在调查报告中没有发现滨海新区政府成立现场指挥部的情况，该专项应急预案未能及时发挥建立滨海新区应急指挥主体的功能。同时依据调查报告，在此阶段，只有消防部门进行灭火应急处置。作为行业监管责任部门交通运输委没有在第一时间出现，它的行业监管责任以及风险识别责任在此阶段也没有承担，更谈及不到与消防等部门配合问题。因此，滨海新区危化品事故专项应急预案作为操作级预案，未能在第一时间实现资源的协调分配和事故权责体系的构建功能，更谈及不到危机分析和危机决策的功能发挥。

**滨海新区危化品事故部门应急预案功能发挥情况：**为应急处置危化品事故，根据滨海新区专项应急预案和各部门职责，应当编制以下各部门应急预案：滨海新区交通运输委员会危化品事故部门应急预案；天津港（集团）有限公司危化品事故部门应急预案；天津港公安局危化品事故部门应急预案；天津海关危化品事故部门应急预案；滨海新区安全监管局危化品事故部门应急预案等。尤其作为行业监管部门，滨海新区交通运输委员会更应当制定危化品事故部门应急预案，并与滨海新区危化品事故专项应急预案相衔接。作为事故应急处置所依据的各战术级预案和操作级预案中的行动预案，这些部门应急预案应当编制，更应当发挥其应有功能。

然而，依据调查报告，在灭火阶段没有出现依据何种类别应急预案进行处置的情况。而且上述各部门应急预案都出现空缺。可以看出在此次危化品火灾事故应急处置中，各部门应急预案缺失，其应有功能完全未能发挥。另依据调查报告，消防力量对事故企业存储的危险化学品底数不清、情况不明，致使先期处置的一些措施针对性、有效性不强。可见，天津港公安局和消防队危化品事故部门应急预案作为现场行动方案没有发挥应有功能，尤其是预案的危机分析和危机决策功能没有发挥。

**（二）爆炸后现场救援处置阶段中所依据应急预案的功能及其问题**

爆炸后进入现场救援处置阶段。依据调查报告，这次事故涉及危险化学品种类多、数量大，现场散落大量氰化钠和多种易燃易爆危险化学品，不确定危险因素众多，加之现场道路全部阻断，有毒有害气体造成巨大威胁，救援处置工作面临巨大挑战。爆炸后从危化品事故分级标准和预案功能上看，此阶段可以判定为Ⅰ级（特别重大）危险化学品事故，应当依据我国应急预案体系，启动Ⅰ级应急响应。应急预案体系包括：四个级别（国家、天津市、滨海新区），三个类别（总体、专项和部门应急预案）具体分别有：国家预案体系包括国家突发事件总体应急预案、国家安全生产事故灾难专项应急预案、危险化学品事故灾难部门应急预案和其他部门应急预案等。天津市预案体系包括天津市突发事件总体应急预案、天津市危险化学品事故专项应急预案、天津市各部门应急预案等。现就整个应急预案体系在天津事故应急处置中所发挥的功能及问题分析如下：

**国家突发事件总体应急预案功能发挥情况**：国家总体应急预案是全国应急预案体系的总纲，属于战略级预案，该预案明确了总体目标即全国应急预案体系包括：突发公共事件总体应急预案、突发公共事件专项应急预案、突发公共事件部门应急预案、突发公共事件地方应急预案、企事业单位根据有关法律法规制定的应急预案等。另外，其还规定了国务院是突发公共事件应急管理工作的最高行政领导机构。在天津爆炸事故中，据事故调查报告，爆炸后李克强总理多次作出重要批示，并率马凯副总理、杨晶国务委员亲临事故现场指导救援处置工作。可看出，在此次事故应急处置中依据国家总体应急预案确定的特别重大突发公共事件应急主体，其发挥了资源的协调分配和事故权责体系构建的功能。但是依据事故调查报告，从灭火到爆炸阶段，并未清晰显示所依据的应急预案体系情况。可看出，全国突发公共事件应急预案体系虽已经建立，但在事故应急处置中并未发挥出全国应急预案体系的整体功能，国家总体应急预案的确定目标功能未能有效实现。

**国家安全生产事故专项应急预案功能发挥情况**：目前我国的应急预案体系中把国家安全生产事故灾难专项应急预案列为国家专项应急预案，危化品事故应急预案列为部门应急预案。国家安全生产事故灾难专项应急预案规定了全国安全生产事故灾难应急救援组织体系。根据发生的安全生产事故灾难类别，国务院有关部门按照其职责和预案进行响应。组织应急救援，并及时向国务院及国务院安委会办公室报告救援工作进展情况。需要其他部门应急力量支援时，及时提出请求。该预案还规定应当成立现场应急救援指挥部。现场应急救援指挥以属地为主，事发地省（区、市）人民政府成立现场应急救援指挥部。在此次天津爆炸事故应急处置中，依据事故调查报告，爆炸后国务院成立了国务院工作组。天津市委、市政府迅速成立事故救援处置总指挥部，由市委代理书记、市长黄兴国任总指挥。另依据事故调查报告，现场应急救援指挥部把全力搜救人员作为首要任务，以灭火、防爆、防化、防疫、防污染为重点，统筹组织协调解放军、武警、公安以及安监、卫生、环保、气象等相关部门力量，积极稳妥推进救援处置工作。可见，该专项应急预案发挥了确定应急指挥部和现场应急救援指挥部的应急主体功能。作为战略级预案，该专项应急预案实现了事故权责体系构建和资源调配的功能。但对危机分析和危机决策的功能还未有效发挥。

**国家危险化学品事故灾难部门应急预案功能发挥情况**：各部门中，除国家安全监督管理局制定了国家危险化学品事故灾难部门应急预案，其他各部门均未根据部门职责制定关于危化品事故部门应急预案，更没有和其他相关类别和级别应急预案相衔接。可见，在此次应急处置中各部门的应急预案缺失，未能发挥部门应急预案的应有功能和与其他部门应急流程和处置措施的衔接功能。

**天津市突发事件总体应急预案功能发挥情况**：该预案中明确规定了天津市危险化学品事故应急预案为专项应急预案，并且根据该专项应急预案，设置了天津市安全生产应急指挥部。在此次天津爆炸事故应急处置中，天津市政府依据在总体应急预案中规定的专项应急预案，成立了天津市安全生产应急指挥部。可见，作为战略性预案，该总体应急预案发挥了总体布局和事故权责体系构建的功能。

**天津市危险化学品事故专项应急预案功能发挥情况**：该应急预案规定设立天津市危险化学品事故应急指挥部（以下简称市指挥部），统一领导指挥本市危险化学品事故预防与应急处置工作。市安全监管局牵头成立现场指挥部，由总指挥、副总指挥和各工作组组成，实行现场总指挥负责制。依据事故调查报告，爆炸事故发生后，天津市委、市政府迅速成立事故救援处置总指挥部，根据该专项应急预案以及整体应急预案体系成立国家和现场应急指挥部，发挥了事故权责体系构建的功能。另外，依据事故调查报告，天津市政府应对如此严重复杂的危险化学品火灾爆炸事故在思想准备、工作准备、能力准备上明显不足；事故发生后在信息公开、舆论应对等方面不够及时有效，造成一些负面影响；消防力量对事故企业存储的危险化学品底数不清、情况不明，致使先期处置的一些措施针对性、有效性不强。可以看出，天津市危险化学品事故专项应急预案发挥的预防、危机分析和危机决策功能未能有效发挥。

**天津市危化品事故各部门应急预案功能发挥情况**：天津市目前还没有针对天津市危险化学品事故专项应急预案中规定的部门职责来编制各部门应急预案。尤其是行业监管部门，并没有编制危险化学品事故部门应急预案并与专项应急预案相衔接。在此次事故应急处置中，依据调查报告，天津市事故救援处置总指挥部统筹组织协调解放军、武警、公安以及安监、卫生、环保、气象等相关部门力量，积极稳妥推进救援处置工作。其中并未提到是否依据自己部门的危化品事故应急预案来进行应急处置。可见，各部门的危化品事故部门应急预案缺失，更谈及不到应有功能的发挥。

## 三、我国应急预案功能发挥中存在的问题

以《天津港"8·12"瑞海公司危险品仓库特别重大火灾爆炸事故调查报告》为分析文本，通过对天津港"8·12"瑞海公司危险品仓库特别重大火灾爆炸事故所涉及预案体系的功能进行梳理，可以看出我国目前预案体系中各级别、类别预案存在以下问题：

### （一）各类别应急预案功能及问题分析

我国目前各类别应急预案包括总体应急预案、专项应急预案、部门应急预案和企业应急预案。其中，作为战略级预案的总体应急预案较好地发挥了政策引导的功能。但在总体布局和确定目标功能的发挥上有所欠缺。具体表现在：因为对本行政区域内各类突发事件的风险评估缺失，所以在本行政区域内，哪些突发事件应当编制专项应急预案不清晰，故而导致专项应急预案数量和名称不全。

另外，目前我国部门应急预案功能没能有效发挥。从各项总体应急预案编制中可看出，部门应急预案和专项应急预案的功能定位不清。具体表现在，部门应急预案和专项应急预案的关系逻辑不清，部门应急预案没有根据专项应急预案规定的部门职责和应急流程及措施进行编制。尤其是行业监管部门和综合监管部门的应急预案应当如何编制衔接不清。

通过案例梳理，我们认为作为操作级预案，我国现有专项应急预案较好地发挥了事故权责体系构建的功能。事故发生后，能够及时快速成立指挥部和工作组进行应急处置。但是各专项应急预案未能发挥出资源的协调分配和危机分析和危机决策功能。究其原因，是预案编制时未能做好对某一突发事件发生的可能性和影响范围以及后果的风险评估和应急能力评估。

作为战术级预案和现场行动方案，单位和基层组织应急预案的第一响应和先期处置功能发挥不足。在预案编制中由于缺少本单位内的危险源排查和识别，先期处置措施针对性不强。单位和基层组织预案的权责体系构建、资源协调分配的功能没有有效发挥，更谈不到危机分析和危机决策。

### （二）各级别应急预案功能及问题分析

我国各级别应急预案主要包括国家级应急预案、省市县级应急预案和乡镇街道、社区和企业事业单位应急预案。通过案例梳理我们发现，国家级预案作为战略预案和行动预案，发挥了政策引导、协调和统一支援的功能。省市县地方政府级预案作为操作级预案、战术级预案和综合性的应急行动预案，应当协调统一指挥、组织现场应急响应，这是整个应急预案体系的重心。通过案例梳理，省市县地方政府级预案有效发挥了权责体系构建的功能，但其在资源协调分配、危机分析和危机决策的功能没有得到有效发挥。乡镇街道、社区和企业事业单位应急预案作为现场行动级预案，还未能有效发挥现场"第一响应"组织开展现场救援活动的功能。

另外，从整体应急预案体系上，各级别、类别应急预案的衔接功能不足，具体表现在：各预案规定的指挥主体和其他相关预案规定的指挥主体未能有效衔接，应急处置流程以及和其他相关预案规定的处置流程也未能有效衔接等。

## 参考文献

［1］李尧远．应急预案管理［M］．北京：北京大学出版社，2013.

［2］詹承豫，顾林生．转危为安：应急预案的作用逻辑［J］．中国行政管理，2007（7）.

# 皖南中小城市老旧小区消防生命通道改造研究

伍万云

（中共宣城市委党校　宣城　242000）

**摘　要：** 近年来一些城市老旧小区火灾频发，已成为城市风险应急管理必须研究的难题。特别是随着私家车数量急速攀升，车辆的增长与车位资源严重失衡，一些无处停车和安全意识淡薄的车主，无序停放占用消防通道，晚上尤其严重，已危及老旧小区消防生命线。如何破解，本文以皖南四市老旧小区消防通道建设与改造情况为立足点，采取问卷调查与实证分析相结合，就皖南四市老旧小区消防通道建设与改造现状、群众满意度及存在难题等不同视角，深刻剖析其影响因素，在此基础上，提出顶层设计、综合整理、规范管理、科学规划等不同层面的意见和建议。

**关键词：** 皖南四市　老旧小区　消防通道　研究

## 一、研究概述

全国老旧小区消防生命线被挤占的现象，已成为城市风险应急管理一道难以逾越的鸿沟。2015 年 5 月 15 日，皖苏浙交界的宣城市宛溪新村的那场大火，持续 2 个多小时，让失火的户主损失过百万。其核心原因，是消防通道被挤占，消防车无法进入小区救火。类似的老旧小区发生火灾之事，全国每天都在上演，皖南一些城市也无例外。如何从根本上解决这道难题，才能避免或减少群众生命财产损失，这是本课题研究重点。鉴于此，本文选择安徽省宣城市、池州市、黄山市、安庆市（以下简称"皖南四市"）等皖南中小城市老旧小区消防通道建设，该区域地处长江经济带与中西部交界处，属于皖南欠发达中小城市，有着承东启西纽带的作用，其老旧小区消防通道建设难题具有中西部欠发达地区的典型性。本研究基于全国各地老旧小区消防通道改造建设的经验，结合皖南四市实际，从工程进度与质量、资金拨付与使用效率、社会评价与群众满意度等三个基本维度遴选 18 项三级指标，重点对 45 个指标体系进行定性与定量分析相结合的方法进行研究。

### （一）皖南四市 76 个老旧小区消防通道改造情况

1. 问卷设计及调查方式。2016 年 2 月至 4 月，利用党校这个特殊平台，分别在皖南四市党校发放调查问卷 600 份，回收有效问卷 567 份，有效率 94.5%；并采取现场查看、召开座谈会、随机抽样等多种形式，对宣城市宣州区、池州市贵池区、黄山市屯溪区、安庆市宜秀区等皖南四市 76 个老旧小区消防通道建设情况进行调研。涉及三类群体：一是老旧小区住户；二是物业及相关社区、办事处等主管部门；三是城建、城管、消防、公安等相关部门。同时，走访住户 187 人，物业管理 83 人，社区领导及相关专家 28 人，消防大队、住建委、城管执法局等 12 个部门。基本掌握了皖南四市消防通道建设情况，反映了中西部欠发达地区老旧小区消防通道建设基本现状。

2. 皖南四市老旧小区消防通道基本情况。从调查情况看：皖南四市各区都出台了老旧小区综合整理相关文件，并提出分步实施计划。宣城市目前正在对宣州区 171 个老旧小区进行综合整治，力争 2020 年全面完成，但消防方面重点在增设消防栓，对消防通道暂时没有根本性措施。池州市主城区 64 个老旧小区中仅有 28 个由物业公司管理，目前贵池区翠微苑等老旧小区正在实施提升工程，从小区绿化、物业、停车位、电线、管道、消防通道及设施等多方面进行综合整理。黄山市拟用三年时间改造中心城区 203 个老旧小区，重点从排水设施改造、破损道路修缮、路灯改造配套、环卫保洁设施、休闲设施配置、绿地花坛恢复、消防通道建设等方面进行综合改造。安庆市从老旧小区街道背巷道路改造、环境卫生设施建设、地下管网改造、消防设施建设等方面进行整治。从问卷调查情况看：宣城、池州、安庆、黄山四市群众满意率分别是 89.7%、90.6%、90.8%、96.7%（见表 1），但也有少数群众认为有待完善，特别是消防通道。

表 1　皖南四市老旧小区消防通道改造满意度问卷统计表

| 城市名称<br>满意度 | 宣城市 | 池州市 | 安庆市 | 黄山市 |
|---|---|---|---|---|
| 基本满意（%） | 65.2 | 68.2 | 71.3 | 73.1 |
| 很满意（%） | 24.5 | 22.4 | 19.5 | 23.6 |
| 不满意（%） | 10.3 | 9.4 | 9.2 | 3.3 |

资料来源：皖南四市老旧小区消防通道改造情况随机抽样调查资料整理。

### （二）皖南四市 76 个老旧小区消防通道建设存在的问题

1. 老旧小区消防通道建设用地规划滞后。1995 年颁布的《高层民用建筑设计防火规范 GB-50045-95》规定："消防车道宽度不应小于 4 米"。我们在调查中发现，目前皖南四市老旧小区建设年代早、标准低，20 世纪 90 年代前建设的老旧小区消防通道普遍未达标，且缺少消防通道建设规划。虽部分建成小区周围留有空地，但随着经济的发展，周边逐渐被开发利用或被小区住户建房蚕食，致使部分消防通道建设用地协调困难。

2. 消防通道被挤占现象短期内难以根治。2015 年 5 月份宣城市宣州区宛溪新村那场大火，持续了 2 个多小时，关键是消防通道被挤占，消防车受阻。宣城市市委市政府已经意识到问题的严重性，并把老旧小区消防通道建设列为 2015年宣城市 10 项民生工程之一。2016 年年初，我们进行问卷调查时发现，群众对消防通道改造的满意度为 89.7％，非常满意 43.1％，比较满意 46.6％，一般11.5％，不满意 12.3％，很不满意 6.2％。为什么仍有 18.5％的群众不满意？我们走访时，群众反映消防通道平时被私家车占了，违规改建等老大难问题突出，只有上面检查时才清理消防通道。还有群众反映大部分老旧小区是开放式小区，原规划设计车位少，有的没有设计停车位，虽然政府着手改造消防通道，但有的改造太急，下雨后改造工程下陷。

3. 消防通道建设、管理与维护资金来源问题突出。经调查发现，皖南四市正积极有计划有步骤地改造老旧小区居住环境和消防设施，目前皖南四市老旧小区消防通道改造建设资金主要以政府民生工程形式拨付，没有专项消防通道建设改造工程资金，其建成后谁来管理与维护、相关费用谁来拨付等诸多问题，到目前为止，皖南四市还没有哪一个市出台具体政策。如何从根本上解决老旧小区消防通道建设资金难题，不仅需要动员社会力量参与老旧小区消防通道改造，而且需要政府顶层设计，建立专项基金，并把其列入财政预算。

## 二、消防通道挤占认识度分析

### （一）消防通道被挤占及其改造影响因素

1. 多头管理，职责不明。采取随机抽样的调查方式，对皖南四市老旧小区发生火灾情况进行调研。从表 2 可以看出，影响火灾损失率的主要因素：一是车辆挤占消防通道，占 40％以上；二是违章建筑挤占消防通道，占 20％以上；三是消防规划滞后，占 15％以上。为什么车辆挤占、违章建筑会成为影响火灾损失率最突出因素？从深入走访和座谈情况看：一是老旧小区物业管理部门缺乏执法权。对违章建筑、占用消防通道经营、车辆乱停乱放等现实问题没有执法权，不能处罚业主，只能口头劝说，效果不明显。再加上老旧小区物业费难收，经常更换物业公司，以致有些老旧小区物业管理经常处于真空状态，其卫生保洁不得不由所在社区代管。二是有处罚权的消防、城管、交警等监管部门没有介入或虽已介入，但因多头管理，职责不明等因素，对发现问题或群众反映的问题未能及时查处，以致相关老旧小区违章建筑、占道经营、车辆乱推乱放等难题一直难以破解（见表2）。

表 2 皖南四市影响老旧小区火灾损失率调查表

| 火灾损失率 \ 消防通道 | 消防规划 | 堆放杂物 | 小摊小贩 | 车辆停放 | 违章建筑 |
|---|---|---|---|---|---|
| 宣城市（%） | 18 | 8 | 9 | 42 | 23 |
| 池州市（%） | 16 | 3 | 7 | 49 | 25 |
| 黄山市（%） | 15 | 1 | 8 | 45 | 31 |
| 安庆市（%） | 22 | 2 | 5 | 41 | 29 |

资料来源：皖南四市老旧小区火灾损失情况随机抽样调查情况统计整理。

2. 老旧小区地下管网复杂且缺少规划图，加大了消防通道改造成本和难度。通过走访老旧小区消防通道建设改造公司和监理单位及其主管部门了解到，一些老旧小区地下管网缺少规划图。如宣城市绿锦小康村、城南新村、梅溪苑、中心菜市场9～11幢等老旧小区都普遍存在小区内雨污水、强弱电管线、自来水管线及化粪池位置不详、私搭乱建、线路老化、消防设施不达标等现象。消防通道改造过程中只能边施工边保护边协调，无形中增加了消防通道改造难度和施工进度，加大了施工成本。

3. 少数居民为维护自身利益，时常阻挠施工，影响改造进度。在走访社区和物业公司中发现，目前老旧小区住户主要是老年人群体、生活困难群体、租房群体。有钱群体纷纷到新建小区购房，虽然有的老旧小区原业主房子没有卖，但主要以出租为主。有些住户因上下楼层关系不好或个人利益等因素，阻挠施工，施工单位不得不重新规划设计；有些生活困难业主私自搭建棚屋经营小买卖，除政府满足其个人愿望外，否则难以拆除。这些群体如果政府主管部门不出台配套政策，不从根本上解决其生活困难和合理利益诉求，单靠社区和施工单位很难协调，必然会影响施工进度和工程方积极性。

**（二）群众认知度分析**

1. 群众对消防通道重要性认识不足。通过问卷调查发现：93.4%的被调查居民认为消防通道就是小区通向外面的主干道，不知道从室内到地面的楼梯口、过道，小区内到外面公路的道路都属于消防通道；80.34%的被调查居民对消防通道改造不关心，只关心与其生活息息相关的小区绿化、亮化、美化；78.6%的被调查居民对消防栓、消防池、灭火器等消防设施不会用，问其为什么？有的居民说，"消防设施与我没有关系，那是政府的民生工程"，等等。消防通道是老旧小区群众生命财产安全线，但从问卷调查情况看，许多群众不知道消防通道的重要性，从另一个侧面反映出相关主管部门在老旧小区消防通道改造时征求群众意见不够，宣传不到位。

2. 群众参与积极性不高。我国消防法规定，生产、储存、经营易燃易爆危险品的场所不得与居住场所设置在同一建筑物内。但我们调查发现，池州市贵池区某老旧小区张某把民用住宅改为商用，集门面、仓储、居住三合一的百货店，多年未接到任何部门整改要求或处罚。为什么会出现这种情况，调查走访发现，类似这种情况皖南四市老旧小区或多或少都存在，其核心原因，皖南四市老旧小区消防通道建设只是其综合整治的一部分，并列入民生工程，群众认为这是政府行为，改造不改造，与己无关。

3. 少数业主非法改造住宅楼结构，影响消防安全。问卷调查中发现，安庆市宜秀区某老旧小区，当事人家里人口多，在一楼私自搭建厨房，影响消防通道正常通行，消防、城管等监管部门事后才知道，相关部门多次上门做工作，但当事人不愿意拆除。类似这样的事件已成为皖南四市老旧小区消防通道改造的难题。随意改变建筑使用性质，这是非常危险的事情，商用建筑的消防安全标准和民用建筑是完全不同的。为什么会出现类似情况？其核心因素：消防安全监管缺乏问责机制。

## 三、加快城市老旧小区消防通道改造的思考

### （一）顶层设计，尽快出台消防通道建设与维护相关法律

1. 加快消防通道专项治理与维护工作的法制化进程。一是有立法权的地级市，利用《立法法》赋予的权利，在充分调研与征求群众意见的基础上，借鉴国内外经验，结合本地实际，从法律层面出台住宅区、商务区、开发区消防通道专项整治及其后续管理与维护办法。以期畅通住宅区（包括老旧小区）、商务区、开发区消防通道生命线，维护消防通道正常畅通。二是建立健全老旧小区消防通道管理与维护制度。把老旧小区消防通道建设与改造资金列入财政预算，通过以奖代补的形式，促进社会力量参与消防通道建设，真正从制度、机制等不同层面，确保老旧小区消防通道建设资金和管理人员配备到位。三是划醒目的消防通道标志线。让业主心存戒心，让管理者心有底气。

2. 科学规划，统筹布局。老旧小区消防通道改造，是一项系统工程，涉及消防、城建、城管、交警、物业、社区等多部门及业主切身利益。为此：一要统筹规划，科学布局。从创建文明、和谐、安全、幸福小区理念的高度，按照现代城镇化标准规划建设和改造老旧小区消防通道，必要时实行整体拆迁改造。二要

综合整理，分步实施。对符合城镇建设规划要求的小区，进行深度改造，切实做到绿化、美化、亮化与安全、舒适相结合，新建小区消防通道实行"同步规划、同步建设、同步交付使用"。

3. 加强老旧小区消防通道改造建设的宣传力度，营造全社会参与氛围。一是利用电视台、报纸、网络、小区宣传栏等多种媒体加大消防通道改造建设宣传力度，强化居民消防观念，提高防火意识，使他们主动让出消防通道。并告知119火警举报投诉电话。让居民了解消防通道就是老旧小区的财产生命线。二是建立健全消防通道改造建设申报机制。明确申报条件，对符合城市规划条件的老旧小区加快推进，提高消防通道建设改造的力度。三是积极处理和回应市民心声。对市民网上提出老旧小区消防通道改造工程的建议及其投诉，相关部门应积极主动上门服务并做好解释说明工作，尽快通气，消除误解，解决久拖不决的难题。

**（二）加强消防通道建设，确保消防安全生命线贯通**

1. 市政府层面实行一区一策，切实解决停车难的问题。一是对具备条件的老旧小区和次新小区，从规划层面调整完善审批手续，实行政府投入或改造补贴的方式，拓宽小区道路，改造和增设生态停车位。二是按照"三个一块"原则（小区内空地改造一块、小区外部有条件的新建一块、利用周边城市道路夜间停车一块）增加车位，从根本上解决老旧小区停车难问题。三是实施便民交通工程，小区周边单位停车场或停车位向小区业主开放，小区周边市政道路停车位，在下午5：30到次日上午8：00免费停车，缓解小区停车压力。四是采取斜划车位、单向通行、建立体停车库等多种方式，增加停车位。如杭州市东山弄社区采取"一进三出"的办法。社区原有4个出入口，规定只有一个进口，另外3个是出口，有效地解决了消防通道不畅的难题。

2. 推进民警、交警、消防进小区，依法管理。一是开展治安、交通、消防安全宣传教育。依法查处小区各类违法违规停车和消防违法违规行为，畅通消防通道；指导小区道路和公共停车区域停车位的划分及交通安全设施设置等，进一步加强小区内消防设施设备管理养护的监督检查和指导。二是对具备实施车辆规范管理的小区，由物业加强车辆管理，引导车辆有序停放，对强行占用小消防通道和拒绝配合物业管理车辆的，交警部门要进行劝导批评教育，情节严重的依据相关法律进行处罚。

3. 创新老旧小区消防通道管理模式。一是结合城市文明创建，组建老旧小区志愿者停车管理巡查队，解决老旧小区停车无人管、消防通道管理难的问题。

二是推行停车业主自管模式。对业主委员会管理完善的小区，实行业主自主管理小区停车位，疏导业主有序停车，避免社会车辆乱停、抢停。三是充分利用大数据平台，实行网上停车位寻查模式，确保业主安全有序停车。

**（三）强化牵头单位责任意识，加大推诿扯皮单位查处力度**

1. 制定城建、城管、交警、物业、消防、公安等多部门协调配合考核方案。首先，加强老旧小区消防通道管理，坚持一件事情原则上由一个部门管理，明确消防、交警、公安、物业各部门的职责边界，分清主次责任和主办与协办关系。对占用消防通道的，由消防部门负责，不定期到老旧小区进行消防安全检查，一旦发现消防通道被占，立即责令物业、居委会等相关部门进行整改。对占道经营的，由城管负责；对违章建筑的，由城建负责；对违章停车的，由交警负责。其次，成立由消防、公安、交警、城建、城管、物业等多部门联合的老旧小区停车办，着力解决和理顺消防通道乱停乱放车辆、违章建筑、占道经营等关键领域的职责分工，实行推诿敷衍首问负责制，单位主要领导负总责，具体责任人负主要责任，并将其纳入机关效能目标考核。

2. 加强老旧小区消防通道改造建设力度。一是加大对主管部门、承建单位、监理单位、相关责任单位督查和调度力度，确保老旧小区消防通道建设质量。二是物业公司、街道办事处、小区业主委员会、社区居委会、消防等部门多管齐下协调配合，加强消防通道常态化管理。三是强化政府合同履约率，确保配套资金按时足额到位，合理解决老旧小区消防通道建设资金和维护费用缺额难题。

3. 推行老旧小区消防通道管理与维护市场化改革进程。一是参照上海老旧小区消防通道管理与维护招投标的经验，实行门槛准入制，将一些有资质、有良好声誉的公司作为招投标对象，按照管理与维护公司化、规模化、品牌化要求，进一步提高老旧小区消防通道管理与维护水平。二是利用价格杠杆，实行差价收费。对一些冷僻停车场库，采取包月停放30～50元/月，吸引老旧小区私家车主停放；反之则采取高收费，遏制对消防通道占用。三是完善消防通道投诉应急机制，重拳打击各种乱堆乱放、违规建筑、占道经营等挤占消防通道的不法行为。对本小区业主车实行小区业主出入与车辆（包括车牌号、电话号码、住址等相关信息）通行一卡通；对不是本小区车辆进入小区实行限时登记出入收费制度，尽量减少不是本小区车辆停放时间。有条件的老旧小区，应安装闭路电视，覆盖整个小区；保安不分时段地进行安全巡逻，对违规停车的及时责令其当场改正，如果是恶意堵占或不听劝阻而造成严重后果的，按照新消防法规定，处5 000元至5万元的高额罚款，确保消防通道安全生命线畅通。

## 参考文献

［1］中华人民共和国建设部．高层民用建筑设计防火规范［S］．建标［1995］265 号，1995 – 05 – 03.

［2］全国人大常委会办公厅．中华人民共和国消防法［M］．北京：中国民主法制出版社，2008.

［3］刘云，顾怡，王屹峰．老旧小区怎么解决停车难［N］．杭州都市快报，2013 – 02 – 19.

［4］全国人大常委会办公厅．中华人民共和国消防法［M］．北京：中国民主法制出版社，2008.

# 青岛市应急宣教培训模式研究

张旭明　袁瑞钊

（青岛海丽雅集团有限公司　青岛　266000）

**摘　要：** 本文以青岛市为研究对象，针对青岛市应急突发事件发生情况及应急体验培训服务工作开展情况，提出了通过建立应急体验馆的方式开展青岛市应急宣教培训工作的思路，并对体验馆的建设内容以及体验馆 PPP 建设模式进行了研究。

**关键词：** 应急宣教　体验馆　PPP

## 引言

近年来，火灾、交通事故、地铁事故、安全生产事故、社会安全事故等城市应急事件频发。根据公安部消防局统计，2015 年全国接报火灾 33.8 万起，造成 1 742 人死亡，1 112 人受伤，直接财产损失 39.5 亿元；根据中国地震台网监测结果，2015 年我国 5 级以上地震发生 51 次；根据国家统计局统计数据显示，2014 年全国发生交通事故 19.6 万起，造成人员伤亡 27 万人，造成直接经济损失 10.7 亿元……越来越多的城市应急事件给广大市民的生命和财产安全造成了巨大损失和威胁。

加强城市应急宣教培训工作，完善应急宣教培训体系，提高市民应急安防意识和应急自救互救技能，将应急安全从潜意识转化为行为习惯，从行为习惯培养成应急文化，是避免和减少城市应急事件造成损失的重要措施和保障。

## 一、青岛市应急现状

2014 年，青岛市四大类应急事件发生 7 万余起，死亡（含失踪）人数 590 人，造成直接经济损失约 6.9 亿元。其中，道路交通事故、消防火灾事故、工矿商贸事故等事故灾难类应急事件发生 3 100 多起，直接经济损失 2 700 多万元，导致伤亡人数达 2 000 多人，所占比重达 70%。

近年来，青岛市高度重视应急管理工作，在应急体系完善、应急队伍建设、应急预案建立、应急管理信息化等方面大力推动，有效提高全市应急能力，并取得了一系列成果。在社会化应急宣教培训方面，青岛市将应急知识教育纳入学校教学内容；于青岛市市北区建成一个综合性实景模拟应急宣教培训基地；青岛市公务员应急培训率达到 85％，并通过创办《学会应急》杂志、微信、网站，制作应急题材电视剧、舞台剧、专家访谈节目，拍摄应急公益广告，编辑市民应急手册等方式进行应急安全知识普及。通过一系列的社会化应急宣教培训工作，青岛市市民的应急安全意识得到了有效提高，自救互救能力稳步增强。

## 二、应急安全体验馆主要内容

对市民进行应急宣教培训，旨在提高市民的应急安全意识和应急自救互救技能。传统的课堂式应急安全教育模式难以起到有效提高市民应急安防意识的效果，人们往往在经历过应急事件后，其应急意识才能显著提高。因此，有必要建立城市应急体验馆，让市民以亲身参与、互动体验的方式感受应急事件的发生全过程。

### （一）什么是应急体验馆

应急安全体验馆是对应急安全产业信息化进程的推进。传统的应急安全教育模式是以课堂的形式对市民进行应急安全理论知识教育，而城市应急体验馆的建设，打破了这一传统的课堂化教育模式，以智能控制、实时监控和感应、多媒体播放、仿真等信息化技术和设备为基础，通过采用真实场景搭建、参与体验、实操互动、实物模拟等形式对广大市民进行消防、地震、地铁逃生、溺水、暴风雨、交通安全、意外伤害等应急安全知识的教育和培训。

### （二）应急体验馆特点

1. 信息化集成程度高。通过采用声控识别系统、感应系统、3D 投影技术、监控系统、控制系统等多种信息化手段，营造真实、智能的体验环境。对信息化技术和多媒体设备的集成应用，相较于传统的应急安全知识教育，大大提高了实操效果。

2. 多种体验方式的综合应用。通过采用真实场景搭建、实物模拟、多媒体展墙、3D 动画以及游戏互动等多种体验方式的综合应用，增强了体验、培训的趣味性和互动性，提高了视觉冲击力，最终实现提高应急安全知识宣传教育质量和效率的目的。

3. 突出参与体验的展示方式。让体验者通过切身体验、游戏互动、自主学习、实际操作等方式全程参与各体验环节，真正做到了一次体验，终身受益的效果，从而达到普及应急安全教育知识和技能的目的。

## 三、应急安全体验馆建设模式探讨

应急体验馆作为城市应急安全体验、培训、教育的重要场所，是普及应急安全知识，提高公众应急安全意识和应急自救互救能力的重要基础设施保障。建设、运营应急安全体验馆，为广大市民提供应急安全体验培训服务，是政府亟须完成的一项重要工作。

应急安全体验馆的建设和运营需要投入大量的资金、人力等资源，单靠政府的力量很难完成。为充分利用民间资本和社会资源，使其参与到应急体验馆的建设和运营中，并结合实际实践，以项目需求、目的、定位、创新点为依据，特提出青岛市应急体验馆建设 PPP/BOT 项目建设模式。

### （一）PPP/BOT 项目模式的概念及区别

项目 PPP（Public-Private Partnership）模式也称为"公私合营"模式，是指政府和企业基于基础设施、公共事业和自然资源开发等大中型项目而形成的相互合作关系的形式。"鸟巢"是中国首例采用 PPP 经营模式的项目，该项目政府出资 58%，中信联合体出了 42%，联合体中，中信、城建、金州的股份分别是 65%、30%、5%。

BOT（Build-Operate-Transfer）即建设—经营—转让，是指政府授予私营企业一定期限的特许专营权，许可其融资建设和经营特定的公用基础设施，并允许企业通过向用户收取费用或出售产品的方式回收投资并赚取利润，特许期结束时，基础设施无偿转移给政府。

PPP 和 BOT 在本质上差不多，都是通过项目融资，一般以项目本身资产作为担保抵押。两种模式在运行程序上的不同体现如下：

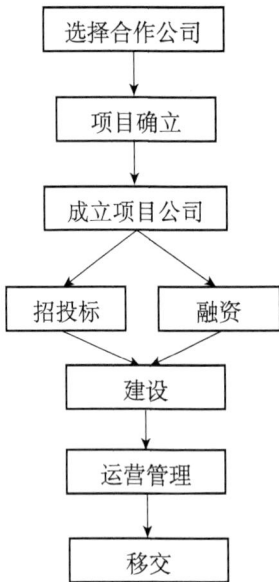

图 1　PPP 模式运行程序图　　　　图 2　BOT 模式运行程序图

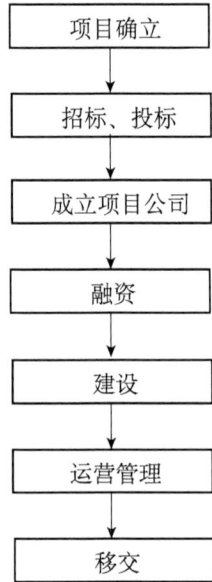

PPP 模式和 BOT 模式都是针对政府投资资金不足，吸引民营资本参与到公共事业建设的一种融资模式，但两种模式合作理念、组织机构及其运行程序不同，使其各有优缺点：

**表 1　PPP 模式与 BOT 模式优缺点比较**

| 模式 | 优点 | 缺点 |
|---|---|---|
| PPP | 1. 政府和民营企业在项目初期便开始合作，项目工期短、成本低；<br>2. 在项目初期便合理分配项目风险，降低投资商风险，项目融资成功可能性较高；<br>3. 政府和企业共同参与项目的建设和运营，达成互利的长期目标；<br>4. 有利于项目参与方整合组成战略联盟，便于平衡各方不同的利益；<br>5. 政府对项目拥有一定的管控权 | 1. 政府要承担一定的责任和风险；<br>2. 组织形式复杂，管理难度大；<br>3. 项目回报率难以确定 |
| BOT | 1. 项目融资完全由民营企业负责；<br>2. 政府只承担很小的风险；<br>3. 组织结构简单，便于管理；<br>4. 项目回报率明确，政府和民营企业间利益纠纷少 | 1. 项目前期周期长；<br>2. 投资方和贷款人风险大，融资难；<br>3. 在特许经营期内，政府对项目无控制权 |

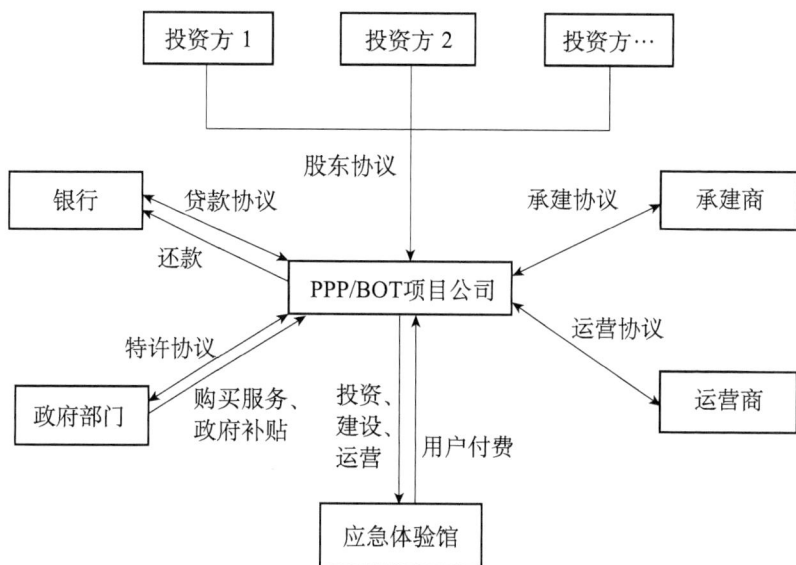

**图 3 青岛市应急体验馆的 PPP/BOT 建设模式**

### （二）青岛市应急体验馆的 PPP/BOT 项目模式

PPP 模式：政府参与项目投资，政府和民间投资方主要是合作关系，风险和利益共担。

BOT 模式：政府不参与投资，政府和民间投资方主要是上下级关系，风险和利益主要由投资方承担。

#### 1. PPP/BOT 项目公司

项目公司是为项目的建设以及运营而专门设立的公司，由投资者联合组成。PPP/BOT 项目公司是项目的实施者，从政府获得建设和经营项目的特许权，负责项目从融资、设计、建设到运营等全过程的运作。在项目运作过程中，PPP 项目公司的职能主要包括投标与谈判、项目开发、运营、确保项目的服务质量等。

#### 2. 政府

政府部门是 PPP/BOT 项目的发起人，既不拥有项目，也不经营项目，政府通过给予项目特许经营权和给予项目一定数额的从属性贷款或贷款担保作为项目建设、开发和融资安排的支持，对于项目的建设运营有监督权。为保障项目的有效运行，政府要通过购买服务、提供政府补贴的形式给予支持。

#### 3. 投资方

投资方由民营企业等民间资本组成，投资合作成立 PPP/BOT 项目公司。投资方是项目风险主要承担方，并享有项目运营投资回报。

投资方也可包含政府，若政府投资，私营企业和政府是合作关系，项目是PPP 模式；若政府不投资，项目是 BOT 模式。

4. 承建商和运营商

项目的承建商和运营商为民营公司，应急体验馆的具体设计、建设、运营由投资公司承包，项目公司与其签订承包协议和运营协议，并给予服务费用。

5. 银行等金融机构

在 PPP/BOT 模式下，向项目提供贷款的银行主要是商业银行、信托投资机构等。在 PPP/BOT 项目的资金中，来自私营企业以及政府的直接投资占的比例比较小（30％以内），大部分的资金来自银行和金融机构，且贷款期限较长。

**（三）项目运作模式选择**

应急体验馆是为城市市民提供应急安全体验服务的重要场所，具有明显的社会公益性，且应急体验馆的设计、建设、运营和维护需要大量资金、人力投入以及专业化管理运营。鉴于应急体验馆的项目特点，以及 PPP 和 BOT 项目运作模式的优缺点，建议采用 PPP 项目模式。原因有以下几点：

1. 采用 PPP 模式，政府和企业在体验馆的建设初期便可进行项目可行性研究和项目方案制定，大大缩短了项目建设工期，降低了项目整体费用；

2. 政府参与部分投资，并承担风险，有利于吸引企业参与投资，并大大提高项目融资成功可能性；

3. 政府和企业共同参与建设和运营，加大了政府对体验馆建设和运营的管控权，可避免体验馆过于"市场化"运作，有利于促使双方达成长期互利的目标，从而达到普及应急安全知识的目的。

**（四）体验馆 PPP 合作方式案例分析**

1. 案例简介

拟建设青岛市应急安全体验馆总投资 4 000 万元；建筑改造面积 10 000 平方米，实际使用面积为 5 000～8 000 平方米；设置 130 余个体验项目；预计每年为青岛市服务 25 万人次；项目建设地点为市区内的旧厂房改造。

2. 项目投资构成

政府与企业各投资 50％，在项目资金构成中，800 万元来自政府和企业出资（政府 400 万元，企业 400 万元），其余 80％来自于项目融资（银行、信托投资机构等）。

3. 项目实施

体验馆的设计、建设、运营由企业负责，政府部门在整个过程中有监督、指导的权利和责任。

4. 项目收益的分配

体验馆建成运营后，每年净利润的 30％用于企业回收投资成本，70％用于偿还贷款。

5. 政府政策支持

首先，在体验馆经营、应急安全体验培训、应急安全活动方面，政府给予投资企业特许经营权，特许经营时间为 20 年。其次，结合实际情况，政府每年出资 300 万～500 万元用于购买服务，引导、鼓励、支持购买应急安全体验培训服务。

6. 项目移交

体验馆由企业特许经营 20 年后，体验馆及其所有权无偿移交给政府。

## 四、小结

建立城市应急体验馆，让市民以互动体验的方式感受各类自然事故、公共卫生、社会灾难等应急事件，形成"潜意识—行为习惯—应急文化"教育培训链条，是提高广大市民的应急安全知识和应急自救互救技能的有效措施，也是政府亟待开展的一项重要工作。本文探讨的城市应急体验馆建设内容和建设模式，希望能够为青岛市乃至全国城市应急体验馆的建设提供参考。

## 参考文献

［1］新华网.2015 年全国共接报火灾 33.8 万起造成 1742 人死亡［R/OL］.（2016-01-18）［2016-03-03］.http：//news. xinhuanet. com/politics/2016-01/18/c＿128640204. htm.

［2］中国地震信息网. 数据共享［DB/OL］.（2016-03-03）［2016-03-03］.http：//www. csi. ac. cn/publish/main/813/4/index. html.

［3］中华人民共和国统计局. 年度数据［R/OL］.（2016）［2016-03-03］.http：//data. stats. gov. cn/search. htm？s＝2015 交通.

［4］百度文库.PPP 模式与 BOT 模式区别（2015-04-20）［2016-03-03］ht-tp：//wenku. baidu. com/link？url ＝ mFTcyFcG0ipVMrEuopPI7qcbxaVDHT

OkhJ3TnJ7S6yZuFEwEO6DKzALeVjreLdGi7UDs36VfnJnCDbWIR7Xp5Lcg7k-7YjNTaITm7eG_1Au.

［5］陈伟强，章恒全 . PPP 与 BOT 融资模式的比较研究［J］. 应急管理，2003（2）：197-208.

# 第三部分　应急管理理论研究

# 我国城市社区应急管理建设模式研究①

仝鹏

（山东行政学院　济南　250014）

**摘　要：** 社区是城市的基础单元，同时也是应急管理的最前沿。社区应急管理是应急管理体系的重要组成部分，是应急管理工作"关口前移"的重要表现，必须引起重视。我国应急管理体系一直有着从"自上而下管理"向"自下而上治理"转变的需求。本文通过对社区应急管理存在的问题和困境进行分析，对城市社区应急管理建设模式进行了研究并提出合理化建议。

**关键词：** 社区　应急管理　建设模式　研究

近些年来，我国进入了社会转型的阵痛期，各种突发事件频发，严重威胁了人民生活、社会发展和国家安定。仅 2015 年一年，全国范围内就发生了多起严重事件和重特大事故。如"12·31"外滩陈毅广场拥挤踩踏事件、哈尔滨"1·2"重大火灾事故、福建腾龙芳烃（漳州）有限公司"4·6"爆炸着火重大事故、河南平顶山"5·25"特别重大火灾事故等。这些严重事件和事故很多都是发生在城市社区当中，城市社区成为重灾区，城市社区应急管理的建设迫在眉睫。

## 一、城市社区应急管理的重要意义

随着我国城市化进程的不断推进，城市的数量不断增多、规模不断扩大、人口不断膨胀。据国家统计局资料显示，从 2005 年到 2014 年近十年间，我国城区面积增加 5 988.31 平方公里，城镇人口增加 18 704 万人，城市人口密度增加 1 548 人/平方公里。

城市是一个地区的政治、经济、文化和人口聚集中心，其社会结构复杂、矛

---

①　[基金项目] 本文系山东行政学院科研重点项目"山东区域发展战略规划实施与政府公共精神形塑研究"（批准号：YKT201514）、山东行政学院决策咨询课题"山东社区治理创新研究"（批准编号：JC-ZX15Y22）、山东行政学院科研课题"健全地方政府应急管理的协同体系机制研究—以山东省某市为例"（批准编号：YKT201521）、山东行政学院决策咨询课题"山东应急处置机制创新研究"（批准编号：JCZX15Y25）的阶段性研究成果。

盾尖锐、人口密集。城市突发事件突显出易叠加、易连锁、易聚集等特性，并以速度快、多渠道的特点扩散蔓延，在给城市造成难以控制的危害同时，也对城市应急管理提出了更严峻的考验。

对于城市来说，社区是城市的基本组成单元，是居民生活工作的主要场所，社区的安全也就成了城市安全的重要部分，也是城市安全的基础所在。作为应急管理体系的重要组成部分和基层单元，社区是诸多突发事件发生的第一现场和处置的第一现场，社区应急管理是应急管理体系最底端与最前端的结合。因此，加强社区应急管理建设，减少社区内突发事件的发生，维护社区秩序，保护社区居民人身和财产安全，对城市的建设、发展及社会的长治久安有着重要的意义和深远的影响。

## 二、国外社区治理先进经验

对于社区应急管理的研究，国外进行的较早。"安全社区"的概念由世界卫生组织在 1989 年正式提出。1997 年，在日内瓦战略中，联合国指出社区是 21 世纪全球减灾的重点所在。1999 年，联合国再次对社区的建设提出了建议，强调要重视建设有能力应对各种灾害发生的社区。2005 年，第二届世界减灾大会指出实现未来十年减灾灭灾的关键是推进社区应急管理体系的全面性建设。

发达国家，如美国和日本等，其"社区发展"强调在社区层面推动自下而上的参与，以权力和资源的再分配为核心。

在美国，社区与政府之间的从属关系被破除，居民在社区管理中高度自治，民间团体等多元主体成为社区管理的中坚力量，并且极为重视培养居民应急意识和提高其应急能力，打造了一种小政府、大社区，多元主体协作的，自下而上的居民自治管理模式。

在日本，社区和政府之间是合作并行的管理体制，政府与基层政府都参与到社会管理中来，前者设立"社会部"，后者设立"地域中心"，两者共同成为社会管理的执行单位。同时，民间自治团体也参与到社区的管理中，逐渐形成了一种政府与社区自治并行的管理模式。

## 三、我国城市社区应急管理存在的主要问题

在我国的应急管理工作中，政府一直发挥着主导作用，是处置突发事件的绝对主力。政府主导，街道办事处等主管部门的自上而下的管理模式是我国社区应急管理的主要模式。但是，作为城市应急管理的基础，社区并不是一级政府，政

府对其支持有限,其人力、物力和财力等应急管理的保障资源也非常有限,导致政府主导型应急管理模式不能完全适合自治管理模式的社区应急管理工作,其存在的问题包括以下几点:

### (一) 社区缺乏正确的应急管理理念指导

社区应急管理的建设需要有正确、积极的应急理念作为指导。但从现状看来,应急理念在社区内的普及率普遍偏低,没有深入到社区当中去。社区居委会工作人员并不认为社区应急管理是一项积极开展的工作,而多是将社区应急管理看作是一项政治任务、一种管理负担。在社区居委会工作人员这种消极被动的应急理念影响下,使得社区的应急管理工作脱离了社区的日常管理工作,导致社区应急管理建设滞后,社区应急预案的实用性、可操作性不强,缺少社区内部的风险识别和脆弱性分析,相关隐患排查、预警、信息报告的应急管理机制也未能建立,无法落实"关口前移",最终导致无法有效应对突发事件。

### (二) 社区应急管理主体作用发挥不足

社区是应急管理的最基层,其与基层政府的区别在于社区带有更多的自治色彩。除了政府,社区的应急管理工作中还存在多元主体,如社区自治组织、居民、社会团体、企业等,但诸多社区应急管理主体参与社区应急管理工作的程度非常低。社区应急管理的难题,就是如何去定位社区应急管理主体,如何使其充分发挥主体作用。通过 SWOT 模型对社区应急管理各个主体的优势、劣势、机遇和挑战进行分析。如表1所示。

**表1 社区应急管理主体 SWOT 分析表**

| | 优势 (Strengths) | 劣势 (Weaknesses) | 机会 (Opportunities) | 威胁 (Threats) |
|---|---|---|---|---|
| 政府 | 国家行政机关,拥有行政集权,应急资源有保障 | 对社区投入较少,社区管理主要依靠社区自治组织 | 社区应急管理建设不完善,需要政府支持、指导以及人财物等保障资源的投入 | 政府对社区自治的约束,社区自治对政府的排斥 |
| 社区自治组织 | 社区权利代表组织,代表居民管理社区,集中反映社区居民需求 | 组织相对松散,凝聚力不强,能力有限,缺乏资源保障 | 代表居民,汇聚需求,共同参与社区管理,有利于社区应急管理建设 | 如何发挥自身作用,协调政府与社区关系,组织其他主体共同参与社区应急管理 |
| 居民 | 社区主人,社区应急管理的参与者 | 居民相互联系少,难以形成团体共识,统一行动能力差 | 能够融入社区治理,参与社区应急管理,培养应急意识,提高自救互救能力 | 个体参与社区应急管理工作的积极性难以保持 |

续表

|  | 优势（Strengths） | 劣势（Weaknesses） | 机会（Opportunities） | 威胁（Threats） |
|---|---|---|---|---|
| 社会团体 | 社会资源丰富、社会影响力和号召力较强 | 限制较多，自身组织结构不健全 | 与社区强化联系，建立协作关系，共同参与社区应急管理工作 | 如何整合资源，与政府、社区、居民建立长效协作机制 |
| 企业 | 拥有人、财、物等资源保障，依赖社区发展 | 营利性组织，利益驱动性强 | 与社区强化联系，参与社区应急管理工作，树立良好形象，履行社会职责 | 如何参与到社区应急管理工作当中，建立长效合作机制 |

在社区应急管理的建设过程中，需要号召、鼓励所有应急管理主体，通过不同的形式、行动，相互帮助、相互协作、相互补充，共同参与到社区应急管理之中。并以此为基础，集中社区内的所有资源，共同应对突发事件，保护社区居民生命和财产安全，使社区居民的需求得到最大的满足，使社区公共利益得到保护，推动社区发展。

### （三）社区应急管理人员不足

社区应急管理的建设，人的因素起着至关重要的作用。社区应急管理人员不足主要集中在两方面：一是社区没有专职人员开展应急管理工作，街道办事处作为社区应急管理的主管部门，并没有设置专职的应急管理工作人员，主要是由社区民警辅助社区居委会的工作人员开展社区应急管理工作，社会团体、企业等社区应急管理主体之间缺少纽带，与社区相对独立，没有建立长期稳定的应急协作关系，其很少参与社区应急管理工作。二是社区应急管理队伍人员不足，大多数社区组建的应急队伍都是由社区工作人员、居民、民警、志愿者等临时组成，缺少系统、专业的培训，缺乏医生、消防员等专业人员，专业知识、急救技能不足，缺少应急演练，应急经验不足，在面对突如其来的突发事件时，社区应急队伍无法发挥其应有的作用。

### （四）社区整体应急意识不强

近些年，一系列重、特大自然灾害和公共安全事件的发生，使我国全社会对突发事件的重视得到了提高，各种关于应急知识的宣传教育得到了大范围的推广，突发事件的处置能力也有相应的提升。但从整体上看，我国社区应急管理的现状还是不容乐观，应急教育宣传手段单一，且大多只是"走过场"，偏重于形式。对于社区自治的应急管理主体来说，总体应急意识不强，应急准备工作不充分，对突发事件仍抱有侥幸心理，主动学习应急知识和应急能力的态度不积极。社区居民普遍存在不会使用或者没有真正使用过灭火器、在突发事件发生后不懂得逃生和急救方法、不知道在家里需要些什么应急物资等情况。

## 四、我国城市社区应急管理建设模式的几点思考

社区应急管理是应急管理工作的最前端，是应急管理体系的最底端，要从实际出发，结合社区自治的特点，以正确的应急理念为指导，充分发挥各个社区应急管理主体作用，建设社区应急管理队伍，提高社区防灾减灾和自救互救的应急管理文化。

### （一）树立社区应急理念

社区应急管理建设，首先是树立正确的社区应急理念，理论指导实践，对预防和控制突发事件，对建立安全社区，对社区应急管理具有指导性作用。

社区应急管理应平时、战时相结合，重点落实平时的预防准备工作。把应急管理的工作融入社区日常管理工作当中，集中有限的资源，制定针对性强、可操作性强的应急预案，制作简单明了、通俗易懂的应急操作手册，重点落实防灾减灾的工作，建立健全社区隐患排查、预警、信息报告和先期处置等社区应急管理机制，提高自救互救能力，切实发挥应急管理体系第一道防线的作用。

### （二）建立社区应急网络

社区应急网络旨在社区应急管理主体多元化的情况下，对各个社区应急管理主体的角色进行重新定位，将各个应急管理主体充分融入社区应急管理工作当中，优势互补、协同发展，最终建立一个资源共享、分工明确、互相协作、相互衬托的立体化社区应急管理网络。

#### 1. 政府加强与社区应急管理其他主体的良性互动

我国一直以来都是政府主导的社会，政府对社会治理的巨大作用无法取代，在突发事件的应对中发挥着主导作用，在应急管理中承担着重要的责任。但是"主导作用"并不等于"独自治理"，特别是在自治色彩浓郁的城市社区，单一的政府职能就会显得单薄，其主导的应急管理模式在应急管理的末梢也会出现诸如应急预警能力不强、应急准备不充分、应急处置不及时等问题。因此，政府需要积极转变职能，主动将权力进行下放与分配，完成从单一主导到协作指导的转变，将"一案三制"延伸至最前端，将应急管理的触角深入到最末端，加强与社区居民、社会团体、企业等其他社区应急管理主体的协作，引导并指导其参与社区应急管理工作，通过法律法规来规范其行为，并充分发挥其自身的优势，共同建立立体化的社区应急管理网络。

## 2. 社区应急管理主体共同参与社区应急管理

与政府相比，其他社区应急管理主体在社区应急管理工作中优势明显。他们来自社区、扎根社区、了解社区，与社区的联系也最为密切。充分发挥其他社区应急管理主体的作用，对社区应急管理工作和社区应急网络建设具有积极的推动作用。

通过SWOT模型分析，社区自治组织参与到社区应急管理工作中，有利于全面开展社区应急管理的科教宣普、隐患排查、监测预警、处置救援和恢复重建的工作。社区居民参与到社区应急管理工作中，有利于提高自身危机意识和自救互救能力，从而有利于提高社区应急管理的人力保障以及各项应急管理工作的顺利开展。社会团体参与到社区应急管理工作中，有利于提高居民社区自救互救能力、提高社区应急管理专业化水平、提高社区应急响应速度。企业参与到社区应急管理工作中，有利于充实社区应急管理保障资源、提高社区应急管理能力。并且，社区应急管理各个主体之间并非独立存在，而是互相依存的关系，所以，社区应急管理各个主体参与社区应急管理工作，是建立立体化社区应急网络的有效途径。

### （三）组建社区应急队伍

社区应急队伍是在社区突发事件发生时第一时间应急处置的先头兵，是社区应急管理的人力保障，在应急预警、救援等方面发挥着不可替代的作用。在我国，社区应急队伍的建设较为迟缓，很多社区没有自己的应急队伍，专业的社区应急队伍则少之又少。社区应急队伍的建设离不开政府的支持和指导，政府应发挥优势，在充分发挥社区应急管理主导作用的同时，充分发挥社区自治组织的作用，调动社区居民的积极性，吸引具备专业知识和专业技能的志愿者加入社区应急队伍，并提供必要经费，定期组织专业培训和演练。

### （四）培育社区应急文化

社区的应急文化以预防准备与自救互救为主，要依靠政府和其他社区应急管理主体的共同努力。预防准备工作是突发事件发生之前以及社区日常管理的重要工作，充分的预防准备工作是社区能够有效应对突发事件的坚实基础和有效保障。突发事件发生时，社区自救与互救的能力也尤为重要，高水平的自救互救能力可最大限度地保护社区居民的生命和财产安全，最大限度地减少突发事件所带来的破坏与损失。

政府在社区居民培育预防准备和自救互救的应急文化方面担任着至关重要的角色，社区自治组织、社会团体等社区应急管理主体也有着不可推卸的责任与义务。政府需要通过实践与理论相结合的方法，将常见灾害的应对、危机知识等向全社会扩散，向全民普及，逐步提高居民防灾减灾意识和在灾难面前的自救互救能力。社区自治组织等应急管理主体也应组织各种社区活动，开展应急管理相关知识和技能的教育，深化居民的防患意识，培养居民自救互救的能力，并且将其逐步转化为社区居民应尽的责任和义务。

## 五、结语

我国正处于社会转型的阵痛期，在这个关键时期，社会矛盾激化严重，重大安全事件频发，人民的生命和财产安全受到了严重威胁。社区作为人民聚集生活的基本场所，是城市的构成基底，是应急管理的最前沿，同时又是应急管理体系的薄弱环节。社区的应急管理水平，在很大程度上对突发事件的预防能力和控制能力、灾难发生时的应对能力及灾难过后的恢复能力起着决定性作用。社区应急管理的发展，要依靠政府和社区自治组织等各个主体，充分发挥政府的引导作用，充分调动其他主体的积极性，整合资源、树立理念、组建队伍、培育文化、提高能力，最终建立一个多元主体、分工明确、优势互补、互相协作、协同共进的立体化社区应急管理体系。

## 参考文献

［1］中华人民共和国国家统计局数据查询 htttp：//data.stats.gov.cn.

［2］闪淳昌，周玲，方曼．美国应急管理机制建设的发展过程及对我国的启示［J］．中国行政管理，2010（8）．

［3］蔡玉胜．社区管理体制创新的典型模式点评与启示［J］．社会工作，2013（3）．

［4］金佩璇．国外城市社区管理体制对我国的借鉴意义［J］．改革与开放，2010（10）．

［5］赵小平，陶传进．社区治理：模式转变中的困境与出路［M］．北京：社会科学文献出版社，2012.

［6］薛澜，张强、钟开斌．危机管理——转型期中国面临的挑战［M］．清华大学出版社，2003.

［7］刘万振，陈兴立．社区应急能力建设的现状分析与路径选择——重庆市社区应急能力建设的调查与思考［J］．行政法学研究，2011（3）．

［8］朱秦．城市社区志愿者参与应急管理的典型分析——一种政府应急和社

区自救互救相结合的模式调查［J］．中国应急管理，2009（10）．

［9］张海波．社会风险研究的范式［J］．南京大学学报（哲学·人文科学·社会科学），2007（2）．

［10］邹清明，肖东生．基于模糊综合评价的城市社区应急管理脆弱性分析［J］．南华大学学报（社会科学版），2013（1）．

# 智慧城市建设中的风险管理问题研究

翟玉晓

（中共日照市委党校　日照　276800）

**摘　要：** 智慧城市现已成为全球城市发展的新趋势，但是同时也面临着新的困难和挑战。文章从智慧城市建设对城市生活的影响入手，分析了智慧城市建设可能引发安全风险的主要领域，包括政治安全、经济安全、社会安全、文化安全、生态安全等五个方面的风险，并针对这些领域提出相应对策建议，以期能够对当前智慧城市建设的科学预警和风险管理提供理论参考。

**关键词：** 智慧城市　风险　安全保障　管理

## 一、问题的提出

智慧城市（Smart City）这一概念，源自 20 世纪 90 年代兴起的智慧增长（Smart Growth）的理念，根据全国人大常委会原副委员长、中国智慧城市论坛主席成思危的理解，所谓智慧城市是指用人的智慧和先进的技术手段管理的城市。他认为推进智慧城市建设，重点要从善治政府、和谐社区、精明增长、绿色经济、智能交通、多彩文化、终身学习和全民保健 8 个方面着手。[①] 按照国务院参事牛文元的观点，智慧城市是一种综合的城市信息工程，其基本功能包括自我学习、优化运行、预测预警、安全防护等，其中安全预警功能是智慧城市的重要职能之一。[②]

风险是一种与人类相生相伴的普遍现象，广泛存在于人们的各类生产与生活实践当中，它已成为众多学科关注的焦点，从风险的理论研究逐渐延伸和拓展到对风险的实务研究。伴随着城市的快速发展也出现了一系列的问题，表现为人口剧增、污染加剧、环境恶化、资源短缺、交通拥堵、住房紧张、食品安全、治安隐患、突发事件等，严重影响和制约着城市的健康发展。国外城市发展经验表

---

① 成思危：《建设广义智慧城市的八项主要任务》，《中国信息界》2013 年第 2 期。
② 牛文元：《智慧城市的顶层设计》，中国发展战略学研究会 2013 年学术年会。

明，当城市化概率达到 50%～60% 的时候，经济发展容易失调，社会矛盾往往集中多发，也即所谓的"城市病"。因此，从可持续发展观点出发，如何科学有效地识别城市风险问题是当前和未来一段时期内城市发展的重要目标之一。

当前我国智慧城市建设已进入高速发展期，如何最大限度地整合利用城市信息资源，最大幅度地感知城市风险的征兆，利用智能化手段治理城市问题、规避风险，提升城市居民的生活品质和城市整体竞争力，建设自然—经济—社会—人口—资源—环境相融合、共发展的城市绿色发展之路，已成为各地政府共同关注的一项重要课题。

## 二、智慧城市建设可能引发的风险分析

智慧城市的技术体系是对现有的互联网、物联网及云计算等信息技术的高度集成，是城市虚拟空间与实体空间的有效结合。这种高度集成与有效结合，使得各类风险互相交织延伸，给城市的政治、经济、社会、文化、生态等各个领域都带来了难以预料的安全风险。要科学地建设智慧城市就必须对其可能引发的城市风险进行充分预警。

### （一）政治安全风险

所谓政治安全就是"一个国家的主权、领土、政权和政治制度，以及意识形态不受别国的干涉和破坏，社会政治稳定，政权巩固，拥有自主性和独立性。"[①]随着信息技术的发展和信息时代的到来，国家政治安全的内容也发生了新的变化，凸显出了新的特点。在信息化时代，国家政治安全的内涵和外延都有所扩大，国家主权由传统意义上有形的领土、领海和领空，扩展到了无形的网络信息疆域，"信息主权"已成为国家主权的重要内容，围绕信息主权的争夺和斗争已经成为国家主权斗争的重要领域。国土安全也由传统的三维安全变为了四维安全。在信息社会中任何社会团体甚至个人，只要掌握了足够的信息技术，就可以利用网络来发动攻击，黑客攻击、信息战等构成了对一个国家政治安全的威胁，是信息化发展的政治安全风险。计算机、互联网等主要信息技术均发源于美国，作为发展中国家，我国的信息技术水平相对落后，核心技术仍然受制于人，这使得我国的信息主权安全面临着严重威胁。

2009 年 9 月，国家工业和信息化部软件与集成电路促进中心编撰的报告《IBM"智慧地球"的认识和思考》一文中提到，"当世界互联成一个超级系统的

---

① 刘跃进：《国家安全学》，中国政法大学出版社 2004 年版，第 110 页。

时候，这个系统的安全性将直接关系到国家的安全性，如果我国在建设智慧地球的过程中，不能坚持'自主可控'的原则，国家安全风险将会凸显。"在 2010 年 4 月经贸形势报告会上，原工业和信息化部部长李毅中明确提出，要警惕智慧地球或城市的概念炒作以及可能引发的国家信息战略安全问题。以物联网和云计算为标志的新一代信息技术，使得深度互联和全面感知成为可能，这又给政治安全带来新的课题。智慧城市是将互联网、物联网和实体基础设施设备相连接，这样才使得信息资源与实体资源形成一体，虚拟城市与实体城市实现了融合，这也正是智慧城市建设的基础，但当互联网和物联网形成互联后，从信息系统入侵、对信息系统进行破坏，就可以直接导致城市实体系统的瘫痪。智慧城市已经将信息安全与领土安全直接联接在一起，智慧城市的出现使得通过信息疆域入侵来达到直接攻击侵犯领土成为可能。而无论是当代还是未来，城市都是各个国家的政治、经济和文化中心，集聚着大量的人口，一旦通过信息系统对城市的基础设施和设备进行破坏将引发城市的动荡，城市的政治稳定将受到威胁，智慧城市建设使得国家和城市的政治风险陡增，对于信息技术处于劣势的发展中国家来说更是如此。从目前智慧城市建设的总体趋势来看，新兴发展中国家为了提高自身城市的竞争力、促进自身信息产业的发展和更好的吸引外资，对于智慧城市的建设大都投入了相当高的热情，而建设智慧城市所需的智慧技术是美国的优势领域，这对于新兴发展中国家的政治安全将构成更大的威胁。

## （二）经济安全风险

一个城市的经济安全应是保障城市的经济利益不受危害和威胁，城市经济基础稳固，运行健康，增长稳定，发展持续。目前全球许多城市提出建设智慧城市的目的就是要实现城市经济的健康可持续发展，一些新兴发展中国家也正是希望通过智慧城市建设促进自身的产业升级。城市经济运行的安全，在宏观层面上表现为一个城市经济整体运行的安全，微观基础上是城市里各类经济组织的运营安全。智慧城市的信息系统由于错误操作或攻击行为等原因而可能出现安全问题，从而对重要的经济基础设施造成巨大的安全威胁，导致城市生产中断从而造成重大经济损失。

智慧城市所涉及的智慧能源、智慧医疗、智慧物流等领域均是资源丰富、资金充沛、关系城市经济运行秩序的重点行业。目前美国智慧城市建设的重点项目之一就是智慧电网建设，但 2010 年 9 月蠕虫病毒感染了全球超过 45 000 个网络，给各国的电力部门带来了巨大的威胁和破坏。智慧城市系统中传输并汇集着大量的信息，如果遭到破坏或篡改，政府将失去可靠信息的来源，城市政府将无法就经济发展的重大问题做出正确的决策，很难就经济运行中出现的问题进行及时、适当的调控。如果政府决策信息失密，企业将会采取"上有政策、下有对策"的方式进行"逆向选择"，从而导致调控失效。

随着智慧城市建设的不断深入，城市中人们主要的经济行为都将依赖于智慧城市系统，一旦系统崩溃或遭受攻击所带来的经济损失将无法估量，由此引起的经济动荡更是让人难以想象。智慧城市将感应器嵌入和装备到地下管网、公路桥梁、建筑物等各类物体当中，再通过物联网形成了物物相连，然后运用云计算技术将超级计算机进行整合，一旦黑客能够介入云计算中心，将会获取一个城市的所有信息，从而有能力控制该城市。发展中国家在建设智慧城市的过程中大量应用了美国的智慧技术，这就很可能使得美国有关方面，轻而易举地获取该城市在公路、水利、电力、油气管道、金融及商务等领域的动态信息，这就等于把握了该城市的经济脉搏。

另外，智慧城市的建设与运营需要巨额资金投入，与以往的城市建设相比，智慧城市建设由于其建设技术含量高、涉及领域广、工程项目复杂、建设周期较长，因此需要更多的建设资金支持，尤其是维持整个智慧城市系统的长期运营，更是需要大量资金的持续投入。巨额的资金投入可能引发城市财务危机，财务危机的爆发必定会对城市经济的健康运行、稳定增长和持续发展造成严重的影响，从而威胁城市经济安全。

### （三）社会安全风险

从社会安全角度来看，信息技术的迅速发展与广泛应用，已经引起了一些社会问题。人类某种社会实践所产生的问题一般都要在这种实践活动进行一段时间后，其引发的危害才会逐渐显现出来，往往直到变得清晰时才会引起人们的关注。以全面互联和深度感知为特性的新一代信息技术，将全方位地促使人类的社会生活发生根本性的变化。当人类有能力运用科学技术感知世界万事万物的时候，其自身也被感知，成了被"监视"的对象。智慧城市一经提出，就得到了世界范围内的响应，人类社会可能还未有充分地时间来体验能否适应这种变化，尚未冷静思考和权衡这种变化给城市社会带来的深远影响。

自 2007 年开创以来，谷歌街景①已扩大到 100 多个城市，但同时面临着来自

---

① 谷歌街景是谷歌地图的一项特色服务，是由专用街景车进行拍摄，然后把 360°实景拍摄照片放在谷歌地图里供用户使用。2007 年 5 月 30 日，谷歌正式推出街景功能，能够浏览美国旧金山、纽约等城市街景。该范围已经扩展到了美国、法国、西班牙、意大利、荷兰、英国、澳大利亚、新西兰、日本等 9 个国家的 135 个城市。

许多个人和机构都被拍到隐私的投诉，不少城市居民称这种行为严重侵犯了他们的隐私权。部分英国市民谴责这种行为是"完完全全的侵犯隐私行为"，批评者认为其是在为盗贼留后门，为犯罪分子寻找潜在的下手对象提供方便。2011 年 5 月韩国警方对涉嫌非法收集个人信息的谷歌韩国进行了搜查，并获取了硬盘文件等证据。韩国警方认为，谷歌韩国在制作"街景"程序的过程中，非法收集个人信息，涉嫌违反韩国的通信秘密保护法。因此，智慧城市成败的关键不只在于信息技术的先进性和应用程度，而更在于其能否促进整个城市社会系统保持良性运行和协调发展，智慧城市建设所面临的社会风险是公众接受度和由此所产生的一系列社会问题的解决之道。

### （四）文化安全风险

智慧城市建设使得文化传播的领域几乎渗透到人们生活的各个层面，并使得传播的内容更加丰富而复杂。这一方面对于推动区域间的文化交流具有积极作用，但另一方面，也很可能会增强个人主义趋势，改变传统的隐私、人权等观念，使社会舆情监管的难度加大。进而言之，智慧城市既可成为思想文化传播的大集散地，又可成为文化观念激烈碰撞的场所，强势文化很可能凭借信息技术提供的便利逐步否定和取代弱势文化，使城市原有的多元化的文化特色丧失。

### （五）生态安全风险

智慧城市的开发、运营和维护，需要大规模耗费一次性使用的电子标签和传感元件等，由此将产生海量的电子垃圾，而 ZigBee、WiMAX、蓝牙等无线网络技术设备的大范围使用将带来电磁辐射等新型污染问题。这些已经发现或潜存的环境破坏问题，将严重威胁城市生态。

## 三、智慧城市建设的风险管理对策

由于我国目前尚未掌握物联网与云计算的核心技术，在这种情况下进行智慧城市建设将面临较大的安全风险。随着智慧城市建设的推进，新一代信息技术在城市的广泛运用，必将对我国城市的政治、经济及社会等主要领域带来新的安全风险。面对如此之大的城市安全风险挑战，我国智慧城市的建设应何去何从，每个城市决策者都应深入思考并作出理性决策。笔者认为，安全风险与把握机遇永远是一对矛盾，对于智慧城市的建设而言，如果等到我国完全有能力掌握新一代信息技术的时候，推动我国城市实现跨越式发展的最为有利时机可能已经错过，错过发展机遇所付出的代价将会更大。因此，当前我们亟须科学地预警智慧城市建设所面临的风险，多措并举，应对风险，更加坚定扎实地进行智慧城市建设。

### (一) 科学规划,明确智慧城市建设的需求和目标

首先,智慧城市规划设计者应以市民、政府、企业等为主体进行需求分析,充分论证智慧城市建设是否满足市民提升生活质量的需求,是否能够为政府实施行政改革提供新的方向和条件,是否能够为企业发展带来新的市场机会。规划者应该深刻把握智慧城市的要义,充分动员各种力量参与规划的设计讨论,吸引民智与民资支持,引导并创造社会各方对智慧城市建设的需求,全面定位智慧城市的建设目标,使规划设计方案成为受各方信任和支持的共同愿景。

其次,规划者应以城市整体效益作为智慧城市设计的视角,以城市现有资源作为约束条件,站在客观立场上评价智慧城市建设的效益和成本,优选智慧城市建设项目,以有限投资获得效益最大化。

再次,规划者应立足于城市的文化、历史、制度、区域等自身特征,寻求一条符合城市现有发展条件的特色化建设道路,为新一轮的城市发展竞争创造新的发展空间。

最后,规划者应构建一个让智慧城市规划可持续改进的机制,可以从探索智慧城市规划和建设的知识与经验积累反馈机制、市民参与规划修正、检讨和监督的民主参与机制等方面着手。

### (二) 严格管理,保证充足的要素投入

第一,搭建一个支持创新的智慧平台,积极整合科研机构、高校、企业中的研发力量,建立起以市场为导向、以企业为主体、产学研相结合的创新体制,实现智慧城市建设的核心技术和重点应用业务等领域的突破,同时,积极整合跨行业 ICT 资源,提升企业在跨行业、跨领域、跨学科中的大型应用集成能力,并在此基础上形成政府和企业的良性合作机制。

第二,保障充足的人力资源供给,构建良好的人才结构,优化现有人才培养体系,"用新理念、新原则、新体制、新机制去培养人才、发现人才、使用人才",重视以开展职业品德、职业纪律和职业责任为主的职业教育。

第三,构建良好的融资渠道,为智慧城市建设提供充足的资金保障,并积极发展智慧产业,建立较为完整的产业链,形成规模效用,突显智慧城市建设中的商业价值和机会,实现投资与收益之间的良性循环。

第四,智慧城市建设应该坚持"标准统一和法规完善先行"策略,政府必须明确自身在智慧城市建设中的地位和作用,通过正确发挥政府职能、完善公共服务、推动相关法律法规建设,为智慧城市建设与智慧产业的发展奠定坚实基础。

第五，建立科学的管理和决策机制，形成以政府为主导，市民和企业充分参与的公共政策制定机制，保证多主体利益之间的协调一致，充分发挥城市各主体在智慧城市建设中的监督作用，形成良好的反馈机制，保证智慧城市建设按照科学规划实施。

### （三）保障信息系统安全，全面推进智慧城市社会建设

第一，要实现关键信息安全技术的突破，加强智慧城市信息系统的容灾能力，同时，智慧城市的信息安全必须建立在自主、可信、可控的基础上，必须依靠自主创新构建完整的信息安全技术体系来提高自主防控能力。

第二，积极构建智慧城市建设风险评估的社会参与机制，完善社会公众参与技术项目决策的民主机制，充分发挥社会公众的自主性；积极推进信息时代的道德规范建设，完善维护智慧城市社会秩序的道德规范体系；推动云计算、物联网环境下的信息安全保护的技术研究和相关立法工作，切实保障市民的基本权利。

第三，要以智慧城市建设为契机，推动政府改革，严格约束政府职能，并利用智慧城市提供的强大自我管理能力，构建一个多中心治理、社区自治的城市公民社会。

第四，鼓励各种文化之间的交流融合，积极倡导文化平等和尊重，注重对传统文化的保护传承，促进文化多元化发展。同时，在保障市民言论自由的前提下，通过多种途径引导舆论朝正确方向发展，营造健康的舆论环境。

第五，要积极开展智慧城市能耗和节能的风险效益分析研究，对电子垃圾、电磁辐射等污染问题，要及早建立一整套监控、处置的应对制度，尽可能规避智慧城市建设的生态风险。

## 参考文献

［1］成思危．建设广义智慧城市的八项主要任务［J］．中国信息界，2013（2）．

［2］牛文元．智慧城市的顶层设计［R］．中国发展战略学研究会2013年学术年会，2013.

［3］刘跃进．国家安全学［M］．北京：中国政法大学出版社，2004.

［4］牛文元．中国新型城市化报告2013［M］．北京：科学出版社，2013.

［5］黄跃明．智慧城市建设的四个基本路径［J］．中国西部科技，2012（4）．

［6］胡蓉，夏洪胜．我国建设"智慧城市"的瓶颈及对策分析［J］．未来与

发展，2012（4）.

[7] 沈明欢．"智慧城市"助力我国城市发展模式转型［J］．城市观察，2010
（3）.

[8] 骆小平．"智慧城市"的内涵论析［J］．城市管理与科技，2010（6）.

[9] 梁金兰．宁波建设"智慧城市"的路径探析［J］．区域经济，2012
（4）.

[10] 辜胜阻，杨建武，刘江日．当前我国智慧城市建设中的问题与对策
［J］．中国软科学，2013（1）.

[11] 宋刚，邬伦．创新 2.0 视野下的智慧城市［J］．北京邮电大学学报
（社会科学版），2012（4）.

# 街区制对城市社区公共安全的挑战与应对

陆继锋

（山东科技大学文法学院　青岛　266590）

**摘　要**：社区是社会细胞和居民生活的依托，安全是人的基本权利和需求。作为城市规划建设经验的体现，街区制广泛存在与世界各国城市规划建设中。就我国而言，街区制将会对城市社区治安、城市社区应急能力和城市居民公共安全意识提出新的挑战。为此，了解街区制的来龙去脉，分析其对城市社区公共安全的考验并探讨相应对策是重要实践命题和研究任务。

**关键词**：街区制　城市社区　城市管理　公共安全治理

基层政权和群众链接点，社区上传民意，下行政令，其地位特殊而又重要。2014 年，习近平总书记在福建调研时就曾指出："社区虽小，但连着千家万户，做好社区工作十分重要"。城市社区不但凝聚资源财富，也是城市居民安全、舒适、健康生活的重要寄托。城市社区的重要性地位也会随着改革的不断深入尤其是城市化的加速推进而日益凸显。城市社区公共安全是国家公共安全体系的重要一环，事关社会稳定和人民幸福。2015 年 5 月 29 日，中央政治局集体学习强调：维护公共安全体系要从最基础的地方做起，把基层一线作为公共安全的主战场。2015 年 12 月，中央城市工作会议明确了"城市发展，安全第一"的城市发展理念，提出"要把安全放在第一位，把住安全关、质量关，并把安全工作落实到城市工作和城市发展各个环节各个领域"。会议不但对今后城市工作进行了具体部署，也确立了城市治理体系现代化的新标尺。为全面落实中央城市工作会议精神，勾画"十三五"乃至更长时间中国城市发展"路线图"，2016 年 2 月 6 日，中央印发了《中共中央国务院关于进一步加强城市规划建设管理工作的若干意见》（以下简称《意见》）。《意见》甫一出台就刷爆了微博、微信朋友圈，成了社会舆论关注焦点。人民网舆情监测室后台数据显示，2 月 21 日到 24 日，封闭小区拆墙网页新闻多达 13849 条。单就城市住宅小区封闭还是开放、小区原围墙是留是拆的争论而言，民众和网友多聚焦于社区公共安全议题。可见，系统分析和研究街区制对城市社区公共安全的挑战并提出应对措施是重要研究课题。

## 一、中、西方街区制建设的探索与实践

### (一) 街区制社区及其特点

街区制社区是与传统封闭小区相对应的概念。封闭小区一般建有门禁或设立安保系统，以围墙或栅栏为界，对社区居民及其车辆开放而对外来行人和车辆出入有一定限制的社区，其最大特点是围墙封闭。就其弊端而言，封闭社区功能单一，对城市规划的系统性和整体性而言具有"碎片化"威胁。而街区制社区一般建在道路边，不设围墙而是由城市主干道围合、被中小街道分割的开放式社区。街区制旨在将社区与外界打通，促进小区与商业、服务业的结合，提升居民的居住和生活品质，增加城市公共路网密集度，提高城市土地利用率。街区制社区的最大特点是功能混合，资源能得到高效利用。

### (二) 西方街区制社区建设

街区制在西方早期社区建设就已采用且是土地私有制国家惯用形式。美国是街区制发源地之一，纽约、芝加哥等大城市社区都以街区制为主。其中，成型于上世纪初的"纽约第五大道"堪称世界街区的典范。该街区建立以来历经数次改造，时下不但名媛士绅聚集，而且商品货物齐全，车辆行人通行无阻，也是纽约市民庆祝活动的重要场所。英国不但建有成熟的街区还于 20 世纪中叶建立了街区保护制度。有着数百年历史的伦敦纽约街是英国街区的代表。该街区云集了300 多家大型的国际商场，每年都吸引来自全球各地 3 000 多万的游客到此观光购物。像德国柏林、意大利米兰、西班牙巴塞罗那、捷克布拉格等城市都在推广街区制。

在亚洲，韩国城市居民区基本上都是开放型的，低矮的常青树和条条马路等都会被当成社区的分界线，呈现出"百千家似棋局，十二街如菜畦"的美况；日本城市规划建设法规明确任何小区不得建围墙，日本城市住宅小区也多是直接和大路相连。东京社区的马路上都装有红绿灯，车辆可在社区正常行驶，市民你来我往，交流交往自由方便；在新加坡，80％的城市居民都居住在一种叫作"政府组屋"的非封闭式社区中。由此可见，街区制不但承载了人类城市规划经验，也是世界城市社区建设的常态。

### (三) 中国街区制社区探索

在中国，街区制同样不是新生事物。20 世纪 50—70 年代，我国部分大城市曾效仿苏联城市规划模式建设了由城市主干道包围、具有配套文化生活设施的社区住宅，但这种住宅并未流行。在社会管理单位制和社区管理地区化等因素作用

下，以"单位圈大院"为典型代表的封闭小区仍然是城市社区规划建设的主流。20世纪90年代以来，大规模的土地出让行为和商品房模式下的社区建设注重迎合消费者讲求产权与身份象征，期待安静、安全和私密等需求，封闭式住宅小区建设力度进一步加大。据不完全估计，1991—2000年，广东70％的小区建成了封闭小区，上海则多达83％。进入21世纪以来，随着城市化进程不断加快，城市建设日新月异，但"城市病"也日益凸显，封闭小区被视为重要病因，重新思考城市社区规划和创新社区治理势在必行。

在此背景下，很多城市开始探索街区制，较为成功的当属借鉴欧洲小城规划理念而建设的四川宜宾莱茵河畔小区。该小区占地500多亩，分七大"回"字形组团，外围是商业用房，组团内相对封闭，组团间主干道路和绿化景观对外开放，颇具活力。此外，广东佛山新城社区、上海古北一期住宅小区等都是中国街区制的典型代表。与此同时，各地政府也开始针对街区制出台规定，加强引导。如，大连市2005年就提出：城市社区要拆除围墙实行组团封闭制，组团间以小街道分开，街道对外开放；广州市2005年规定：任何单位和个人不得擅自封闭住宅小区内道路；成都市2015年政府工作报告明确提出"小街区规划"理念，推行"住宅小区内部道路公共化"。

**（四）《意见》出台后民众关注焦点**

在总结地方实践经验、反思我国城市规划教训并借鉴国际城市治理理念的基础上，2016年2月，中共中央、国务院出台了《关于进一步加强城市规划建设管理工作若干意见》，明确提出："新建住宅要推广街区制，原则上不再建设封闭式住宅小区"，"已建成的住宅小区和单位大院要逐步打开，实现内部道路公共化，解决交通路网布局问题，促进土地节约利用。"《意见》出台引发了社会担心和舆论关注。来自新浪四川网的一份调查显示，多达69.8％的网友最担心社区开放后的公共安全保障。可见，街区制安全保障问题是居民心中难以过去的一道坎。

## 二、街区制对城市社区公共安全的新考验

不可否认的是，封闭社区的"墙"和"门"圈出了民众心中的净土，赋予了社区居民相对安全的居住生活空间。尽管街区制顺应了城市发展需要，是为当下流行病困扰人类生活的"城市病"开药方，各地街区制探索也值得肯定。但街区制在给城市带来活力并方便交通的同时也赋予城市社区异质性、混杂性和开放性的复杂特点，社区公共安全将面临新考验。总的来看，街区制社区的公共安全挑

战突出表现为以下几方面：

**（一）城市社区治安将面临新考验**

社区本来就是基层矛盾冲突的集结地，社会治安案件大多发生于此。而社区治安直接关系到居民生活质量，也因此备受社会关注。在街区制诸多谈论议题中，"治安谁来负责"最受热议。诚然，社区治安不能紧靠封闭解决，封闭也不能完全解决治安问题。但街区制的开放会打破曾经封闭而又相对平静安逸的社区环境是不争的事实，也势必增加新的不安全因素。例如，街区制背景下，社区落户或入住居民将发生变化，人口流动加剧，增加了社区人口异质性和复杂度；街区制会加速物业行业重新洗牌和物业管理方式与行为的变革，社区物业保安有可能撤离大门退守楼内，大门门禁守卫功能让位于楼宇门禁，社区治安将从"外紧内松"的"院墙安全防范"进入"外松内紧"的"楼宇安全管控"时代，警察和保安的社区治安职责将面临新的调整。面对日益增长的民众公共安全需求，城市社区治安任务会进一步加大，治理不善将不但会导致社区环境恶化，也会影响社会稳定。

**（二）城市社区应急能力的新考验**

社区是预防和应对突发事件的前沿阵地，日益频发、多发的各种突发事件让民众遭受了巨大生命和财产损失。街区制对社区应急能力提出了新的考验。所谓城市社区应急能力包括突发事件预防与准备能力、舆情监测与预警能力、应急救援与处置能力、事（灾）后恢复与重建能力等内容。受历史和现实因素等因素制约，我国城市社区在突发事件预防与准备、舆情监测与预警、应急救援与处置、事（灾）后恢复与重建等方面的能力欠缺。相对于传统社区，街区制社区将更加开放，社区居民异质性增强，社区结构发生变化，各种突发事件诱因和风险源也需要重新评估和预判，考验城市社区安全预警及防控能力；社区人流、物流陡增，更多的街道将加速形成，对应急资源需求也会进一步加大，社区应急力量需要重新整合，考验城市社区应急资源供给与调配能力；车流直通小区数量会明显加大，检验道路、沿街建筑和地下网线与综合管廊安全质量，考验应急硬件设施的承受能力。此外，社区治理新格局和机制新变化，也考验社区应急指挥能力。

**（三）对居民公共安全意识的新考验**

公共安全意识是指公众对风险和突发事件的意识或态度。从整体看，我国城市居民公共安全意识相对薄弱，突出表现为防灾避险意识和自救互救能力弱，自我教育、自我提高意识欠缺。传统城市社区有物业保安守门，陌生人和无关车辆进出多少有所限制，社区居民有一种自然的安全感，公共安全意识偏弱。街区制拆掉了小区围墙，也少了一道有形屏障，势必增加居民内心的不安全感。同时，开放社区之下，传统与非传统公共安全问题也会涌现在社区民众和政府面前。无可置否，如果没有对待风险和危机的正确态度和认知，就很难保证自身安全。身心不安，门难开，墙难拆，街区制也将难以顺利实施。可见，如何进一步提升社区居民公共安全意识是街区制的又一重要挑战。

## 三、街区制社区的公共安全治理应对

街区制开放了社区，也必将推动社区治理方式的转型。街区制必须考虑民众诉求，维护居民权益。安全是民众基本需求，如何保障公共安全是街区制社区不得不面临的任务。中央城市工作会议提出"要把安全放在第一位，把住安全关、质量关，并把安全工作落实到城市工作和城市发展各个环节各个领域。"结合街区制社区公共安全形势，应从以下几方面着手：

### （一）坚持群防群治原则，加强社区治安防范

社区治安需要公安、社区、物业和非政府组织等主体间的协同，更离不开社区居民、管理者、志愿者的积极参与。公众参与社区治安可以凝聚资源，实现社区治安多元化供给：

首先，要在认真分析街区制对社区治安形势影响，把握公众关注焦点，允许公众知晓社区治安状况并鼓励公众就社区治安政策制定和执行发表意见，发掘公众智慧，加强公众监督，在共商共建中共享社区和谐稳定。其次，应结合街区制特点构建公安干警、物业保安、社区居民、社区志愿者参与的社区治安联防队伍，结合新形势重新界定和落实各方责任。其中，公安机关仍是社区治安的主导力量，要继续警力下沉，加强社区巡逻，严打社区犯罪，强化威慑力；街道社区是治安联防的基础力量，要广泛发动群众参与社会治安活动，为社区治安提供有力的人力物力支持；社区物业公司要继续在社区居民监督下，履行好服务职责，提供更专业的安全保障；社区社会组织要发挥好桥梁纽带作用，连通各方，积极参与社会治安活动。最后，要研发配备符合街区制特点的专业技防设施，结合街区制社区治安需要开发或升级社区监控系统、报警系统、巡逻考核系统、流动人口管理系统等并促进系统的集成，建立全程全面的防控体系，做到人防物防技防的结合。

### （二）完善应急管理体系，提升社区应急管理能力

街区制社区将会改变社区应急环境，考验社区应急管理体系和应急管理水

平。这需要：一方面要结合街区制特点重建城市社区应急管理机构，探讨构建专兼结合的社区应急救援保障队伍并提升其应急能力；要结合街区制需要修订和完善社区应急预案，构建符合街区制特点的社区应急预案体系；另一方面组织有关力量切实加强街区制社区各种突发事件成因机理的研究，加强街区制社区新风险的评估，以提高社区应急监测和预警能力；应结合街区制新需要为社区配备足够的应急基础设备，结合社区规划建设好应急避难场所，做好社区应急储备和相应准备工作，提高社区应急准备能力；要针对街区制容易出现的突发事件，有针对性地加强社区应急宣传与模拟演练，组织好家庭应急与防灾能力，提高居民的自救与互救能力。

### （三）加强公共安全教育，提高居民公共安全素质

公共安全教育是提高公共安全意识和对风险及突发事件应对能力的必要途径。推广街区制必须重视提高居民公共安全意识。为此，一是要本着"风险永在、安全相对、事故可防、预防为先"的原则加强宣传和舆论引导，让居民充分认识到封闭不是解决社区安全的万全之策，安全源于自身重视和自我提高，更需要居民自身安全意识和能力的提升；心安全、意识有，就不怕墙被拆。二是政府和社区要以节日和社区知识普及活动为契机，依托社区活动室、图书室、文化广场、宣传栏等场所，充分利用微博微信朋友圈等新媒体，结合街区制特点精选内容，以群众喜闻乐见、易于接受形式推进公共安全教育；三是社区应当着力营造浓厚公共安全宣教氛围，组织专家进社区系统开展公共安全教育，社区企业、社区社会组织等力量也要积极参与公共安全教育，共建守望相助的温馨大家庭。

随着中国城市化进程的不断加快，中国的城市规划和建设将面临新的转型。街区制可谓中国城市规划和建设的一场变革。《意见》的出台和相关政策会陆续推出，但政策预期并不意味着结果优良。街区制也绝非简单的"拆围墙，开大门"，更不是"一刀切，简单化"，而是一项系统工程。其中，提高社区公共安全治理水平，为城市居民提供安全保障，维护社区公共安全是其重要组成部分，事关街区制顺利推行和运行质量，是我们不得不面对的重大课题。

## 参考文献

［1］林晓夕. 听上去很美的"街区制"难点在哪儿［N］. 中国联合商报，2016-02-29.

［2］应琛，余静. 日本开放的住宅区［N］. 新民周刊，2016（9）：97-98.

［3］苏诗钰．街区制的实施将加速物业管理行业重新洗牌［N］．证券日报，2016-02-25．

［4］熊筱伟．建设更宜居城市，四川新建住宅推广街区制［J］．建筑设计管理，2016（2）．

# 构建城市应急管理中的政府与公众良性互动关系研究①

罗依平　　周江平

（湘潭大学公共管理学院　　湘潭　　411105）

**摘　要：**城市应急管理是城市公共安全网络的核心构件，随着中国城市化进程的不断推进，城市应急管理的任务日益繁重，政府从事城市风险治理的职责愈显重要。如何在城市应急管理中构建政府与公众的良性互动关系、积极引导公众参与城市治理和城市建设，从而降低城市治理风险，充分提升城市应急管理的现代化水平，是摆在政府部门面前的一项重大课题。虽然改革开放以来我国在城市应急管理中就政府与公众关系的构建取得了一些成就，但是由于受我国传统的政治、经济、文化体制及公民组织自身素质的影响，其现实状况并不乐观，我们应从观念层面、制度层面、平台建设、组织建设等方面优化政府与公众的良性互动关系，为实现城市应急管理的现代化探寻切实可行的路径。

**关键词：**城市应急管理　政府　公众　政府与公众关系

## 一、城市应急管理中的政府与公众良性互动关系之内涵

### （一）城市应急管理的含义

"应急管理"一词是在 20 世纪被引入我国，最早是出现在核电行业，即核事故应急管理。随着社会经济的发展以及城镇化的不断加快，城市各类自然灾害、事故灾难、公共卫生安全等社会问题不断发生，城市各级政府对应急管理给予了高度重视，应急管理也逐渐在社会学领域流传开来。联合国国际灾难战略在《术语：灾害消减的基本词汇》中提出，应急管理是"组织与管理应对紧急事物的资源与责任，特别是准备、响应与恢复。包括各种计划、组织与安排，它们确立的目的是将政府、志愿者与私人机构的正常工作以综合协调方式整合起来，满足各种各样的紧急需求"。② 总体来说包含以下几层含义：首先应急管理是一种责任，

---

① 基金项目：本文系国家社科基金项目"健全协商民主制度背景下的地方政府决策模式创新研究"（批准号：14BZZ046）的阶段性成果。

② 王宏伟：《应急管理理论与实践》，社会科学文献出版社 2010 年版，第 68 页。

责任主体有政府、志愿者组织、私人机构等。其次，应急管理是一个持续性的资源调配与管理的过程，是有计划、有目的的进行的，其本质是协调各种组织和资源来预防和减少灾害带来的损失。最后，应急管理包括对突发事件的准备、响应、恢复几个阶段。故城市应急管理是指以城市各级政府为主导的、非政府组织、企业、公众等城市治理主体针对所要发生的危及城市公共安全的灾难事件，采取及时有效的手段，整合社会各种资源，防范危机的发生或减轻危机的损害程度，以保障市民的公共利益的管理过程。

### （二）政府与公众良性互动关系的界定

政府与公众关系可以简单地描述为自上而下的主客体关系和横向交流合作共治的伙伴关系。传统的城市应急管理模式强调政府自上而下单一的治理主体，在应对危机的过程中扮演着全能政府的角色，公众在减灾救灾过程中更多地表现为被治理对象。在这个过程中政府与公众的关系表现为治理主体和对象的关系，在官民互动上也更多地表现为政府的强势动员和公众的被动参与，因此政府与公众关系往往表现为不信任和对抗性。2015年中央城市工作会议指出"让公众参与城市的规划、建设与管理，把公众参与变成常规性和制度性规范"，这就意味着公众参与城市应急管理是公众主人翁意识的体现，城市治理的主体不再是单一的政府部门，在城市应急管理中政府与公众更多地表现为合作、协商共治的关系，政府要更加突出公众在应急管理中的作用。因此政府与公众良性互动关系表现为政府与公众在平等协商的基础上就城市公共事务建设的基本问题进行交流与合作，充分发挥各自在城市治理方面的优势，推动城市应急管理现代化。

## 二、我国城市应急管理中的政府与公众关系之现状分析

### （一）政府与公众关系发展取得的成就

1. 政府以人为本的应急管理理念深入人心。"以人为本"的理念就是在城市应急管理过程中，把保障公众的生命安全放在最突出的位置，并作为构建城市应急管理体系的根本出发点和落脚点。以人为本是我们党的执政理念，是我国社会主义制度的精髓。近年来在危机应对过程中，我国政府总是急公众之所急，充分践行以人为本的执政理念。在救灾行动中多次强调"救人是第一任务，要不惜一切代价，不抛弃不放弃"。在灾难面前视生命高于一切的理念体现了应急管理中政府的价值取向和根本目的，彰显了我国政府乃"人民政府"之核心内涵。

2. 理论上的不断发展和官民互动实践上的探索。近年来，许多学者从研究方法、路径的视角来探索城市应急管理中构建官民良性互动关系。在理论上主要

有治理理论（从治理理论以及民主、法治理论着手，分析官民互动的意义、目标和制度设计等）个体权力相关理论（从公民资格责权利发展着手，探讨官民互动中主体条件的构建、模式和策略）等。在研究方法上以实证研究为主，从立法、公共政策、城市治理等领域着手，通过大量案例分析，为官民互动模式及制度设计提供实证素材。理论是用来指导实践并在实践中不断发展完善的。对城市应急管理中官民互动理论的研究推动了实践的发展。如在 2013 年 5 月 16 日厦门特大暴雨中，公众对通过微博参与信息传递和救灾等情况进行了实证分析，认为公众"微参与"将分布于城市各个角落单一的社会资源整合起来，弥补政府在应急管理方面的不足，可以智慧地提高微时代的城市应急管理水平。在理论上的不断发展和实践上取得的成功不断激励着政府与公众良性互动关系的构建。

3. 城市应急管理机制趋于成熟。运行机制是城市应急管理的关键。为了增强城市应急管理运行机制的科学性和有效性，充分调动一切可以利用的资源来为救灾减灾服务，政府需要以优化业务流程为目标，针对灾前预测、灾中响应、灾后恢复等各个阶段采取相应的措施。近年来随着我国城市化进程的加快，政府越来越重视应急管理工作，从应急管理的预防阶段来说，建立健全了信息采集子系统、决策子系统、警报子系统和咨询子系统等。这些子系统的建设在城市灾情预测、警示、信息沟通方面发挥着重要作用。同时积极开展各类应急预案的实战演习，为城市积累了丰富的应急救援经验。就灾中救援来说主要是建立健全了应急决策机制、社会动员互动机制等。这有助于提高灾害处置的效率、形成政府与公众协同应急管理的合力、拉近了政府与公众的距离。针对灾后重建恢复我国城市建立了评估调查机制、善后处置机制和恢复重建机制。这些机制的不断成熟能够有利于保障灾后恢复能力的提高和强化灾后的学习与防范，及时安抚受灾群众，恢复社会正常秩序。这些应急管理运行机制的成熟推动城市应急管理从经验应急向科学应急转变、临时应急到长效应急，实现应急管理的常态化，提升城市应急管理效能，增强应急管理的科学性和规范性，最大限度地减少灾害带来的损失。

**（二）城市应急管理中政府与公众关系存在的不足**

在城市应急管理中政府是居于主导地位的，但是公众力量同样是不可忽视的资源力量。要实现城市应急管理的最优化，就应该实现政府与公众良性互动的最优化。但是在当前我国城市应急管理中政府与公民良性互动关系构建存在着理念上的障碍、制度地位的缺失、互动协商机制的不完善、公民组织建设滞后等不足。

1. 理念上的障碍。政府与公众在应急管理中良性互动需要建立在互信基础上保持开放式的参与理念，即政府主动创造条件吸纳公众参与和公众增强应急管理主体意识主动参与应急管理的过程。但是我国传统政治体制下的"官本位"文化导致政府强势地位的局面一直没有改变，认为政府是处于支配地位，公众是被支配的，在应急管理中不愿意主动吸纳公众参与，甚至在救灾过程中为了不在绩效考核体系下失去自身利益而有意压制不利于自身的信息，这就从根本上把公众参与应急管理建设拒之门外。另一方面"崇圣意识和臣民心理导致公民主动参与的消极化"。① 公众根深蒂固的依赖心理导致主体参与能力的不足和参与意识的欠缺。在城市应急管理中仍然习惯性地把自己当作被治理的对象，而不是主动参与治理的主体。这种治理主体的角色定位不明导致公众缺乏主动参与城市应急管理的责任心和主人翁意识。

2. 政府与公众互动制度的缺失。法律制度的完善对构建城市应急管理中政府与公众良性互动关系具有重要的意义，没有良性的宏观制度作为支撑，就不可能出现良好的官民互动局面。政府与公众良性互动的基本前提在于公众能够顺利参与城市应急管理建设。目前在我国的应急法律法规中并没有明确政府与公众互动的地位，只是简洁的提到在城市应急管理中要动员社会力量参与减灾救灾工作，具体关于如何动员、政府与公众互动内容、方式、渠道等保障性的制度不够健全。法律法规的模糊不清和缺乏具体的操作程序造成了政府在吸纳公众参与应急管理上的主观性和随意性，公众参与以非制度化的形式存在，使得参与活动呈现无序状态。另一方面应急管理中行政问责制度不完善也在一定程度上弱化政府与公众良性关系的构建。在应急管理中，政府是否与公众互动、互动效果如何都应该纳入行政问责的范围，而行政问责制度的不完善使得领导者避免了因缺乏与公众互动而带来的城市危机治理失效的责任。在问责法律及其监督角色缺位的情况下，完全依靠政府的道德自律主动吸纳公众参与城市应急管理是不现实的。

3. 政府与公众互动的平台建设不甚完善。政府与公众良性互动是在一定的平台上进行的，在这个平台上公众要知道政府在做什么、做得怎么样，同时政府也要了解公众的需求，从公众需求出发来推动城市应急管理建设。首先缺乏官民互动协调机构。现代城市危机的复杂性使得应急管理建设离不开政府与公众的协商与配合，只有保持政府与公众的良性互动才能发挥出应急管理的合力。而目前我国并没有建立专门的政府与公众互动的机构来指挥、协调政府与公众之间的关系，这就容易造成减灾救灾过程中政府与公众的各行其是，不利于充分发挥两者

---

① 侯保龙：《公民参与公共危机治理研究》，合肥工业大学出版社 2013 年版，第 51 页。

在优势互补中的作用。其次，官民共享信息平台建设不完善。信息是沟通的关键，也是公众参与城市应急管理的重要工具。但是由于目前我国应急信息公开法制建设滞后、应急信息管理机构不完善、应急信息公开问责机制不健全和公众对应急信息公开知情权利意识的缺乏，从而政府与公众信息不对称的地位进一步加剧，导致了城市应急管理中信息流通不畅，增加了政府与公众双方的误解和摩擦，导致政府与公众良性互动信任体系难以建立。

4. 政府与公众互动的组织建设相对滞后。民间组织发育不足从根本上制约着政府与公众良性互动关系的发展。由于我国的民间组织起步晚、发展缓慢、成长环境的制约，导致现阶段其力量依然薄弱，无法实现与政府正常的良性互动。从客观方面来讲政府对民间组织的发展制度性约束较多。在我国，政府一直是社会力量的主导者，也是民间组织能否成长的关键因素，但是传统文化下的官本位意识并不希望民间组织发展壮大，即使民间组织的成长能够对城市应急管理提供强大的资源支持。因此我国民间组织发展缓慢且对政府具有强大的政治和经济上的依赖性，从而社会的自我治理能力较差。主观上民间组织的自我管理水平和对参与城市应急管理的认识水平有待提高。在城市应急管理中构建政府与公众良性互动的过程中，民间组织应该以更加积极和正面的态度来寻求与政府的协商与合作，获得政府的理解和支持。作为直接参与的主体，公众态度、行为准则和操守对于建立互信的官民互动关系，进而推进更加广泛得多主体参与城市应急管理具有重大意义。但是在目前的公众参与城市应急管理过程中被动参与多于主动参与、依赖政府多于依靠自治、利益诉求高于责任付出、公共性参与意识不强。因此在推动公民社会组织发展的同时，要加强对其公共性、责任心和主人翁意识的培养。

## 三、构建城市应急管理中的政府与公众良性互动关系之有效方略

城市应急管理中政府与公众良性互动机制的常态化、制度化能有效推进城市治理体系和治理能力现代化进程。构建政府与公众良性互动关系要从理念革新、法制建设、丰富载体、组织建设等着手，形成一个完整的应急管理协同治理体系。

### (一) 在观念层面上更新理念，为构建政府与公众良性互动关系提供思想前提

2015 年中央城市工作会议指出"城市发展要善于调动各方面的积极性、主动性、创造性，集聚促进城市发展正能量。要坚持协调协同，尽最大可能推动政府、社会、市民同心同向行动，政府要创新城市治理方式，鼓励企业和市民通过

各种方式参与城市建设、管理，真正实现城市共治共管、共建共享"①。在观念层面中首先要树立"参与式"理念。政府要充分认识到公众在推进城市应急管理中的重要作用，主动创造条件让公众参与城市事务建设，尊重公众的话语权，加强与公众的协商、互动，在相互理解、信任的基础上推进城市应急管理建设。公众要树立"主动参与"的主人翁意识，充分利用自身优势以弥补政府在应急管理中的不足，努力形成城市应急管理中政府主导、社会参与的新局面。其次要树立协同治理观念。"治理"一词的实质在于强调政府与社会主体间的合作与互动，充分发挥社会组织在推动公共事务发展中的作用，推动公共领域利益相关者的共同参与，使公共事务维持良性、有序和稳定状态。随着我国经济社会的发展，城市规模不断扩大，城市人口密度越来越高，城市应急管理系统也越来越复杂化和脆弱化。仅仅依靠政府自身力量来推动应急管理现代化是远远不够的，必须转变传统的以政府为单一中心的治理主体观念，推进城市应急管理由单一主体向多元主体治理模式转变，努力形成一个政府与公众互动合作、协同治理的良好局面。

## （二）在制度层面上完善相关法律制度，为优化政府与公众良性互动关系提供制度保障

城市应急管理中政府与公众良性互动机制的有效发挥关键在于法律制度上的保障。在我国大力推进法治政府建设的背景下构建政府与公众良性互动机制必须以推进法治建设为重点、以完善相关配套制度为支撑、以强化责任监督、约束机制为后盾。第一：健全应急管理法规体系，明确政府与公众互动的法律地位。城市应急管理中政府与公众互动是民主政治建设的重要内容，要加快制定专门的城市应急管理法律、法规，明确在应急管理中政府与公众良性互动的内容、程序和方式等，通过法律、法规建设来保障政府与公民良性互动的合法地位。第二：完善政府与公众互动的相关配套制度。在法律上明确了政府与公众互动的地位后，要真正落实下去还需要相关的配套制度，具体来说要建立专门政府与公众互动协调机构、建立专项政府与公众互动资金和健全政府与公众互动程序制度等，公众有序的参与才能得到政府和社会的认可，才能保障应急管理中政府与公众良性互动局面的出现。公众参与应急管理就是"要求有制度化的程序，一切按可知的可操作的程序来实现民主权利"②。第三：完善行政问责制度，在城市应急管理中将政府与公众互动纳入责任体系当中。在城市应急管理建设中大力推进行政问责

---

① 2015 年中央城市工作会议 http：//bg.yjbys.com/gongzuobaogao/26711.html。

② 罗依平，覃事顺：《民意表达与政府回应的决策机制构建——厦门 PX 事件引发的思考》，《科学决策》2009 年第 7 期。

制度,一方面可以给政府部门带来城市有效治理的压力,可以激励政府部门主动寻求、吸纳社会组织、社会公众参与到城市公共事务管理以弥补政府在某些方面的不足。另一方面能够促使公众积极问责,培养公众的问责意识和水平,强化公众责任意识和对政府的监督。从而形成政府与公众良性互动的治理局面,推进城市应急管理建设。

### (三) 在技术层面上搭建官民互动平台,为发展政府与公众良性互动关系提供宽松环境

在城市应急管理中实现政府与公众良性互动的关键在于政府能够准确把握社会公众的利益诉求并能及时有效地加以回应。2015 年中央城市工作会议指出"要健全依法决策的体制机制,把公众参与、专家论证、风险评估等确定为城市重大决策的法定程序"。[①] 因此政府首先健全民意表达机制和政府回应机制。在城市应急管理中要及时发布相关信息,保障公众在应急管理的知情权,及时回应公众提出的问题,这是政府与公众良性互动的关键环节,没有政府对公众的回应,就谈不上互动。其次要建立健全应急决策公众参与和公示制度,这是强化政府与公民互动的桥梁和纽带。应急管理中公众参与重大决策能够促使政府和公众在决策和信息上的互动,没有参与就谈不上互动。同样应急管理决策公示制度建设也是政府主动接受公众监督,与公众互动的重要举措。最后是要积极推进城市大数据平台建设,完善公共信息网络。2015 年中央城市工作会议指出"要加强城市管理数字化平台建设和功能整合,建设综合性城市管理数据库,发展民生服务智慧应用"。网络是民意聚集地和舆论传播场,是政府与公众沟通交流的平台,是舆论监督政府的重要力量。要充分利用网络的便利性和互动性,有效引导民意和舆论,通过微博、微信等网络新媒介为政府与公众良性互动搭建桥梁,为"公众参与城市应急管理提供新途径。公众通过便捷的网络途径可以很方便地获取城市应急管理的相关信息,在管理的过程中随时介入与管理者就灾害处理情况进行互动沟通"[②]。完善的公共信息网络是政府与公众信息互动的重要载体,是政府和公众顺利获得有效信息的保障。信息沟通是双向的,大数据时代在一定程度上弱化了政府对信息的垄断地位,公众获取信息的途径越来越多,在应急管理中公众需要在政府或其他权威机构中获得关于突发事件各方面的信息,政府部门也需要得到来自公众信息的反馈,以便对应急管理计划做出及时调整和修改。

---

① 2015 年中央城市工作会议 http://www.planning.org.cn/news/view?id=3482。

② 游海疆:《公众"微参与"与城市应急管理的耦合与提升—以厦门"5·16"特大暴雨为例》,《北京工业大学学报》2015 年第 8 期。

**（四）在组织层面上大力发展民间组织，为强化政府与公众良性互动关系提供外部动力**

2015 年中央城市工作会议指出要"统筹政府、社会、市民三大主体，提高各方推动城市发展的积极性"。民间组织的发展有利于公众利益和诉求的凝聚与整合，有利于架起政府与公众沟通的桥梁。在城市应急管理中要大力扶持、引导、培育新型的民间组织，为推进城市应急管理现代化贡献力量。第一，积极培育社会力量。要从制度建设、财政支持、组织管理等方面加大对民间组织的支持力度，大力发展公众志愿组织、非政府组织等"新兴多元组织网络"，积极探索城市应急管理中政府与公众合作治理的新途径。第二，推动公众参与应急管理组织化。公众作为个体在城市应急管理中发挥的作用是非常有限的，而应急管理是一个系统工程，需要协调水平很高的社会行动，因此公众个人只有通过各类组织联合起来形成合力才能发挥重要影响，同时也只有推动公众参与应急管理组织化才能推动政府与公众良性互动局面的形成。第三，创新城市应急管理文化建设。加强城市应急管理文化建设，提升公众文化应急管理能力和综合水平发展，是城市应急管理中政府与公众互动的重要支撑。因此要加强宣传教育，培养政府和公众危机意识，推进城市应急管理文化制度建设，提升多元力量协同治理的文化软实力。

# 危机事件管理中舆论机制和应对路径研究

温 焜

（中共江西省委党校　江西南昌　330003）

**摘　要：**互联网时代让信息传播更加多元化和复合化，给危机管理中的舆论引导提出了新的挑战。本文详细分析了公共危机频发的诱因、产生的危害、政府部门陷入被动的根源，特别阐述了舆论形成机制中的热点引爆机制，运行机制和联动机制，提出了舆论引导的路径和策略，为政府相关部门提升舆论引导和危机事件管理能力，科学引导社会舆论化解危机提供参考。

**关键词：**公共危机　舆论应对　信息传播

## 一、引言

在经济社会加速转型、改革开放持续深入的特殊时期和媒体传播新技术飞速发展的今天，特别是在媒介融合时代，社会舆论的形成和发展呈现了不同的特点和态势，突发公共事件频发呈上升趋势，给全体社会公众的正常生活和共同利益产生了巨大的灾难性的影响。对此现象社会学者有多种解释，除自然环境恶化导致灾难突发外，他们认为其深层次诱因在于"社会转型"与"多元化因素"（包括利益多元化、思想多元化和传播方式多元化）。深化改革与社会转型导致社会结构性重排与裂变，社会矛盾日益突出，社会压力膨胀寻找"泄洪口"；同时随着公众权益意识、法制意识和民主监督意识日趋增强，公众对知情权的需求日渐提升；而在媒介融合时代新媒体迅猛发展，互联网、3G 乃至 4G 网络、手机即时通讯等渗入大家的日常生活当中，在大众"麦克风"时代，信息传播方式多元化和公众思维多元化导致信息掌控日渐困难，政府部门对舆论的管控和引导能力经受着前所未有的挑战。特别突发性、群体性、多样性和破坏性的大型公共危机发生时，处于舆论风口浪尖的政府相关部门如何提升舆论引导能力、树立政府公信力、有效化解危机是摆在我们面前的一个重大课题。

公共危机事件自身具有突发性、持续性、破坏性、不确定性、博弈性和群体性，如果危机管理不当，它将给社会带来巨大的危害甚至灾难，特别是在媒介融合时代舆论发生机制和发展态势呈现截然不同的特点和态势，传播速度快，可控性差让危机破坏力加大。公共危机事件发生，首当其冲的是处于事件中心的当事人，他们的利益受损是最直接而直观的，包括人身安全、财产安全和声誉受损。如果公共危机等不到有效管控和妥善处理，随着危机的扩大和升级，事件相关方的正当利益将持续受损，甚至殃及更大范围的公众。贵州瓮安"6·28"事件、湖北石首群体事件、浙江苍南城管被殴致死事件等，起初皆因个人事件引起，危机升级后，公共财产遭受巨大损失，给社会秩序造成严重破坏。

公共危机发生后，政府职能部门往往成为危机的焦点。一方面，公众对政府职能部门心怀很高的期待，希望政府能积极处理好；另一方面，公众眼里揉不得沙子，政府职能部门处理稍有不当，都将引起谣言攻击和舆论反弹，导致政府公信力下降，形成社会"信任危机"。2009年河南杞县核泄漏事件、"躲猫猫"事件、2014年5月杭州垃圾焚烧厂群体事件和众多城管打人事件中，相关部门在事件处理中都遭遇了"信任危机"。以至于到现在，"躲猫猫""临时工"都成了饱含讽刺意味的网络流行语。"信任危机"持续发酵将造成"官民对立"和社会阶层对立，进而造成社会心理创伤的无形撕裂。信息公开迟缓或内容含糊导致民众宁愿相信谣言也不相信主流媒体报道；城管伤人事件报道增多导致人们形成城管都是坏人的偏激印象；凡是发生豪车撞人、官员腐败或公务员收入报道，公众往往陷入一边倒的仇富、仇官舆论怪圈。公共危机导致的看不见摸不着的社会心理创伤撕裂，短时间内难以愈合，负面影响深远，是阻碍和谐社会建设的"癌细胞"。为此在这些公共危机事件发生后，政府如何科学引导舆论，增强政府公信力，提升危机处置效率和能力成为我们党和政府新的执政课题。

## 二、公共危机事件中的舆论运行机制和特点

### （一）公共危机事件的舆论热点引爆机制

在媒介融合时代，舆论根据形成时间可以分成先导性舆论和后起性舆论，有些公共危机事件在初始阶段是一件很小的突发事件，并无公共性和重大性，而是由于蝴蝶效应在特定环境的某一时间节点上触发然后演变为重大公共危机事件。在媒体融合时代的舆论场中初始事件作为导火索，新媒体语境作为催化剂使事件影响剧烈扩大，传统媒体的深入挖掘产生持续的舆论波。媒体融合时代舆论的触发形成有如下规律：

舆论触发的作用机理是既可能有外在因素的冲击，也有事件的内在因素吸引眼球从而引发公众的心理助推舆论的聚变，舆论的引爆一般是内在因素和外在因

| 事件在新媒体上爆料 | → | 目击者呼应，直播 | → | 网友围观，病毒式传播 | → | 媒体深度挖掘舆论持续升温 |

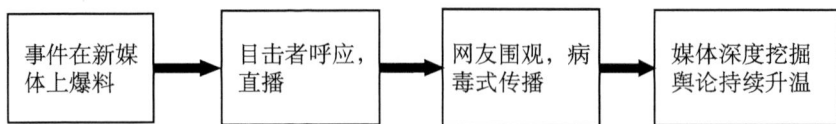

**图 1　公共危机事件舆论热点引爆机制**

素共同作用。在全媒体语境中，公共危机事件的舆论触发和引爆，一般来说有赖于以下要素：首先，有能够吸引公众眼球引起围观的事端、事件；其次，有目击者、爆料者的呼应，再次，了解网络传播手段的网民大量转发，病毒式传播，最后，有网友，媒体记者专业的深度挖掘报道。

在媒介融合的全媒体传播世界里，传播者的身份模糊化，而传播的内容故事化，符合公众胃口的传播的内容是否具有分享意义和社会穿透力决定了舆论的走向。在全媒体时代，舆论关注的事件的深度参与者不一定跟事件有直接的利益关系，如果公共事件和他们诉求直接相关，或者和他们的价值取向、情感认同相联系，就容易引发大范围的舆论影响。

公共事件的利益相关度决定了舆论热点的触发和扩散。当舆论事件出现后，公众往往以自己的利益为出发点，根据事件对自己利益影响来考量，从而决定参与公共事件舆论的传播过程中的态度与行为；比如厦门、茂名、镇海各地的 PX 事件。为什么都触发了全国性的舆论参与。均是事件和广大公众的利益密切相关；同时价值共振也是触发舆论热点的重要因素。对于公共事件不同的个体或群体都以其不同的价值观作为评判事件是非曲直的标准。当事件所呈现出的价值取向与广大公众既有的价值一致时，公众就会对事件产生肯定性态度，从而触发舆论热点往深度和广度扩散；情感共鸣也是舆论热点爆发的重要因素。舆论客体和主体的认知结构会产生相互作用。对于公共事件，公众会在情感的诱导下对事件施加影响，从而推动舆论活动的生成及进展。在舆论活动中，公众用正面、积极的情感态度，促进舆论事件向健康、有序方向发展，从而产生建设性的情感共鸣，如果公众从感性出发，负面情绪扩大化，或者把舆论事件当作发泄自身负面情绪的"窗口"，就会导致舆论朝无序、紊乱方向发展，产生破坏性情感共鸣。而这两种情感共鸣通常会并存于同一舆论活动中，形成复合性情感共鸣，从而触发舆论热点的扩散和效果。在媒介融合时代，传播方式和速度惊人，多种传播路径汇合形成了传统媒体时代截然不同的促发引爆机制。

**（二）公共危机事件的舆论形成机制**

西方学者多从微观和中观层面考察谣言的社会心理动因得到的结论认为谣言是处于焦虑状态的个人为了消除不确定性而进行的一系列尝试，同时谣言是社会群体在经历混乱时期，为解决问题、获得社会认知而展开的一种集体行为。在媒介融合的语境下，公共危机事件发生时，谣言借助互联网又呈现出集中爆发、"病毒式"扩散、几何级数增长的特点公共危机转化有着自身的客观规律，分析发现，公众知情权能否得到满足，将左右着危机转化发展的方向：

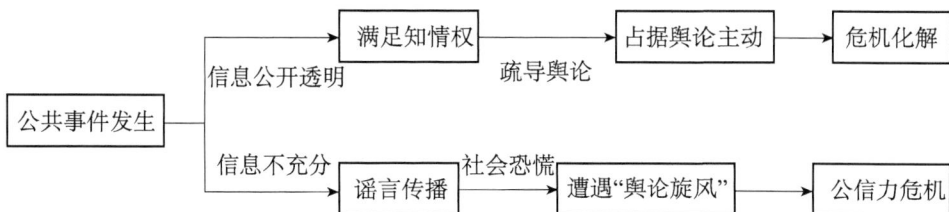

图 2　公共危机事件的舆论运行路径

根据图例中舆论运行的顺畅的路径为：在信息传播公开透明的环境中，公众知情权得到充分满足，公共管理部门占据舆论主动权和话语权，能积极应对和有效疏导舆论，短时间内危机便可有效化解。相反在路径二：由于在信息传播机制不畅通，谣言传播容易造成社会心理的恐慌，从而产生针对公共管理部门的"舆论旋风"，导致政府公信力危机。所谓"舆论旋风"就是在信息传播机制不健康的环境中，由于公众"信息饥渴"和认知混乱致使谣言滋生和扩散，并在短时间内占据舆论话语权，造成社会舆论对公共管理机构的强大质疑、压力和冲击的被动态势。

从路径二中我们知道导致公共管理部门遭遇"舆论旋风"被动局面的元凶是谣言。根据传播学者克罗斯的"谣言公式"：谣言＝（事件的）重要性×（信息的）模糊性×公众批判能力。可见，谣言的杀伤力和事件的重要性、信息的模糊性密切相关，同时也取决于受众的判断水平。事件的关注度越高而信息越含糊，谣言对主流舆论的杀伤力越大。公共事件发生后，政府职能部门往往处于舆论旋涡的中心。如果官方对危机反应迟钝，信息传播机制失灵，主流媒体哑火，或管理部门想方设法压制、隐瞒真相，或媒体报道自相矛盾、口径不一，官方信息发布不及时、不畅通、缺乏权威性，公众"信息饥渴"时会产生认知混乱，对各种信息无所适从，谣言便会通过多种途径变形扩散。特别是在把关不严的网络传播环境中，谣言会借助网络、手机即时通讯等迅捷平台和人际传播方式抢占舆论"话语权"，形成一股"舆论旋风"把公共管理部门紧紧包围，肆意攻击。当权威信息和主流媒体声音被谣言淹没时，公众的恐慌与盲从心理急速膨胀，处于舆论旋风中心的政府部门就成为谣言和"不明真相"人士合力攻击的焦点，招架无力，被动不堪，政府公信力危机随即产生。因此，迅速反应，及时发声，在谣言扩散之前揭示真相，抢占舆论话语权，是公共危机管理中信息传播的首要任务。

### （三）公共危机事件中舆论运行的联动机制

在媒介融合时代，公共危机事件中舆论的扩散和走向不是单一的路径而是有多重力量的合力产生联动助推机制，从而给舆论的控制产生了巨大的挑战。一件很小的事件，通过互联网线上线下多维度传播扩散最后形成一件重大的社会危机事件，让舆论裹挟着所谓的"民意"给社会带来动乱和不安。我们可以简单地说这是所谓的蝴蝶效应。但是具体分析应该是后面存在相关的几对力量产生了联动效应助推舆论的扩散。首先是传统媒体和新媒体的互动。在全媒体时代，新媒体以形式丰富，时效性互动性强，覆盖面广冲击了传统媒体的领地。但事实上在公共危机事件中舆论的爆发、扩散、运行都是传统媒体和新媒体协同作用的结果。大家以为新媒体和传统媒体是一个相互竞争的关系，可是在公共事件的舆论爆发和扩散中体现的却是它们是既竞争又合作的关系产生协同作用。公共危机事件刚发生的时候，新媒体优势明显，通过现场爆料，新媒体病毒式传播扩散，让事件快速扩散传播开来。然后发生到一定阶段的时候，传统媒体、专业记者、深度报道又把危机事件往纵深发展，产生了深度和广度的结合，传统媒体和新媒体产生一种滚雪球的效应，使得一个事件持续地发酵，持续产生舆论浪潮。

现在的舆论浪潮中网上和网下的合力同样起到了助推作用。在全媒体时代，我们面临前所未有的挑战。公共危机事件不再是大部分利益不相关者的围观和爆料来助推舆论的走向了。而是网上网下联动，专业利益团队参与牟利。2015 年 7 月公安机关摧毁了一个以北京锋锐律师事务所为平台，自 2012 年 7 月以来先后组织策划炒作 40 余起敏感案事件、严重扰乱社会秩序的重大犯罪团伙。该团队成员分工明确，专业运作既有"维权"律师坐镇专业指导、又有推手引爆舆论，还有冒充的"访民"以目击者为名义歪曲事实，误导舆论。这些人彼此勾连、人数众多、组织严密、分工专业以"维权""正义""公益"为幌子企图达到不可告人目的的种种黑幕也随之揭开。通过网上网下联动让公共危机事件扩大化，歪曲舆论，产生巨大的舆论冲击波。他们炒作过著名的"邓玉娇事件"，"庆安事件"等，给我们的社会带来了巨大的破坏作用。

联动机制中还有第三对力量是本地和异地的跨地域的连锁效应。最典型的就是2009 年湖北巴东县的"邓玉娇事件"。这其实是一个很小的刑事案件。就是一个洗浴中心的小姑娘邓玉娇，不小心把试图非礼她的邓贵大捅死了。这么一件小事件经过舆论的持续发酵，最后导致北京大批的网民在"六四"事件 20 周年的这一天准备上街去游行。这让我们看出新时期危机事件按属地管理进行舆论引导和危机处置的思路落后于实践情况，跨地区的舆论联动给我们的危机处置带来了新的挑战。

## 三、多元化舆论生态下政府舆论引导和危机应对的路径和策略

从 20 世纪 80 年代开始，西方的研究学者结合危机事件信息传播规律和造成的公众心理恐慌、社会失序等现象进行研究分析，逐步形成并发展为危机传播理论体系。有代表性的理论主要有伯诺伊特的"形象修复"理论和格鲁尼格提出的"优化理论"。由于我国是从相对传统的社会迅速进入充分开放的信息社会，公众思想准备不足，政府相关的管理能力欠缺。这就更需要政府相关部门有效地运用相关的研究成果，在多元舆论生态背景下形成有效地舆论引导和危机处置的路径和策略。

### （一）打通舆论场掌握主导权，确立舆论引导新战略

在突发公共事件的处置中，舆论话语权和政府的执行力存在着内在联系和交互性。舆论的话语权是舆论形成的影响力、控制力展现的是舆论的话语权力。当危机事件发生以后，至少存在三个并不完全重合的"舆论场"。

首先是政府主导的"官方舆论场"，它是政府通过现场处置、现场公告、新闻发布会等官方渠道所力图营造的舆论场。其次全媒体时代中报纸、电台、电视台和网络媒体通过新闻报道和评论分析所形成的"媒体舆论场"；第三个就是公众获知事件后私下议论，网络传播所形成的"民间舆论场"。三者有重叠交叉的部分，其中媒体作为政府和公众之间信息传递的桥梁和沟通的纽带，"媒体舆论场"中官方媒体在很多情况下和"官方舆论场"交叠，同时网络微博等开放性媒体却更多反映着公众的倾向和意愿，和"民间舆论场"重合度较高。这三个舆论场重合程度越高，表明政府、媒体、公众之间的关系越为密切，互动性越强。正确把握三个舆论场对政府改进危机舆论引导模式和战略具有重要的意义。

危机事件发生后政府相关部门应高度重视趁早介入，通过议题设置，滚动发声科学有序向公众传递信息，打造公信度高、覆盖面广、科学有效的"官方舆论场"。首先危机事件发生后，政府应该主动、及时地向公众告知信息，表明政府对事件的关注和态度，迅速公布目前为止政府部门获知的基本信息以及政府的基本立场和态度。告知发言的信息态度重于内容。不需要对事件作详细说明和分析，只需传递基本信息以避免过多涉及未确定的消息和传闻导致谣言风暴横行。这个阶段的政府官方发言应注重时效性。其次如果危机事件的态势初步明朗，政府已经掌握了较为确切的信息后，进行初步的带观点的发言，表明政府对危机事件的具体立场，告知政府应对危机的原则和手段，通过媒体设置政府的议题，引导社会舆论。最后就是政府的正式发言，这是突发事件舆论引导过程中重要的一

次发言，可以通过主流媒体进行事件发布，如在新华社或者当地的党报党台等权威媒体发布权威信息。如果危机事件状况明朗，对相关原因分析和情况调查后，政府通过权威发声引导媒体报道和社会舆论，尽可能杜绝谣言的传播。正式发言应该由相关政府部门负责人和专业的新闻发言人参与。如果此时社会传闻和流言蜚语较多，政府相关部门可以通过滚动发言或评论性发言来平息舆论谣言和争议。

在媒介融合时代当危机事件发生后，政府应该高度关注和重视"民间舆论场"，特别是要重视公共事件中网络舆论的冲击。纵观危机事件舆论传播的运行机制，网络舆论冲击是由于政府相关部门对公共危机事件保持沉默和回应不及时，或者是政府在舆论引导中出现失误，比如言辞失当、态度不明或措施失当。政府决策部门需要特别重视网络舆论的影响，在大数据时代应该运用舆情监控软件加强对网络舆论监控，建立舆情监控机制；通过科学的网络管理，提高新媒体舆论引导能力；充分发挥网络意见领袖的作用，为我所用；增强媒体从业人员职业素养，提高"把关意识"。

### （二）构建长效机制阳光执政，提升政府舆论治理能力科学化水平

在媒介融合的背景下，我们政府相关部门应该建立科学的舆论治理和危机应对的机制和体系，让权力在阳光下运行实行阳光执政。做到政务公开，信息畅通，让公民充分享有知情权和监督权；其次是依法行政，政府的法令制定、政策发布、政令执行，都必须合理合法合规，做到"法无授权不可为"。在这原则和基础上建立科学的舆论引导和危机管理的体制机制。

一是应该建立需要有灵敏的危机预警机制。危机管理专家迈克尔·里杰斯特指出："预防是解决危机的最好方法"。历年来发生的重大公共危机给我们敲响了警钟。建立公共危机监测预警和应急协调机制成为我们管控舆论，有效化解危机的前提和基础。重大突发事件警报必须在第一时间传递到社会的各个层次和个体，确保公众抓住应对危机的关键时机。在互联网时代我们应该特别关注新媒体对信息传播的重大影响，当公共事件发生后，我们要通过手机平台等新媒体将突发事件预警信息第一时间有效地传递到个人，这样命中率高，传播效果好。危机预警分为信息监测和危机预警两部分。建立完善的危机预警机制必须做好以下工作：通过组建专门的危机管理机构统筹全局，明确分工，责任到人，确保危机突发时能协调统一、迅速应对；通过运用互联网大数据相关软件监测网络舆情，区分监测区域，确定监测点，明确监测内容，配备专职人员或情报网络，健全信息数据库形成高效的突发事件信息监测系统；建立科学的风险分级管理系统，通过

将危机风险按照发生的紧急程度、发展势态和可能造成的危害程度分为一级、二级、三级和四级并制定对应的解决预案和方案；构建完善的危机信息预报系统。网络监测系统一旦发现危机的苗头和信号时，及时通过政府相关部门和媒体向社会发布事件的预警信息，传播应对危机的知识和建议，公布咨询电话等应急内容，使公众在面对危机时更及时、更理性、更准确地做好相关准备。

二是要建立高效的危机协调机制。由于新时期危机事件发生后舆论引导的复杂性和难度加大，任何突发公共事件的出现都不可能是在某一部门内部可以处理解决的。危机管理应该具有系统性全局观，需要诸多相关部门的协调配合。为此必须组建一个指挥能力强的领导小组，建立一支随时能够处置突发事件的机动应急队伍，制定一套切实可行的应急预案，同时还要有效整合各种社会资源，重视发动非政府组织、群众团体参与处理突发事件。在全媒体时代里面，我们对于危机事件的采用"双处置"原则。我们要同时成立事件处置小组和临时新闻中心，以保证对外发布的消息是官方权威的，口径是统一的，事实是准确的。

### （三）运用信息传播规律引导舆论走向，有效化解舆论危机

#### 1. 突破"沉默的螺旋"政府要善于发出强音

沉默的螺旋是指是一个政治学和大众传播中的一个现象。就是当人们在表达观点和想法的时候，如果发现自己所持的观点占多数而且广受欢迎，就会积极加入，这种思想就会呈现螺旋式加剧扩散之势；反之如果发觉自己的观点无人理会或很少人赞同的话，即使自己赞同，也会保持沉默，这样这种观点就会呈螺旋式加剧弱化。这样形成了一方越来越大声疾呼，而另一方越来越沉默下去的螺旋式过程。在社会舆论的形成和发展过程中这种沉默的螺旋也一直在发挥作用。从某种角度来说在互联网时代舆论的形成和发展进一步强化了"沉默的螺旋"理论。在互联网的背景下公众更容易看到的是自己认可的信息和观点。沉默的螺旋在危机事件发生后会出现两种走向，当主流舆论偏离事实真相的时候也就是谣言风生水起的时候，其他人即使觉得那不是真相也不敢推翻主流舆论而陷入沉默。这种沉默本身既包含了政府相关部门对舆论传播理论规律的不熟悉，也包含了政府对自身在舆论引导的主体性认知的偏差以及责任意识淡薄。为此针对舆论的"沉默的螺旋"现象，我们党和政府要控制逆动员性质舆论传播。我们可以在保证公众言论自由的基础上，依法采取相关的技术手段加以控制；同时政府应该强化舆论引导的责任意识，要在把握准确信息的基础上，突破沉默的螺旋，对舆论中谬误的观点和言论、对影响社会稳定的谣言进行坚决的反驳。

在舆论的传播中我们要突破"沉默的螺旋"，政府部门要发挥"首应效应"

的主体责任，敢于发声，善于发声。让政府联合主流媒体发出舆论的主旋律。我们政府相关部门切不可在危机事件发生后保持沉默任由舆论随意传播，谣言漫天飞散。而是团结一切可以团结的力量，让官方的媒体、主流的媒体去第一时间报道真实的信息，占据舆论的主动权，让政府专业的评论员去引导舆论。从而去赢得话语权，去逐渐地获得软实力，去获得公众的信任。

2. 利用羊群效应的正效应。让政府舆论传播的主导者

羊群效应也可以称之为从众效应，是个人的思想和行为由于受到群体大多数的影响或压力，而向与多数人相一致的方向变化。在舆论的运行过程中羊群效应影响非常突出。从群体中不同代理人选择不同博弈策略的演化过程中我们可以清晰发现：在一开始由于许多因素使得群体中的一些代理人具有信息占有的比较优势，如果其中一部分人发现通过传播自己的信息去说服别人时可以获得超额收益的时候，他们会继续采取说服策略来说服他人；而掌握信息较少的人发现通过搭便车追随他人也能够提高收益后就会继续相信并吸引更多追随者，这样反过来也进一步激励更多信息优势者选择说服策略。羊群效应通过惯性作用最终实现博弈均衡。羊群效应容易实现社会中对某一事件的观点高度的统一，会造成部分人盲目地追随某一观点，从而影响舆论的运行和走向。

为此政府在危机事件发生后要抓住舆论的"领头羊"，做好舆论的"领头羊"，从而监控舆论活动阵地，主导舆论传播的路径。危机事件发生后，如果政府和官方媒体没有把相关信息及时发布，就容易将信息的"头羊"地位拱手让出，客观上就给流言和谣言的漫天传播带来绝好机会。真实情况无从得知会让群体成员失去理智和自控，出现恐慌、猜疑甚至骚乱从而对社会正常秩序造成巨大的干扰与破坏。在互联网时代活跃着一批特殊的"意见领袖"和网络大 V，他们关注社会时事、网上号召力极大是羊群效应的活动主体。他们具有强大的舆论引导能量，在危机事件发生后我们政府可以利用主流媒体和这些领头羊凝聚共识，引导话语权，形成舆论浪潮从而提高政府危机化解和舆论领导能力。

公共危机事件客观发生，无法避免，舆论发酵和运行无法左右，我们政府相关部门关键是要增强危机管理和舆论引导意识和能力。只有在公共危机管理中建立健康的信息传播机制，提升信息传播能力，真正提升阳光执政能力，领导科学发展，构建社会和谐，我们的舆论就能形成社会良性发展的号角为我们经济发展和民族复兴呐喊。

## 参考文献

［1］高钢，孙聚成．新闻发布与新闻发言人实务［M］．北京：人民日报出版社，2005.

［2］麻宝斌，王郅强．政府危机管理理论与对策研究［M］．吉林：吉林大学出版社，2008.

［3］王惠岩．行政管理学［M］．北京：高等教育出版社，2011.

［4］罗忠政．多元舆论生态下的政府危机应对策略——以深"5·26"事件为例［J］．特区实践与理论，2012（4）.

［5］韩少春，刘云，等．基于动态演化博弈论的舆论传播羊群效应［J］．系统工程学报，2011（4）.

# 社会组织参与灾害应急的法律对策研究

刘 旭

（河南省社会科学院政治与法律所 河南郑州 450052）

**摘 要**：在灾害应急法治中，建设社会协同、公众参与的社会管理格局弥足重要，尤其是社会组织主体的扶持与培育，是推进公共安全社会管理创新的关键环节。在社会风险持续加大，变动风险因素不断增多的背景下，灾害预防与应急准备、灾害监测预警、应急反应与信息报告以及灾后评估与重建形成一个整体，而各个环节都需要社会组织的法治化参与。应当在法律层面将社会组织纳入灾害应急体系，制定完善扶持灾害应急领域社会组织发展的法律法规，完善社会组织参与灾害应急的信息保障、资源整合法律体系，加强灾害应急社会组织自身法治建设，为社会组织参与灾害应急处置奠定法治基础。

**关键词**：社会组织 灾害应急 法律 对策

参与灾害应急是社会组织融入社会管理的重要路径，对推进社会管理体制创新意义深远。开展灾害应急的社会组织参与是聚集全社会力量，形成灾害应对强大合力的必然选择。新型灾害应急机制要求建立组织机构健全、动员渠道广泛、覆盖城乡的社会组织动员体系，争取包括各级企事业单位、社会组织、社区、宗教组织、家庭和个人在内的社会各阶层和广大公众的支持和参与，促成传统动员体系与新兴动员体系的优势互补，创造全社会协调一致、通力合作的局面，共同对抗并战胜灾害紧急状况。

## 一、提倡社会组织参与灾害应对的时代背景

灾害应急社会组织动员体系的提出，源于中国由计划经济向市场经济、由传统社会向现代社会转型的深刻时代背景。我国的市场经济改革确立了公有制为主体、多种所有制经济共同发展的基本经济制度，个体、私营等非公有制经济迅猛发展，逐步形成各种所有制经济平等竞争、相互促进的新格局。伴随市场经济改革不断深化，与市场定价机制和竞争机制相适应的社会领域，构成了有别于政治领域的市民社会空间，表露出愈发强烈的独立性与自治性。在公民社会中，契约

是行动的规则，自愿是前提，自治为主要内容。① 新时期应急救灾社会动员的开展，已经不能采取政府全面管控和操纵经济实体的做法。

社会组织应急动员制度的提出，适应了社会主义民主政治发展与传统"统治"模式的新型"治理"模式转型的要求。在传统的政治动员体制下，国家对社会实行全面的管制，政治权力高度集中且无所不能，伴随市场化改革的深化与国家开放度的提升，国家与社会的关系开始分化，国家权力和政治控制呈收缩与减弱的态势。② 公民权利与市场权利日益成长，国家再也不能强制推行以前那种运动式的、人海战术式的动员模式，社会自治机制的逐步扩大，要求国家行动要更多地依赖与社会群体、经济共同体的协商合作，原本以国家为唯一动员主体的动员体制正在逐步转变为多元主体构成的社会自组织动员体系。

社会组织动员理念反映了社会转型期政府角色的变迁及其职能的转变。伴随有限政府的确立与市民社会的成长，传统依靠国家权力强力推动的政治动员模式已经不能适应时代变革的要求，灾害危机的管理应该由偏重政治动员走向依靠社会自主动员，实现从"对社会动员"向"由社会动员"的转变。民主法治国家内的社会动员，已经摒弃了命令和强制的方式，政府活动在公共议政的平台上，激发和凝聚起公众同心协力应对危机的强大意志，并以法治化、制度化的方式付诸行动。在危机状态，国家依据宪法和法律的授权，宣布紧急状态，实施特殊状态下的应急规范，引导或激励政府部门、社会组织和个人形成应对灾害事件的协同参与行为。

## 二、灾害应急的严峻形势与社会组织法治化参与的现状

社会组织在灾害应急法治体系中发挥独特、不可取代的作用。非政府组织、民间力量与政府机构一道，共同构成灾害应急动员的主体，二者依托组织体系与信息发布渠道，凝聚公众意志，促成动员民众齐心协力处置公共安全危机事件。社会组织利用自身的专业特长和多样性服务，通过提供具有公益性质的社会服务，搭建公共信心传递平台，凝聚社会资源与社会力量，拓展和完善公共安全管理的制度体系，弥补政府在资金、人力以及信息上的不足。

当前，我国正处于经济社会发展的重要战略转型期，自然灾害的频繁发生，事故灾害多发易发，公共卫生事件和社会安全事件集中涌现，将中国推向风险积

---

① 邓正来：《市民社会理论的研究》，中国政法大学出版社 2002 年版，第 7 页。
② 康晓光：《权力的转移——转型时期中国权力格局的变迁》，浙江人民出版社 1999 年版，第 102—106 页。

聚、突发事件频发的时代。伴随工业化、城镇化进程的加快，各种传统非传统安全威胁和不稳定因素增多，公共安全领域内的风险大大增加，这些风险集中表现在：自然灾害天灾不断出现，并且与对自然资源无节制开发所造成的生态环境破坏，以及人类生产生活所形成的工业污染与生活污染，相互交织，加重了灾难危机事件的破坏性；公共设施网络复杂而又脆弱，系统性风险骤升；食品安全、传染病疫情所引起的突发性公共卫生事件发生概率增大；高频率的人员流动与高密度的人口聚集，使得公共安全事件极易向更大范围传播和扩散。

而当前社会组织参与灾害应急的现状已经不适应日益严峻的公共安全形势，社会组织的独立性、专业性以及制度化建设也滞后于公共安全应急的要求。我国民间社会组织的力量依然弱小，缺乏独立自主性，专业分工不足。诸如灾难救助、应急动员、紧急通讯等专业应对突发公共事件的社会组织仍很匮乏；[①] 灾害应急领域社会组织的组织架构、管理机制、监督机制不健全，自身的危机动员、信息收集与传递、应急处置的能力不足，在应急管理流程中效率低下；基层社区以及农村地区的应急社会组织力量薄弱，公共安全应急体系的基础不牢固。

其一，灾害应急领域社会组织法治建设薄弱首先表现在，社会组织在应急法规、预案中的地位、作用、职责规定得不够具体明确，社会组织参与公共安全应急缺少全面、有效的规范指引。就现行灾害应对体制的法律调整体系而言，《突发事件应对法》《防洪法》《防震减灾法》等基本法律，国务院制定的《气象防灾减灾条例》等行政法规，以及国务院部门的多项总体预案、专项预案和部门预案，对社会组织参与灾害应急有关的防灾规划、信息传递、应急救援工作机制规定得并不完备，内容仍然存在针对性和操作性的不足。

其二，应急指挥框架的协调职能亟待进一步拓展，社会组织参与灾害应急信息系统功能有待增强。突发事件应对法确立的统一领导、综合协调、分类管理、分级负责、属地管理为主的应急管理体制，突显以行政为主导和中心的模式，然而，大的灾害事件中又出现各类民间救灾组织、非盈利服务团体以及志愿者群体组织，众多的具有差别管理结构和组织特点的救灾部门与力量，要求传统的部门型、单兵种的灾害应对体制应当向综合型灾害应急中心转换，构筑包括区域、节点和多个管理层次以及畅通的指挥系统。[②]

其三，应急资源的管理、整合规范仍不健全，国家应急资源系统与社会组织应急资源体制结合不够紧密。法律中缺少关于多领域资源共享和调用平台建设的

---

① 张小明：《我国减灾救灾应急资源管理能力建设研究》，《中国减灾》2015 年第 3 期。

② 孙迎春：《现代政府治理新趋势：整体政府跨界协同治理》，《中国发展观察》2014 年第 9 期。

内容，应急队伍、物资保障的共享和统一配置机制还没有建立，导致人员、信息等资源难以快速集成，削弱了政府与社会相互增强与促进的应有功效；效率化管理的原则并没有上升到基本原则的高度，对于应急救灾资金的划拨、使用，以及物质品的调配，相关技术性规则依然薄弱。

其四，灾害应急社会组织规范层次较低，对登记管理和日常监督管理规定得多，对其应有的权利保障不够。社会组织立法带有较重的政治与行政色彩，日常监管依靠相关的政策和内部文件，随意性很大；政府部门设置和执行各种烦琐复杂的审批程序上，对政府活动的监督和对公共事务的参与规定得不够，政府转移、下放职能如何行使和管理的问题，缺乏相应的法律规范。

## 三、社会组织参与灾害应对与处置的法律对策体系

社会力量自身动员机制的形成，依托于社区等基层单位，借助于非政府团体、志愿者团体等社会组织，紧密贴近群众，使社会动员不留死角。政府和社区、社会组织间建立起有效的合作机制，保持稳定的协作关系和顺畅的沟通渠道，逐步形成党和政府主导、单位和社区及社会组织协同、广大群众积极投入的新型社会动员机制。政府有责任确立社会组织的法律定位，利用法规指引、扶持等手段，整合社会资源，拓宽社会组织参与渠道，构建合作体系与机制，激励社会组织的广泛参与，构建统一指挥、专群结合、协同应对、社会联动的工作体系，实现社会预警、社会动员、快速反应、应急处置的整体联动。

### （一）首先应当在规范层面将社会组织纳入应急预案和指挥体系

在突发事件应急法规、规章，各级政府的应急预案、预案管理办法以及实施细则中写明社会组织在应急管理体系中的地位、权利、责任、参与方式，明确与政府及工作部门的合作协同机制，以法治推进社会组织的规范化进程，给社会组织参与危机管理提供法律依据。在"横向到边、纵向到底"的应急管理预案体系中，将社会组织的参与纳入整体规划，对社会组织的角色、活动平台、行动手段等予以明确。制定各种类型突发性事件的专门预案，要充分吸收社会组织参与，凝聚社会群体的意见，加强公共安全的科学规划与合理布局，科学设定公共安全标准和基础设施建设方案。尤其应当重视社区、农村应急预案编制，推动应急管理进单位、进街道、进社区、进楼院，保证应急预案体系落实到基层。要突出社区基层组织网络在公共安全法治体系中的基础性地位，密切社区居民和当地社会组织的交流与协作，系统整合供水、供电、供暖、交通、通讯，气象、防灾等诸多公共安全子系统的各项工作，充分依托社区管理组织，增强社区的居民动员、

应急救援、信息预警功能,将公共服务与公共安全统一于社区平台,广泛组织社区居民积极参与到公共安全治理。

为了促进人、财、物、科技等各种资源在应急动员中发挥最大的配置效益,应当将政府部门与社会组织应急救灾系统进行对接与整合,统一对人、财、物等各种资源进行指挥和调度,从而建立起集公共管理、灾害动员、现场应急、执法、救援服务等多方面功能于一体的综合性应急动员体制,形成快速有效、整体协调、相互配合的动员组织指挥体系。实现这一目标,一方面,应当建立跨部门、跨行业的应急处置与社会组织动员相统一的法律框架,建立一个多维度、多领域和多级次的综合、联动、协作平台,对动员法规和有关部门的应急处置法规、应急预案实施跨界掌握和协调;另一方面,按照"总体筹划、衔接紧密"的原则,无缝衔接综合预案与各部门、各行业的专业预案,使之协调统一、相互补充,从根本上保证社会组织应急动员的及时、有序、高效。

**(二) 制定完善扶持灾害应急领域社会组织发展的法律法规**

从现代治理理论来看,政府部门只有与民间组织确立合作、协商、伙伴关系,由社会团体、民间组织分担救灾动员的功能,在良性互动中开展对公共事务的管理,才能有效实施社会动员。[①] 因此,政府机构应降低门槛,通过法规指引,落实各项优惠措施,扶持民间组织的壮大,在某些与灾害救助有关的领域与行业中,鼓励建立专业的民间组织,广泛吸收公众参与灾害救助行动计划的教育、培训、出版和研究等活动,解除制约社会组织蓬勃发展的诸多束缚。按照培育扶持和依法管理社会组织的方针,修改相关法律法规,改革现行的社会组织审批登记和管理制度,取消前置条件,实行备案制,清除对社会组织的限制与阻碍,为社会组织的加快发展与繁荣创造良好的发展环境。与此同时,为了提高社会组织的政治地位和社会地位,不断发挥其重要作用,也要完善立法,健全体制机制,规定社会组织对政府公共管理活动的监督和对灾害应急决策、行动的参与制度,建立法定的政府应急管理部门与专门领域社会组织定期的、常规化、制度性的交流和意见反馈制度。

按照数量适当、分布合理、设施健全、功能完善的发展原则,把社会组织的培育发展、人才队伍建设、城乡社区建设以及社会公共资源的整合,纳入经济社会发展规划和公共安全保障计划,从思想宣传和制度化建设两个层面加以培育和发展,在文化、技能、组织和管理等方面加以充实,推动应急领域社会组织自治

---

① 吴开松:《危机管理中的社会动员研究》,《兰州学刊》2009 年第 1 期。

功能明显增强，以及服务应急建设有力有效。要建立健全法律法规保障扶持体系和发展激励机制，有序地转移公共安全管理职能，坚持把更多的公共安全服务事项转交基层社会组织承办；要在资金资助、税收、信贷、场地、用地、资源、人才、待遇等方面出台扶持办法，建立灾害应急领域社会组织发展专项基金和扶持基金，制定专门的财政扶持和税收优惠举措，加大法律体系完善、制度供给、适度监管及必要公共服务等方面的保障扶持力度。

**（三）完善社会组织参与灾害应急的信息保障法律体系**

信息系统在整个灾害应急体制中居于至关重要的地位。社会组织的参与涵盖了作为灾害应急系统组成结构的信息收集、传递、汇总、共享等紧密联系、相互影响的链条。改进灾害应急信息系统的方面是：首先，要加强政府的统一指导与宏观统筹，实现社会组织行动计划与国家整体规划的对接，通过设立专门的机构来组织协调社会组织参与灾害应对的活动，建立政府与社会组织之间对信息资源的同享机制，促进政府与社会组织间以及社会组织相互之间的沟通协调与资源共享；其次，在法律中增加与社会组织沟通的先进技术手段，丰富灾害初发时灾害信息搜集与传递的途径，提升灾害实时信息发布和反馈的科技水平；在信息加工处理的阶段，贯彻《突发事件应对法》第 40 条的规定，推广信息会商制度，通过构建由行政部门、非政府组织有效互动的信息处理机制，推动应急决定具有科学性论证与效率化的基础；再次，法律中应当明确政府在第一时间公布救灾信息的责任，以及公共媒体作为信息共享平台的角色，强化法律约束的效力，缩短灾害刚发生时的"灾害情报空白期"。通过建立面向广大社会组织的灾害信息的政府通报制度，增强应急救灾体制的信息化水平，促成应急救灾中人员行动、资产管理、物质品调用等各类因素与信息系统的结合，发挥各个组成部分与信息系统的协同效应；最后，要运用现代信息和网络技术对社会动员体系进行信息化改造，利用电子邮件、手机短信、公告和在线学习等系统，深入开发信息体系的舆论引导、活动组织和载体建设等功能，实现数据收集、传输、储存、管理的数字化，加快构建上下协调、左右相连、互联互通的信息网络体系，实现国家与社会组织机构在信息资源上的一体化。

相关法律要促进社会组织，尤其是基层社区组织，融入各类突发公共事件的监测预警网络，通过加强公共安全应急的机构、人员和通信等各类监测预警系统建设，做好风险隐患普查和整改，强化风险预警功能，不断提高预测、预警水平，增强灾害应急系统的快速应急反应能力。运用现代信息化技术手段，建设面向社会组织的灾害发现、报告、评估、应急响应的信息发布系统，利用社会组织广泛接触群众、贴近群众生活的优势，在信息采集、汇总、使用等环节加强统筹协调，提升社会动员的功能与效率；通过把社会团体和城乡群众自治组织纳入统一互联的社会公共管理信息平台，组建公共安全危机事件的应急预警、报警和信息发布的严密网络，实现社会公共管理信息资源有效发布与及时共享。

### （四）创建政府与社会组织资源整合共享的法律系统

资源是产生救灾用途和应急价值的人、财、物的统称，创建资源管理规范系统的宗旨在于实现资源的优化配置，促进资源要素的有效结合，增进资源配置的效益水平。灾害应急要求有相应的资金投入、物质调配以及人力的动员，现今时代条件下，救灾资金渠道日益拓宽，政府财政、慈善组织筹集与民间捐资并存，而应急物品的种类不一而足，大多涉及生存必备品、医疗用品设备以及其他类型的救援装备，指挥人才、管理人员、专家团队则构成资源系统中的人力资源部分。应当研究并制定专门的应急规则体系，规范应急物质的征用、政府鼓励捐助以及对慈善组织资金监管等问题，通过着重推行救灾资金和社会捐助的公开和公示制度，建设应对突发公共事件的社会资源保障机制，协调政府与公益性组织、国家与民间社会力量在资源管理上的差别与冲突；要立足于增强公共安全应急保障能力的宗旨，充分整合各种类型的社会组织在公众救护、医疗服务、公共设施、物资支持、交通、通讯、消防、信息等方面的人员和力量，并且以各类慈善团体、基金会组织为纽带，凝聚、整合庞大而分散的民间资源，高效利用现有资源存量，形成应对各类公共突发事件的合力。[①]

《突发事件应对法》提明了应急资源的概念，根据该法第 26 条的规定，县级以上人民政府应当整合应急资源，建立或确立综合性的应急救援队伍。专业应急救援队伍、成年志愿者应急队伍、各单位职工应急队伍，相互补充，形成合成应急、协同应急的力量。作为贯彻这一规定的举措，在政府专门的紧急救援专业队伍之外，政府机构应降低门槛，通过吸引民间资本，发动群众力量，积极发展应对灾害救助的民间社会组织，广泛建立各类专业或非专业的抢险救援队伍。在组建政府各专业救助力量的基础上，按照救治、保障、医疗、信息、宣传等功能区分，组建以应急救援专业队伍、医疗救援队伍、资源保障队伍、技术专家队伍、应急心理护理队伍和志愿者队伍等构成的专业或非专业的应急服务队伍体系；应当以社区或专业机构为单位，招募有专业特长的社会志愿者，加强对灾害救助行动的宣传教育和技能培训，积极引导、管理、培育灾害救助专业性社会组织的发

---

① 龙春霞：《突发事件应急管理中的社会资本研究——基于社会组织和社会参与的视角》，《前沿》2010 年第 23 期。

展。在广大镇街、乡村，要建立与地域管理职能相匹配的应急救援队伍，通过发挥专群结合救助队伍的作用，逐步整合现有各类专业救援力量，形成"多位一体、统一高效"的应急救援系统。

### （五）加强灾害应急社会组织自身法治建设

要完善立法体系与执法监管，以国务院关于社会团体、民办非企业单位和基金会管理的三个条例为基础，抓紧制定规范社会组织管理的总体法规，规范其法律地位、主体资格、登记成立、组织形式、活动原则、税收待遇、监督管理、内部自律、法律责任等内容，与正待制定或审定的《慈善事业法》、《志愿服务法》、《社会工作者条例》等社会领域法规应当相互衔接，推动形成统一协调的法律体系。进一步完善《民法》等上位法关于法人的分类，增加公益法人或者财团法人等类别，明确民办非企业单位和基金会的法人地位；明确社会组织国际交流和合作的法人地位，确立社会组织法人地位与机关法人地位之间的对等关系。要改变社会组织登记管理法规以程序性规定为主，缺乏实体性规范的现状，结合财政、税收制度等社会政策对社会组织实现分类登记、公益服务购买和税收优惠，增加监督管理和培育扶持的内容，将政府的培育发展和监督管理职责落实到位。灾害应急领域的社会组织要从职能、机构、工作人员、财务等方面与政府及其部门、企事业单位彻底分开；社会组织自主经营、自我管理，拥有独立的利益、独立的事务、独立的意志、独立的权利义务和独立的责任；制定政府保障社会组织自主化、社会化与民主自治的制度，依法保障社会组织独立、公开和自律。

按照法人地位明确、治理结构完善、管理运行规范的要求，制定完善加强灾害应急社会组织内部治理的政策规章，引导社会组织制定相应的自律工作章程、工作程序、工作职责，依法进行自律性管理，依法完善内部自律运作，做到程序规范、管理透明、严格自律，提升公信力和服务能力。社会组织制定本组织章程，明确自身在灾害应急方面的使命和职责，依法规定设立、成员、业务与权利义务、职责等方面的内容，完善与突发公共安全事件应对相适应的管理制度和工作机制，提高有效处置公共危机的专业化服务能力。社会组织依法实行民主管理、民主监督，形成民主决策制度；依法将其活动和财务等情况向社会公开，接受社会力量、捐助者和公众的监督。社会组织达到一定规模，必须接受独立第三方的审计，邀请社会各界代表、专家组成评议团，每年对社会组织的服务项目、收费标准、诚信建设等方面进行评议。

# 公安消防部队应急抢险救援中的外媒应对策略研究①

郭其云 杨 煦

（中国人民武装警察部队学院 廊坊 065000）

**摘 要**：当前，公安消防部队在应急抢险救援过程中，应对外媒的能力与危机公关的意识亟待提高，有关部门和从业人员应当转变理念，扭转对外媒固有的对立思维，通过加强顶层设计，培养专业的外媒应对人才，向外媒提供有影响力的信源、合理回答记者提问等方式引导利用外媒，宣传消防部队的正面形象。

**关键词**：公安消防部队 应急抢险救援 外媒应对

正如库伯指出的，当新闻媒体"建立一个完全控制国际新闻传播体系，并在世界各地设立分支媒体的时候，它们实际上掌握了各国民众相互了解的决定权，同时也控制了解释新闻意义的权力"②。外媒在很大程度上充当了世界了解中国的窗口，在能够引爆媒体关注焦点的应急抢险救援中，公安消防部队凭借其英勇顽强、敢于牺牲的救援行动为中国政府赢得了良好形象，为议程设置提供了诸多优秀素材。

但是在应急抢险救援过程中，公安消防部队由于自身国际公关意识孱弱、外媒应对能力匮乏，导致其在塑造自身国际形象上仍存在诸多不足。具体体现在：对外媒应对重视度不够、外媒应对的制度机制设置不全面、外媒应对的专业人才紧缺、提供给外媒的信源信息针对性有待加强、新闻发布会议程设置欠妥、应答技巧不熟练等方面，应当引起我们的高度重视与认真反思。因此，在自媒体高度发达的今天，有必要优化公安消防部队在应急抢险救援行动中的外媒应对策略，

---

① ［基金项目］本文系河北省科技厅软科学计划项目《京津冀一体化背景下应急救援力量协同机制研究》（项目编码：154576126D）、河北社科基金项目《面向智慧城市的公共安全治理模式研究》（项目编码：HB15GL003）、教育部社科基金《基于受灾点满意度的大规模突发事件应急初期快速消费品的调度研究》（项目编码：14JAZH071）、河北社科基金项目《消防部队在突发灾害事故中应急救援宣传保障机制研究》（项目编码：HB16XW022）、国家社科基金项目《农产品质量安全的跨域组织的应急联动系统研究》（项目编码：15BGL182）、国家社科基金重点项目《新型城镇化进程中的长三角区域农民利益诉求形态及其治理机制研究》（项目编码：15ASH011）的阶段性研究成果。

② K. Cooper, Barriers Down: The story of The News Ageney Epoeh ［M］. New York: Farrar&Rinehart, 1942, 7 - 8.

以尽可能全面、充分地展示公安消防部队竭诚奉献、服务人民、英勇顽强的良好形象。

## 一、主动转变理念：由对立思维转为合理利用

长期以来，由于种种原因，官兵对外媒多多少少存有一种抵制或对抗的思维定式。表现为：或刻意回避，不予理睬；或应对不当，简单粗暴。如在近期发生的某爆炸事件中，某单位人员采取遮挡、按压摄像机镜头的方式，强行阻止美国CNN记者在爆炸现场非指定区域内进行的采访，其过程被实时直播的摄像机全程传至美国CNN新闻台，不利于在国际上树立消防部队的良好形象。

这种对立思维之所以长期存在，究其原因，首先，可溯源至新中国成立后我国政府本着"另起炉灶""打扫干净屋子再请客"的原则，对外媒采取了极为严格的管控，随后在阶级斗争中极"左"思潮、冷战思维的影响下管控程度进一步加深。虽然这种敌对意识随着改革开放后我国政府国际自信的增强，特别是《中华人民共和国外国常驻新闻机构和外国记者采访条例》的出台在表面上逐渐冰消瓦解，但仍不同程度地内隐于官方意识形态之中，进而外显于部分政府官员和部队官兵的具体行为上。其次，由于国际舆论场上的西强东弱态势，外媒特别是西方媒体始终对我国抱有偏见，在报道过程中有着较强的对立性和意识形态斗争倾向。最后，公安消防部队作为一支部队，其对保密工作的重视使得官兵在对待外媒的态度上天然带有一种审视的眼光和警惕的态度。

种种原因使得官兵在应急抢险救援过程中对外媒有着本能的拒斥倾向。然而拒斥只会加剧矛盾滋生和恶意报道，合理引导并加以利用才是应循正道。部队应当教育官兵转变这一对立的思维模式，使之明白：在应急抢险救援过程中，外媒既不是部队与政府的朋友，也不是敌人，外媒只是一种力量。虽然这股力量常伴有原生性的攻击倾向，但在摸清其宣传规律的前提下可通过一定手段与其形成良性的互动关系，进而传播我方所设置的媒体议程。

我们认为，对待外媒应秉持"有礼、有利、有节"的基本原则，"有礼"即以一种积极友善的态度面对外媒，而不是"无可奉告""彬彬有礼"式的强硬态度；"有利"即向外媒提供他们感兴趣的信源，在应急抢险救援过程中，外媒关注的信源特点可初步归纳为三点：正面信息与负面信息并重、政治色彩与人性关怀并重、严肃性与娱乐性并重；"有节"即在应对外媒的过程中正确区分原则性与灵活性，在原则性问题上毫不让步，对外媒越界要求予以拒绝，对其报道中的无理攻击乃至恶意歪曲要善于、敢于有理有据地予以反驳。

## 二、加强顶层设计：健全消防部队媒体应对机制

消防部队应急抢险救援行动所面对的事故灾害往往事发突然，其成因较为复杂，且容易造成轰动性效果，短时间内吸引各方力量汇聚、关注，各种矛盾尖锐对立，事件的复杂性给政府和部队的宣传工作带来了极大挑战。同时，外媒对于消防部队这支灾害救援的核心力量异常关注，倘若消防部队在外媒应对上处理不当，势必影响消防部队乃至党和政府的国际形象。

因此，消防部队各级领导干部必须高度重视重大灾害事故应急抢险救援过程中的外媒应对，加强顶层设计，健全外媒应对机制。

1. 建立舆情研判机制。支队及以上级别的消防单位应当建立舆情研判机制，由主要领导负总责，分管宣传工作的领导全面负责，并指定专人搜集、监测与消防部队相关的舆情信息，做好应对预案。平时状态下主要从网络获取舆情信息，分析研判消防部队舆情动态，预测可能出现的舆情危机，及时向上级汇报并进行公关；当部队处于执行应急抢险救援的作战状态下，且事故、事件影响极大有外媒介入采访时，应当扩大舆情信息采集面，将拥有在华采访权的外媒电台、电视台、报社等媒介播报的与消防部队相关的新闻纳入舆情分析对象之内。若单位缺乏外语人才，可求助于高校新闻、外国语等专业专家，借助高校雄厚的师资力量为消防部队提供可靠的舆情信息。在采集大量外媒舆情信息后，对其进行分析研判，预测外媒下一步的舆论报道趋势。若有利于我方，则为其提供更多的正面信源信息；若不利于我方，则及时向主要领导汇报，采取适当的公关措施，将不利舆情解决在萌芽状态。

2. 建立宣传保障机制。在突发公共事件应急救援中，宣传保障具有前瞻性、统筹性的重要作用①。影响重大的应急抢险救援行动，消防部队中负责摄像、照相、文字等工作的宣传人员要第一时间随警出动，迅速搜集第一手资料，及时主动地向包括外媒在内的新闻媒体提供信源素材，与媒体形成良性互动，并借此了解他们的报道方向，并进一步掌握舆论导向，形成有利于塑造政府和消防部队形象的舆论环境。

3. 建立专人对口沟通机制。支队及以上级别的消防单位应当指派政治素质高、应变能力强、沟通表达好的人员作为重大应急抢险救援行动中的新闻发言人，在平时通过会议代培、集中培训等方式强化他们的媒体应对能力。这些新闻

---

① 夏一雪：《关于加强突发公共事件应急救援宣传保障工作的思考》，《中国应急救援》2012 年第 7 期，第 22—23 页。

发言人的主要职责有二：一是在应急抢险救援行动中按照党委、主要领导的指示分阶段地召开新闻发布会。二是当媒体尤其是外国媒体在消防官兵救援过程中询问一些涉及敏感信息的问题，譬如灾害原因、财产损失、救援进展、事故责任、查处情况等问题时，统一交由新闻发言人进行回复和应对。

### 三、加强技能培训：院校和部队共育专业人才

随着消防部队在日常工作中受媒体的关注程度日益提高，消防部队已经越来越认识到媒体应对的重要性，2015年公安部关于"四项建设"的有关规定，也就加强媒体应对能力建设提出了具体要求；近年来，部分总队、支队单位邀请军地宣传专家为部队讲授涉警负面舆情应对、重大火灾中的媒体应对等类型的课程；警官培训基地为晋职培训的干部学员开设了模拟新闻发布会的演练课程。这些授课、演练为提高消防部队媒体应对能力做出了一定贡献，但仍存在不足之处。授课、演练等教育方式能够提升学员对于媒体应对的重视程度，但其作为一种短期培训难以较大幅度地提高学员的实际应对水平。因此，需要借助院校的师资力量，通过系统的理论学习与实战模拟演练相结合的方式，培养出堪当消防部队新闻发言人的重任，妥善应对包括外媒在内的新闻媒体的专业人才。

1. 系统理论学习。专业的消防部队新闻发言人应当系统地学习与媒体应对相关的理论课程，因为部队的新闻发言工作不完全等同于地方政府，有其自身的特殊性，表现在新闻发布过程中自身身份的定位、涉密信息的处理、宣传界限的划定等方面上，应当将这些特殊性体现在教学内容之中。如武警学院开设的《部队外宣学》中就涉及了部队媒体应对的相关理论知识和实际应对技巧。消防部队应当合理利用这些师资力量，将指派的新闻发言人送至军事院校轮训，系统地学习媒体应对的相关理论。

2. 实战模拟演练。实战模拟演练以曾经发生过的消防部队重大应急抢险救援行动为背景，参与演练的学员应分为发言人组和新闻媒体组两个小组。演练共分三个环节：一是前期舆情收集研判；二是召开新闻发布会；三是会后媒体宣传趋势分析。这三个环节分别训练了学员分析现有舆情、研判媒体与群众最关心的问题和制定发布会主要内容的能力；主持新闻发布会和应对媒体记者提问的能力；评估新闻发布会效果，预测媒体下一步宣传趋势以及如何公关的能力。通过这种贴近实际工作情况的演练，能够较好地提升学员的媒体应对能力。

### 四、敢于主动出击：提供有影响力的信源信息

在应急抢险救援中，若来自官方的信源、渠道受阻，或官方提供的信源信息

量有限，甚至背离基本事实，外媒往往会根据自身的思维定式搜集、解读其愿意接受的信息，在很大程度上容易加深外媒对于中国国情、灾情以及政府应对等一系列问题的偏见。为此，公安消防部队作为灾情处置者所掌握的大量信息决定了其应当担当起信源发布者的任务，实现对待外媒的"有利"原则。

1. 外媒关注正面信息与负面信息并重的信源。尤其是在应急抢险救援中，所处置的事态或事件大都具有损害性和破坏性，应急发布的信源不可避免地具有负面性。倘若部队在信源发布过程中只注重正面信息，一味宣扬所做出的贡献和成绩，否认其中的负面消息，必然不能获取外媒的认可。应当在合理范围内兼顾正面信息与负面信息的比例，并且敢于发布负面信息是政府、部队对于灾情处置的一种自信表现，受众不会因为部分负面消息的发布而恐慌，舆论反而会趋于稳定。

2. 外媒关注政治色彩与人性关怀并重的信源。所谓政治色彩，即政府部门在灾情中化"危机"为"转机"，宣传政府处置决心，提升政府形象的宣传内容，含有一定的意识形态色彩。所谓人性关怀，更多是从道义层面上对受灾者的悲悯与怜爱。虽然带有政治色彩的宣传内容中也内含了对灾民的关怀，但两者的根本区别在于话语表述方式的不同。中国官员及军队干部受限于政场对个性剥离的传统，在公众场合往往不展现出过多的情绪表达，甚至灾情发布过程中也是如此。此种传统在一定程度上限制了我方与外媒的互动，反观西方领导人，如里根总统在"挑战者号"航天飞机失事后进行的演讲，兼顾政治色彩与人性关怀，值得借鉴。

3. 外媒关注严肃性与娱乐性并重的信源。外媒特别是西方媒体大都商业性质突出，其核心属性决定了它们的新闻定位注重眼球效应，娱乐性成为其媒体报道必不可少的要素之一。智利矿难救援报道堪称个中楷模，智利政府在矿难救援工作的 69 天中，每日都为来自世界各地 200 多家媒体的 1 300 多名记者发布兼有人性化与戏剧化的亮点新闻，譬如井下矿工向未婚妻求婚、妻子和情妇在救援现场打架等花边新闻，使得原本沉重的救援新闻凸显了亲情、友情、爱情的普世关怀①。此种做法我们可以适当借鉴，但限于国民性格与国情实际，在灾情中应当慎重把握娱乐性信源的度。

## 五、注重应答技巧：充分把握新闻发布会上的答记者问

在应急抢险救援新闻发布会上答记者问的环节中，应答过程不应仅仅只视为

---

① 梅文慧：《信息发布与危机公关》，清华大学出版社 2013 年版，第 144 页。

"回答"的过程，同时也是"发言"的过程，应答人可通过有策略的回答引导媒体接受某种观点，进而赞成某种立场。在问题设置方面，外媒记者较我国记者更加尖锐，提问形式更加丰富，惯于运用诱导法、插问法、激将法、反问法等方式，这就要求应答人能够娴熟掌握相应的应答技巧。

1. 记录要点，把握问题的核心逻辑。应答人应当准备好纸笔，倾听记者陈述的前提、结论和问题，并且迅速记录其核心要点。此步骤不仅表达了对记者的尊重，还便于应答人将顺记者发言逻辑，条分缕析地概括其核心问题。此方法应对记者发言内容较多，可能涉及追问和提问陷阱时尤为有效，应答人在整合记者提问后，以己方思维逻辑为主导，择其核心问题作答，能够避免陷入记者的逻辑陷阱之中。

2. 言辞简洁，复杂的问题转换方向。传播学中有 30 秒定律，即电视观众在 30 秒内得不到有价值的信息就会换台，应答过程同理，简洁往往意味着力量。面对一些复杂问题特别是难以回答的问题，过分纠缠于答复问题往往难以取得良好效果，此种情况下如何删繁就简、转换问题导向是发言人的必备本领，具体方式有：概况问题具体回答，具体问题回答概况；不属于职责范围内的交由专业部门回答；对于来意不明的问题揪住问题中一个关键词进行语意转换。例如外交部发言人姜瑜面对记者的提问"在德国，德国公民能了解德国总理的子女及其财产情况，在中国能吗？"答道："当然能，中国公民也能了解德国总理的子女财产情况。"

3. 善于回击，点破问题的逻辑谬误。运用逻辑的力量，将对方观点放大后找出其破绽，以显示其逻辑上的缺陷，从对方问题的逻辑中推出荒谬的结论，让记者的问题不攻自破[1]。还可对问题成立的前提予以否定，破其立论依据。例如李瑞环 2000 年访问香港，面对港媒记者的提问"您在讲话中强调了团结的重要性，这是不是指香港人不够团结？"李瑞环如是答道："如果我祝你身体健康，是不是你身体就不健康呢？"巧妙运用记者提问的逻辑缺陷攻破问题本身。

## 六、结语

公安消防部队在应急抢险救援中取得了较好的成绩，然而在外媒应对方面的工作还有所欠缺，不利于公安消防部队的形象建设。公安消防部队应当转变理念，调整固有的应对策略，化被动为主动，在新闻发布和应对记者的过程中扭转

---

[1] 梅文慧：《信息发布与危机公关》，清华大学出版社 2013 年版，第 144 页。

"官话过多"的旧的话语方式，转变理念，通过进一步加强顶层设计，培养专业的外媒应对人才，向外媒提供有影响力的信源、合理回答记者提问等多种方式引导利用外媒，为中国军队的国际形象建设做出应有的贡献。

## 参考文献

［1］K. Cooper，Barriers Down. The story of The News Ageney Epoeh ［M］. New York：Farrar&Rinehart，1942.

［2］夏一雪. 关于加强突发公共事件应急救援宣传保障工作的思考 ［J］. 中国应急救援，2012（7）.

［3］梅文慧. 信息发布与危机公关 ［M］. 北京：清华大学出版社，2013.

# 城市化进程中的新疆城市民族关系研究①

古丽米拉·阿林别克　范玉显

（新疆行政学院民族宗教理论教研部　乌鲁木齐　830002）

**摘　要：** 随着新疆各城市民族成分和城市人口的增多，各民族的传统文化之间必然有一个相互整合的过程，在这个过程中，各民族在风俗习惯、宗教信仰等方面必然要发生交流以及碰撞、摩擦，由此也会产生影响城市民族关系的一系列问题。新疆城市民族关系问题大多隐含于其他社会问题之中，决定了城市民族关系的错综复杂性、敏感性和重要性。我们必须妥善处理对当前影响新疆城市民族关系的各种问题，进一步促进新疆城市民族关系的和谐。

**关键词：** 城市化　新疆　民族关系　研究

随着新疆城市化进程的加快，各民族人口的综合素质不断提高，各民族之间的交往交流不断增加，平等、团结、互动、和谐实实在在已成为当今新疆城市民族关系的主流。同时，随着不同城市，不同民族人口双向流动的增多，也带来了城市民族关系的各种新问题。因此，在新形势下，对城市民族关系进行研究，妥善处理对当前影响新疆城市民族关系的各种问题，进一步促进新疆城市民族关系的和谐，赢人心、聚民心，为实现"中国梦"提供良好的环境，是摆在我们面前的一个重大而迫切需要解决的问题。

面对我们面临的各种新问题，我们需要根据新疆各城市民族关系的实际情况，系统和全面地对新疆城市面临的民族关系新问题总结归纳，对反映突出的重点问题开展深入的研究，努力在调查研究的基础上提出相应的对策措施。

根据这一指导思想，我们选择了新疆的伊宁市为调查地点。伊宁市是新疆民族关系成分很复杂的地区，研究主要方法以问卷调查为主。共发放问卷300份，回收有效问卷289份。有汉族、维吾尔族、哈萨克族、蒙古族、回族等民族，其中汉族102人，维吾尔族111人，哈萨克族40人，蒙古族2人，回族23人，其

---

①　［基金项目］本文系国家社科基金项目"城市化进程中的新疆城市民族关系研究"（14XMZ056）阶段性成果。

他民族 11 人。样本分布情况如下（见表 1）。

**表 1　被访者的民族成分（2015 年调查）**

| 民族成分 | 人数（人） | 百分数（%） |
|---|---|---|
| 汉族 | 102 | 35.3 |
| 维吾尔族 | 111 | 38.4 |
| 哈萨克族 | 40 | 13.8 |
| 蒙古族 | 2 | 0.7 |
| 回族 | 23 | 8.0 |
| 其他民族 | 11 | 3.8 |
| 合计 | 289 | 100.0 |

## 一、新疆的城市化进程

城市化是指随着市场经济的不断发展，农村人口大量向城市集中，城市的数量不断增加，城市规模不断扩大的历史过程。城市化的过程实质上是一个社会现代化的过程，是现代化的必由之路；城市化的过程就是城市多民族化、文化多元化的过程；城市的多民族化、多元文化是城市的资源和财富，是城市发展的源泉和动力。

新中国成立后前 26 年，新疆的城市化水平低于 30%，处于城市化水平较低、发展缓慢的初期阶段。

改革开放以来，与国内其他省区一样，新疆的城市化进程也大大加快。城市化的核心问题是人口的城市化，其表现形式是人员的大量流动。如新疆的人口城市化率有 2004 年的 35.15%，2010 年的 41.3%，2011 年的 42.84%，2012 年的 44.0%，2013 年的 44.5%，2014 年的 46.07%，再提高到 2015 年的 47.02%。2015 年新疆城镇常住人口 1115 万人。目前，占全区国土面积 1.46% 的城镇区域，却创造了全区 64% 的国民生产总值和 70% 的财政收入。[①] 当前，新疆城市化发展态势正处在向大、中城市集聚化的发展阶段，进入了城市化水平迅速提升的中期加速阶段。

## 二、城市化对新疆民族关系的影响

从现实来看，在全球化、市场化、信息化和城市化的四中背景下，封闭的民族社会不可能存在，地区间、民族间的交往交流和人口大流动已经成为不可阻挡

---

① 志恒，秦交锋，牛汝极：《加快新疆城市化步伐》，新华网，2010 年 3 月 5 日。

的历史潮流。从深层角度来看，新疆城市化进程的加快，会对新疆城市民族关系产生正面和负面影响。

**（一）正面影响**

1. 城市化的推进，加强了各民族之间的联系

城市为各族群众相互交往交流交融提供了一个更为便捷通畅的平台，使各民族之间在经过了不断的摩擦、隔阂等磨合过程之后，在相互认识、了解、认可的前提下，构建出一种和谐的民族关系。随着新疆城市化进程的加快，不同城市，不同民族人口双向流动达到了空前的速度和规模，各民族之间的交往交流交融越来越增强。于是在城市生活中，各民族不是孤立存在的，而是要进行各种交往交流，建立多样化的联系。但这种交往交流不同于乡村的单纯，而是以多向为特征。一个民族的交往对象不是一个或两三个，而是多个，在有些城市中甚至达到十几个乃至几十个，作为多民族地区，新疆在城市化进程中同样伴随着大量的各民族成员进入城市，进行各种交往交流交融，建立多样化的联系，就组成了城市民族关系的网络。我们在伊宁市的调查中已经感受到这一点。（见表2）如当问及"您有几个其他民族的朋友"时，回答10个或10个以上的汉族达到36.3%，维吾尔族达到50.5%，哈萨克族达50.0%，回族达34.8%，其他民族高达63.6%。进而言之，这种具有不同文化特征的各民族之间在城市化进程中的相互交流与沟通，对各民族相互了解、相互信任，促进民族关系、经济文化交流，以及促进新疆经济社会文化发展，提高各民族人口素质和生活质量，都具有重要意义。

表2 伊宁市各民族的人际交往情况（2015年调查）

| 民族 | 您有几个其他民族的朋友？ | | | | |
|---|---|---|---|---|---|
| | 2个以下 | 3~5个 | 6~9个 | 10个或10个以上 | 没有 |
| 汉族 | 7.8% | 38.2% | 12.7% | 36.3% | 4.9% |
| 维吾尔族 | 16.2% | 17.1% | 10.8% | 50.5% | 10.0% |
| 哈萨克族 | 10.0% | 35.0% | 5.0% | 50.0% | 0% |
| 回族 | 13.0% | 47.8% | 4.3% | 34.8% | 0% |
| 蒙古族 | 0% | 50.0% | 0% | 50.0% | 0% |
| 其他民族 | 0% | 36.4% | 0% | 63.6% | 0% |

2. 城市化的推进，带来了传统观念的转变

城市化的推进突破了地域封闭性和少数民族观念的保守性，促使农牧区少数民族成员从自然经济和传统小农经济的束缚中解放出来，走出农牧区来到城市，

在城市环境中学会跟不同的民族交往交流，学会适应城市生活以及生存，开阔眼界，带来了传统观念的转变。人们的生活观念、价值理念都将发生改变。一些来城市经商或务工的农牧区少数民族成员，与城市文明接触，意识到农牧区与城市在发展上的差距，认识到科学文化知识和能够熟练掌握汉语的重要性，自己加强学习，学习其他民族的优点，尤其注重培养下一代。这些原本生活的环境几乎没有使用汉语机会的少数民族流动人口，一旦来到大城市，就必然要跟汉族及其他民族的人打交道，尤其是一些做生意的人。在这种情况下，只懂得本民族的语言对他们来说就成了一种缺陷，明显限制了他们向更好的工作流动的机会。拥有一定的汉语水平，才有可能在收入稍高和较为稳定的单位就业。正是因为这些现实的语言瓶颈，他们在对待子女所接受的语言教育的选择上，有64.0％的维吾尔族人希望子女接受双语教育，有14.4％的维吾尔族人希望子女接受汉语教育，有80.0％的哈萨克族人，希望子女接受双语教育，有10.0％哈萨克族人希望子女接受汉语教育（见表3）。

表3　伊宁市各民族子女教育择校意愿（2015年调查）

| 民族 | 子女教育择校意愿 | | |
| --- | --- | --- | --- |
| | 民语学校 | 双语学校 | 汉语学校 |
| 汉族 | 1.0％ | 43.1％ | 55.9％ |
| 维吾尔族 | 21.6％ | 64.0％ | 14.4％ |
| 哈萨克族 | 10.0％ | 80.0％ | 10.0％ |
| 回族 | 0.0％ | 52.2％ | 47.8％ |
| 蒙古族 | 0.0％ | 0.0％ | 100.0％ |
| 其他民族 | 18.2％ | 45.5％ | 36.4％ |

**（二）负面影响**

**城市化的推进，使新疆城市民族关系具有复杂性和敏感性**

如前所述，新疆城市化加快、人口互动增速、生活方式和价值理念的聚变、民族意识增强等是加快新疆城市民族关系错综复杂性和敏感性的重要因素。

在新疆城市民族关系中，即存在不同民族间的经济利益关系，也有文化利益关系，既有世居民族问题，也有各民族流动人口等问题。新疆城市各民族在关注经济利益平等的同时，也逐渐重视民族政治地位的提高和民族文化的发展。尤其是在新疆城市中，传统文化与现代文化、乡村文化与城市文化、国内文化与国外文化、少数民族文化与主流文化等相互互动，不断地发生冲突与交流。另外，各民族的文化风俗、宗教信仰各异，特别是新疆城市中信仰伊斯兰教的民族较多，他们对本民族的风俗习惯、宗教信仰等有关问题更为关注，一旦发生问题，十分敏感。

总而言之，从内容上看，新疆城市民族关系问题涵盖政治、经济、文化、宗教等方面；从表现形势看，新疆城市民族关系问题大多隐含于其他社会问题之中，往往被人们忽视，有些事件的发生跨越多地区多部门，而一旦处理不及时、不妥当或受到国内外敌对势力的恶意挑拨，就会升级和扩大，以至酿成群体性事件，处理问题的难度加大。比如，2009 年的乌鲁木齐的"7·5"事件。

## 三、新疆城市化进程中的民族矛盾类型

在新的历史时期，新疆通过促进民族团结进步方面的大量工作，各民族之间的理解、信任不断增强，经济社会发展和民生改善成效显著，得到了各民族群众的衷心拥护。由此可见，新疆城市民族关系主流是好的，总体上是和谐的。但是，我们也不难看到，由于各民族的风俗习惯、宗教信仰等方面都具有差异性和多样性，由此也会产生涉及民族因素的矛盾纠纷。

### （一）民族意识方面的问题

新疆民族文化、风俗习惯、宗教信仰的多样性必然决定了新疆各民族意识产生途径的多样性。与此同时，以本民族自尊心和自豪感为主要内容的民族意识也会增强。民族意识的增强有利于唤起民族的自信心和进取精神，但狭隘的民族意识又是产生民族问题的重要原因。对于民族意识，必须看到其二重性，即，既有积极的方面，又有消极的方面。一方面，民族意识的增强在推进民族自尊、自强，维护本民族利益的同时，也使一些人过分强调自身的特点和利益，对其他民族的排拒情绪增大。另一方面，经济、文化一体化过程与民族意识增强也发生矛盾。整个社会的经济一体化在逐渐形成，统一的竞争环境及对效益的追求，使一些民族的传统文化逐渐衰退甚至趋于消失，文化的共同点增加。这种情况在城市中更为突出。一些人对这种一体化过程不能理解，不愿接受，甚至认为是"汉化"的作用。[①] 这种思想认识，如果引导失误或处理不当，再加上国际上一些极端民族主义思潮的负面影响，又容易导致狭隘民族意识的膨胀和抬头，进而为境内外民族分裂主义势力所利用，成为破坏民族关系的因素。

### （二）城市少数民族低收入群体问题

在企事业单位体制改革过程中，新疆城市少数民族职工的下岗，再就业问题以及少数民族流动人口的贫困问题，少数民族大学生就业难问题是当前城市民族工作不容回避的问题。近几年来，伴随着改革的不断深化而出现的职工下岗及流

---

① 厉声，等著：《中国新疆历史与现状》，新疆人民出版社 2006 年版。

动人口和部分城市居民生活水平下降，大学生就业难等问题在少数民族居民中同样存在。这些少数民族低收入群体，现在已经成为城市的贫困阶层。虽然有些少数民族下岗职工和流动人口、大学生也自谋职业从事个体经商活动，但在激烈的市场竞争下，步履艰难，收入没有稳定保障。同时，各民族间，主要是一些少数民族与汉族相比，整体上生活水平，技术素质等相对较低，家庭人口多，负担较重，在再就业、升职等竞争中处于相对弱势地位。一些人因此心理不平衡，有失落感和危机感。（见表 4）如在回答"您认为自己很穷么"时，维吾尔族被调查者中回答"是"的达 46.8%，回答"不是"的达 33.3%，回答"不清楚"的达19.8%；哈萨克族被调查者中回答"是"的达 42.5%，回答"不是"的达 37.5%，回答"不清楚"的达 20.0%。在新疆人口较多的两个少数民族认为"自己很穷"的百分比加起来高达 89.6%。城市低收入群体聚集是城市中最主要的不稳定因素，如果再加上在宗教和风俗习惯等方面的差异性，很可能成为酝酿城市骚乱事件的重要诱因。对这方面的问题，如果不采取切实有效的措施加以解决，将会导致一系列社会问题，这当然也包括民族关系问题。因此，逐步克服民族间发展中的不平衡状态，是解决新疆城市民族关系问题的一项紧迫的和长期的任务。

**表 4　伊宁市民汉经济状况比较（2015 年调查）**

| 民族 | 您认为自己很穷么？ | | |
|---|---|---|---|
| | 是的 | 不是 | 不清楚 |
| 汉族 | 7.8% | 76.5% | 15.7% |
| 维吾尔族 | 46.8% | 33.3% | 19.8% |
| 哈萨克族 | 42.5% | 37.5% | 20.0% |
| 回族 | 21.7% | 34.8% | 43.5% |
| 蒙古族 | 0.0% | 50.0% | 50.0% |
| 其他民族 | 27.3% | 54.5% | 18.2% |

### （三）城市流动人口问题

改革开放后，随着新疆城市化进程的加快，一方面，进入新疆的汉族越来越多；另一方面，新疆各城市中的各民族人口流动也在增加。进而言之，这种人口流动，对增进各民族相互了解、促进民族关系都具有积极意义。但是，由于人口流动和迁移会直接导致各民族人口相互比例的改变，他们的到来增加了城市容量的压力，或多或少地打破了当地人对自然资源、政治资源、发展资源的支配，进而导致生存和发展的竞争关系，加之各民族文化、宗教信仰方面的差异等问题相互交织，使得民族关系进一步复杂化。与此同时，流动人口的增加给城市管理也带来了相当大的难度和压力，不仅体现在给城市交通、公共设施、环境卫生等带来的巨大压力方面，还集中体现在工商管理、计划生育、民族宗教事务管理等方面。由于大多数流动人口从农村进入城市，受教育程度较低。例如徐平和于泷对乌鲁木齐市维吾尔族流动人口的教育水平的调查显示，88％以下的维吾尔族流动人口是初中及以下文化程度，文盲率达到了惊人的 17.4％，只有 2％的人接受过大专及本科以上教育，[①] 计划生育意识和遵纪守法的意识淡薄，加之劳动强度大，生活条件相对较差，工资收入较低，又自感社会地位低下，易造成心里不平衡，个别人铤而走险，实施盗窃、抢劫等犯罪行为，给社会造成巨大的治安压力。据新疆公安机关统计，发生的刑事案件中流动人口约占发案总数的 40％以上，治安案件约占发案总数的 60％以上。在一些流动人口集中的地方，流动人口违法犯罪率已高达 70％以上。参与 2009 年"7·5"事件打砸抢烧的犯罪分子80％是流动人口或是社会闲散人员。可见，流动人口违法犯罪问题已成为当前社会治安的一个突出问题，是影响社会稳定的一个重要因素。

### 四、促进新疆城市民族关系和谐的几点建议

从以上民族矛盾和问题中可以看出，城市化进程中妥善处理民族关系问题，对新疆今后几年，乃至几十年的稳定与发展具有重要的意义。因此，我们必须根据新疆城市民族关系问题的新情况、新问题做好以下工作。

#### （一）在多元文化认同的基础上强化国家认同，增强公民意识

我国 56 个民族成员首先是共和国的公民，然后才是具体的民族成员，我国的宪法和法律规定每一个公民的权利都是平等的，因而我们不应该过分强调民族之间的差异，而应大力宣传中华民族的多元一体性和民族间的文化认同，引导民族意识从属于国家意识，使民族自豪感与爱国主义精神相结合，树立正确的国家观和民族观。当然，作为一个具体的民族成员，维护本民族的利益和热爱本民族的文化是一个正常的现象，但不应该是盲目的热爱。我们的宣传应该引导人们正确认识自己的民族和民族文化，既要热爱和维护自己民族的利益，同时也要尊重其他民族的利益，更重要的是要热爱和维护国家的利益。现在的问题是，由于旧时代遗留下来的民族隔阂、民族偏见在现实生活中还存在，加上民族间的沟通了解还不够充分，一定程度上影响着城市民族关系。（见表 5）如当被问到"与其他民族成员在一起，您觉得有距离感吗？"时，汉族被调查者中回答"有距离感"

---

① 徐平，于泷：《乌鲁木齐市维吾尔族流动人口的社会排斥和融入》，《中南民族大学学报（人文社会科学版）》2011 年第 6 期。

的达到 28.4%，回答有"很强的距离感"的达到 7.8%，而维吾尔族被调查者中回答"有距离感"的达到 24.3%，回答有"很强的距离感"的达到 8.1%。虽然这些比例数字并不很大，但这无疑是产生民族隔阂的先兆，应当引起政府部门的关注。所以大力宣传和开展马克思主义国家观、民族观教育，在宣传各民族特性的同时，强调各民族之间的共性，在遵循"尊重差异、包容多样"原则的基础上，增进各民族之间的相互了解和相互信任，使之树立民族平等、民族团结的马克思主义民族观是减少新疆城市民族矛盾的有效手段之一。因此，一方面，我们要面对客观存在的差异，敢于正视，不能否认差异只谈统一，不能脱离实际去拔高。如果无视差异存在，简单地制定"一刀切"政策和措施，反倒适得其反。不仅不利于新疆城市民族关系，反而容易伤民伤心，降低不同民族间的互信，互助和对国家的认同。另一方面，既要正视差异性，又不能被动对待，要把树立正确的国家观和民族观教育，纳入到民族团结教育全过程，继续发挥大中专院校、各级党干校、新闻媒体和其他宣传途径的影响力，常抓不懈，使各族干部群众充分认识到增强中华文化认同，积极培养中华民族共同体意识的重要性，通过文化认同，不断增强国家意识、公民意识，中华民族共同体意识，增强中华民族一员的光荣感、自豪感、责任感、增强"五个认同"。总而言之，就像张春贤书记在 2016 年 3 月 28 日召开的自治区"民族团结进步年"动员大会上的重要讲话中所指出："要坚持现代文化为引领，尊重差异，包容多样，相互欣赏、大力发展一体多元、融合开放、具有新疆特色的现代文化，大力弘扬'爱国爱疆、团结奉献、勤劳互助、开放进取'的新疆精神。"这就需要在宣传形式上要讲究实效，避免形式化，贴近实际，贴近生活，把阶段性和经常性的宣传教育，重点教育与普及教育，理论教育与实践教育，学习先进典型与弘扬先进精神宣传教育结合起来，增强教育活动的吸引力、感染力、影响力和说服力。

表 5  伊宁市族际交往的社会距离感（2015 年调查）

| 民族 | 与其他民族成员在一起，您觉得有距离感吗？ | | | |
|------|------------|----------|-------------|------|
| | 很强的距离感 | 有距离感 | 基本没有距离感 | 没有 |
| 汉族 | 7.8% | 28.4% | 45.1% | 18.6% |
| 维吾尔族 | 8.1% | 24.3% | 43.2% | 24.3% |
| 哈萨克族 | 12.5% | 15.0% | 47.5% | 25.0% |
| 回族 | 8.7% | 30.4% | 39.1% | 21.7% |
| 蒙古族 | 0% | 0% | 100.0% | 0% |
| 其他民族 | 18.2% | 9.1% | 54.5% | 18.2% |

## （二）精准扶贫，精准脱贫，凝聚人心，为社会发展稳定凝聚正能量

一是各级党委和政府有关部门，要对目前城市各民族低收入家庭尤其是少数民族家庭的脱贫致富问题进行专题调查，摸清情况，做到心中有数，在调查基础上要促进精准扶贫、精准脱贫。因此，要做好全面实施精准救助工作，完善救助申请家庭经济状况核对机制，精准识别受助对象，精细确定救助到人到位。

二是通过免费专项技能培训来提高贫困人口致富的技能和适应市场经济的能力，增强扶贫对象的自我发展能力，实现扶贫重点由输血型向造血型转变。

三是健全医疗保险制度，完善社会保障制度，着力解决群众反映强烈的民生问题。

四是在促进就业方面，可以指定新的配额政策，提高少数民族在国有部门的就业比例，鼓励私营企业招聘少数民族，给予税收方面的优惠、贷款方便等方式提高就业比例，加大就业培训力度，促使城市富余劳动力转变观念和生活方式，实现到企业就业和稳定就业。

五是对下岗职工面临的问题，要热情地做好协调工作，以解决他们基本的生活保障问题，同时设法为他们再就业开辟门路，把各种不起眼的小事做细、做透。这样才能赢人心、聚民心，为社会发展稳定凝聚正能量。

## （三）完善对流动人口的管理工作

针对当前城市流动人口中存在的一些问题，建议政府职能部门首先应当加强属地化的社区制管理。属地化的社区制管理是以居住地等级制度和居民自治为基础的，并辅之以融管理与服务于一体的理念。采用属地化的社区制管理，能充分发挥社区基层组织的作用，在解决城市户籍人口内部的"人户分离"问题的同时，又可以引导流动人口参与到社区的自治管理活动中。这样既可以增强流动人口的自我管理意识，又可以促进流动人口与当地居民的融合，有利于维护社会稳定。与此同时，按照"管理单元最小化、管理服务最优化"原则，将街道及下属社区进行网格化管理，每一个网格由一名网格负责人、若干名网格协管员和若干名楼栋长（巷道长）组成，实现服务与管理并重。其次，政府职能部门应当加快推进户籍制度改革，提升城市综合承载能力。我国传统的户籍制度是一种静态管理制度，采取由户及人的运作方式，主要反映的是以家庭为单位的静态信息，无法反映家庭户中每个成员的动态信息。例如，我们在乌鲁木齐市的调查中发现，当前乌鲁木齐市对流动人口的服务管理与现行的户籍制度的矛盾主要体现在以下两个方面：一是城市化进程中，人口流动模式是由农村向城市的单向流动，农村富余劳动力进入城市寻找就业机会，而城市中，由产业调整而产生的大量下岗失

业人员，也一直面临再就业的问题。政府再就业工程的对象主要是这些下岗失业人员。因而在实际生活中就存在着流动人口就业与当地户籍人口中下岗失业人员就业的竞争关系。二是，流动人口中的相当一部分人已经成为事实上的城市常住居民，但由于受到目前户籍制度以及由此衍生的劳动就业、教育、社会保障等一系列制度的限制，无法获得合法的城市居民身份和市民待遇。这不仅影响了人口的合理流动，也影响劳动力资源的有效配置，一定程度上制约了社会阶层流动。因此，建议政府职能部门根据当地的实际情况，先尽快出台流动人口服务管理法规，再稳妥地、逐步实行城乡统一的户口登记制度。总而言之，社区作为与居民群众息息相关的基层组织，应该做好社区的服务与管理工作。政府在社区管理方面，将"庭院化"管理、"网格化"覆盖、"社会化"服务、"数字化"支撑作为社区管理的新模式。

# 基于资源整合的城市风险治理研究

李　颖

（重庆行政学院　重庆　632160）

**摘　要：** 治理城市风险是一项系统工程，离不开治理资源的整合和有序配置。在我国当前风险治理资源和行政资源条块分割，整体规划使用效率不高，社会资源结构性分散，归集整合度不够，市场资源统筹度低，链条效应尚未形成等资源整合现状下，需要进一步加强治理资源的整合，来促进各治理资源间的有效衔接与高效对接，从而形成巨大的资源合力，实现对城市风险的有效治理。

**关键词：** 城市风险　治理资源　整合

现代城市越来越庞大、复杂，城市成为社会的核心和主体。在各种资源要素高度密集在城市、城市架构愈益精巧化的同时，城市脱离并悖逆自然界的倾向性加大，由城市自身增长所导致的内在风险因素却与日俱增。城市风险不同于城市问题，具有突发性、危害的全面性以及难以预测等特征，对城市的生存和发展构成根本威胁。为了保持城市健康、良性、长期发展，应从思想上深化对城市风险的认识，从组织、技术等方面采取必要的应对。[①]

## 一、城市风险治理要求对治理资源进行整合

实现对城市风险的有效治理，离不开治理资源的投入。特别是当具有不同特征的多元主体、多元要素参与到城市风险治理的系统中来时，就需要探讨如何将这些主体、要素进行有机整合，以规范化、制度化和高效化的实现路径，使其既有利于降低城市风险治理的成本，又能够增强城市风险治理发展的内生动力。

### （一）城市风险的历史性要求治理资源的有机整合

作为历史概念的城市风险与城市问题相伴相随。从城市这种聚落形态出现起，城市问题就一同出现了，只不过在城市发展的不同阶段，城市问题有一个隐性或显性、量小或量大的差异而已。而在不同场景下，城市风险具体所指有所区

---

① 李麦产：《现代城市风险管理与防范》，《城市观察》2012 年第 6 期，第 135—143 页。

别，但都无法回避或逃脱。这也是城市风险之所以能成为历时性话题的原因。因为作为城市风险载体的城市问题在所有时空条件下的城市都是客观存在的。

在我国，随着城市化进程的发展，城市风险虽然处在不断地变化之中，但这种变化亦是伴随着城市发展的每一步进程、每一种进化、每一回变迁所紧密联系在一起的，这就形成了城市风险的历史演进因果连续链条，即城市发展是城市风险存在的前提和动因，城市问题是城市风险存在的具体承载实体，城市风险是城市历史性的具体体现。

基于城市风险的历史性，治理城市风险就不应该只是一种单纯的"片断式治理"。而且它不仅仅是系统的，更应该是"历史性的治理"，即找到风险的成因及其演变，最终达到治理的"果"。这就要求在治理的过程中，对治理资源进行一个系统的整合。通过这种整合对治理资源"知根底、明情况、清台账"，从而有足够的把握应对城市风险的各种突发性和难以预见性。

### （二）城市风险的系统性要求治理资源的有序配置

城市风险的特点还体现在系统性。正如有社会学家曾指出的那样，社会越发达，就意味着一个社会的结构越复杂，社会的功能越完善，那么人们离未知的风险就越近。这还意味着城市的风险在量上增加的同时。其风险还包含不止一种单一或单纯的风险，它是和整个城市的系统性密不可分的。

从静态的角度看，一个城市的规划具有标准性、系统性等特征。城市规划通行的标准是假定常住人口规模，即根据具有公民权利的城市人口正常的家庭生活，设计出城市的功能和设施的配套。按照规划标准设计的城市功能必须是齐全的，城市设施必须是配套的，以满足城市正常运行需要，形成系统性。城市规划的系统性在不同的历史阶段具有不同的表现形式，传统性城市的系统性主要关注城市的道路系统、供电系统、供水系统和污水排放系统等基础设施系统。现代化城市的系统性除此之外，还要关注供气系统、供热系统、通讯系统和地铁系统等基础设施系统和城市服务系统。

再从动态的角度看，今天城市发展更是一种系统性的行为。不管是城市发展的规划与设计者，还是城市的管理者，对今天的城市发展都会进行事先的整体筹谋。在城市运行的整体过程中，作为一个有机整体的城市，不管其在局部上怎样变化，其影响总是全面的、系统的。就好比一个地方进行城市产业的升级，除了产业布局、用地规划上的调整外，水利、基础设施、交通、通讯等各方面的事项都要求同时推进。这种变动又会影响到城市产业周边的生活配套、服务业配套等。

从风险的学说来看待这些变化，它往往意味着：一是风险源的变迁，因为风险的载体发生了变化。二是风险性质的变化，一些传统性的风险可能转化为现代性的风险。三是风险特征的变化，一些潜在的、不确定的风险可能因此而更加无序化。当这种由城市局部变化所引发的系统调整也正是现代城市风险的突出特征之一。这就要求必须要对用于治理风险的资源进行新的整合，通过整合来实现资源的有序配置，使得不管是在风险处于静态之下，还是处于动态的变化之中，都能有可用于应对风险的资源和手段。

**（三）单一风险与整体风险联动要求资源整合具有较强的适应性**

城市风险是由多个个体风险形成了整体风险系统，当整体风险形成一种态势的时候，又会有更多形式各异的个体风险出现。对一个城市而言，随着城市的不断进步，多元主体间的联系方式越来越多元化、网络化。同时，支撑城市存在与发展之间的各种要素之间的关联性也越来越复杂，这就使得城市里面一旦某一种风险发生问题，往往会引发一连串风险联动效应。

现任国务院应急管理专家组组长、国家减灾委员会专家委副主任、国务院参事闪淳昌曾不止一次说："由于多灾并发，大灾多发，城市面临的风险已经不再是传统意义上静止的、孤立的风险，而是影响大、高度不确定、综合性强、回旋余地越来越小的现代风险；城市灾害越来越呈现出它的突发性、多样性、复杂性、连锁性，受灾对象的集中性、后果的严重性和放大性等特点。"这种联动性体现在城市风险中，就是我们常常看到的，以各类突发事件为典型代表的"联动效应"，即由单一事件所暴露出来的风险经过演化与扩散，在这期间与其他各种复杂风险因素交织、相互作用、相互扩散，最终形演化为一场公共危机。

正是因为城市风险这种较为突出的联动性，城市的治理者们在应对的时候往往困于"究竟有哪些资源可以用于应对风险的威胁"；而当面对复杂风险的时候，"怎样才能及时、高效地找到资源用以应对这种风险的威胁，从而消除由风险给城市运行与发展所带来的不利影响。"这也再次说明在单一风险与整体风险联动之下，整合治理资源来提高资源的效率，是今天城市风险治理十分重要的一环。

## 二、当前我国城市风险治理资源整合现状

对任何一个城市而言，如果其资源得不到有效整合，其在城市风险治理中的作用发挥就会受到限制。资源整合涉及许多方面，如城市内部资源与城市外部资源的整合，资源间的横向整合与纵向整合，长期整合与短期整合等。而目前我国城市风险治理资源普遍存在的分散与不衔接的状况，使得一些好的治理手段与治

理机制难以发挥其应有的作用。主要体现在：

## （一）行政资源条块分割，整体规划使用效率不高

政府作为城市风险治理的主导者，拥有着强大的行政资源系统，这是城市风险治理最有力的支撑。但就我国目前的实际情况而言，却存在着行政资源条块分割，整体规划使用效率低下的问题。

以城市社区网络化治理为例。实行风险网格化治理的前提条件在于整合网格内各种信息资源，为格内风险治理所需的各种管理提供基础信息。全国不少地方在关于推进城市社区网络化治理的文件中都明确规定了各地要整合共享公安、司法、民政、消防、安监、市政等部门信息资源。但在实际工作中，信息资源条块分割，一些部门常常以涉密或网格治理解决不了具体问题等为由，不愿将本部门信息共享给社区或网格信息平台，从而导致在风险隐患情况的摸底排查和动态变化了解上缺乏必要的基础信息支撑，既造成了风险治理的信息盲区，又增加了治理的成本。

同样情况，也出现在城市灾害的治理上。早在 2011 年，就有专家和学者指出，我国行政资源上的这种条块分割导致了城市灾害上的应急失灵。从纵向上看，各级应急管理组织功能相似，缺乏弹性与分工。"下方看上方，地方看中央"，各地政府都会看中央一级机构是怎么样设定的。在这样的纵向政治体系中，减灾变成了单一的自上而下的被动反应过程，地方政府部门的自然灾害风险管理缺乏主动性。同时，这种部门垂直管理关系也束缚了地方政府部门之间的横向信息沟通，必须要通过上一级部门的协调才能使信息传达并执行。从横向上看，多部门的风险管理网络缺乏建设。灾害管理需要政府、非政府组织、私部门的强有力的合作协调。自然灾害的风险管理更需要各政府部门之间的协调并最后能有政策产出，如土地使用、城市规划、气象等部门的协调；政府还需要与非政府组织、私部门的合作以有利于减灾活动有效率的开展，如灾害保险、志愿者行动等。由于纵向关系缺乏弹性，造成横向上"政府各部门之间缺少很好的合作，都要靠高一级政府组织才来协调，平级就不能协作"。①

## （二）社会资源结构性分散，归集整合度不够

城市风险种类繁多、变化性大、加之潜在的风险、不确定的风险大量存在，特别是在基层社会风险的治理中，风险多、任务重、预防难，作为政府如果不依靠社会力量，很难对风险进行有效治理。与行政资源整合相比，社会资源更具有

---

① 陶鹏，童星．《我国自然灾害管理中的"应急失灵"及其矫正——从 2010 年西南五省（市、区）旱灾谈起》，《江苏社会科学》2011 年第 2 期，第 25 页。

灵活性、高效率、低成本、满足社会多元化的优势。但目前社会资源的结构性的分散，归集整合度不高，不管是对风险源的识别、对风险度的评估以及对风险的预测、预判、预警、预控，还是对各种风险的应对上，都难以满足风险治理的实际需求。

以城市贫困群体稳定风险治理为例。目前，全国各地都建立了"点对点、户一帮一"的贫困群体帮扶机制，以精准的方式帮助城市贫困群体，化解其中的不稳定因素。其中离不开志愿者、企业、中介组织等各方社会力量的参与。以社会捐助来说，相当的社会捐助资金要求定向、定项、定户，政府在这方面给予了无条件地支持。但这样一来，有可能投入的资金会有重复，造成资金的浪费；有可能需要资金的地方继续缺少资金，达不到精准治理的目的。

同样的情况还出现在由社会资源自身的随意性所带来的统筹性的缺乏。比如在城市志愿组织的管理方面，由于缺乏统一的规范性，信息资源不共享等现象，导致服务项目、服务主体、服务对象等很多方面存在重叠和交叉，尚未形成常态性的志愿服务合作和互动协助机制，从而不利于整合社会资源、实现整体联动，阻碍推进志愿服务事业快速发展。

### （三）市场资源统筹度低，链条效应未形成

作为资源系统里一种重要的资源组成部分，市场资源是今天我国城市风险治理中不可缺少的一部分。市场本身有着创造资源的优势，对市场资源进行整合，是为了让资源高效化运作。它对于风险识别手段丰富与改进、风险防范技术的提高与进步、风险治理效果的评估与改善等都能起到有效的提升。

但同时，市场资源的随意性与逐利性使得市场资源具有较大的局限性，这给市场资源的整合以及与行政资源、社会资源之间衔接形成有序的资源链条带来了一定的难度。比如一个城市要提高应急救援的水平和能力，离不开应急救援物资的储备，其中就涉及应急救援产品，如起重、挖掘、破拆、清除、支撑等工程装备及相关便携式设备，生命和物体探测装备，搜救救生设备，消防救援器材，道路、管道、桥梁、通信等基础设施修复装备，舟桥装备等方方面面的产品。这些产品的配备与更新必须依靠市场多元主体的积极参与和大力支撑。特别是在应急救援时需求量特别大。如果平时没有充足的储备，一旦遇到救援需要时，在短时间内很难凑齐应急救援所需的物资种类和物资数量。作为市场主体的企业，如果未经政府部门的指定，很难有这方面的应急储备意识。而目前政府商贸部门买断式的物质资源储备难免造成的物资浪费，在突发事件紧急多变的特点下，很难做到对各种应急物资种类的完全储备。

### （四）资源板块之间衔接不顺畅，协调联动性不足

对风险的治理是城市多元主体的共同诉求，但在治理的过程中，政府、企业、社会几大资源板块间并没有完全实现彼此之间的优势互补、互惠互利和持续共享。

以食品安全监管为例。对食品安全实行垂直监管，以理顺监管的体制，打破地域限制与减少地方行政干预，加强监管的独立性和专业性，使食品安全监管的独立性得以增强。但在实际推进过程中，由于食品安全垂直管理制度实行时间不长，不少方面的问题还处在过渡阶段，加上以往体制的惯性依然存在，食品安全监管存在断链脱节。其中较为突出的是基层（街道）食药监部门人、财、物都在区县食药监分局，街道有日常监管的压力，但没有过去管理的手段，却还要承担属地管理的责任，在管理边界界定和监管尺度把握上都处于比较尴尬的境地。

而街道食药监所虽然由食药监分局垂直领导和管理，但办公场地、工作经费、执法用车等目前都要靠街道提供和协调，失去了过去由当地党委政府统一领导和统筹协调辖区内相关站所、部门和单位等方面的优势，与街道的"亲疏"关系往往成为其能否争取到工作上给予支持的重要条件，有的食药监所甚至发出了重归街道管理的呼声。同时，我国目前的基层食品安全监管尚未建立起社会协同参与监管的有效机制，食品安全领域风险的防控主要还是依靠行政力量的主导，社会参与不足的问题较为突出，这也使得地方政府在治理食品安全风险上感觉到较为突出的资源衔接上的断链脱节。

## 三、以资源整合促进城市风险系统性治理

以资源整合促进城市风险的系统性治理，就是要立足于城市风险治理的整体价值目标，统筹考虑城市中可能存在的所有风险，并整合运用各种风险治理的方式，在整个城市范围内实行相应的战略以治理和控制这些风险。具体而言，可以从这样几个方面着手：

### （一）加强政策管道建设，促进跨部门资源整合，形成条块资源"一体化"配置与运用

加强风险治理资源的整合，应先从整合行政资源入手，最为关键的是要打破资源的条块分割，使资源能够在体制内互通共享。

一是横向上可进一步探索建立由各地应急办牵头，对风险信息与应急资源进行整合，将各职能部门所掌握的信息归集、整合到应急部门。同时对信息资源进行分类、分层和分级，并做好授权权限的制度性设计，以既能保证常态化的风险

治理中对资源信息的底数明、情况清，又能在遇到非常态化的紧急情况下，能够迅速调集资源，开展应急，建立起部门联动的资源整合机制。

二是在纵向上既要强化基层治理资源的建设，还要促进治理资源的下沉使资源能够在不同行政层级间的便捷共享。比如在人力资源上整合，应进一步促进应急人才在不同行政层级间的交流，同时完善相关政策与制度，以必要的激励手段保证人力资源整合的可持续性。

### （二）加强平台和载体建设，引导资源流向，促进资源的归集与共享

资源整合的前提是资源的吸纳与汇集，要为资源的引入提供更好的平台。同时要对资源流向进行引导，防止资源的无序流动以增加资源整合的成本，降低资源使用的效率。

比如在对各类突发事件进行风险信息的收集时，一是可依托城市自身的风险信息子系统，加强社风险信息建设，细化风险信息的种类、层级并加强信息的更新。

二是加强信息的搜索与查询功能建设，方便社会公众咨询、查找。在一些风险较为集中的领域和地区，还可考虑设立信息服务热线，完成政策解答、问题解答、情况咨询等，将风险信息及时传递给风险利益相关者。

三是要增加平台的开放度，在保证信息安全的前提下，将信息子系统尽可能的延伸，使除政府以外的其他多元主体都能够进入平台，获取信息，同时将各种风险信息及时地上传、更新至平台，提高风险信息资源收集的效率，以此来提高风险治理的精准度和全面性。①

### （三）优化组织架构，增强资源间的衔接，提高资源在风险治理中的适应性

对风险治理资源进行整合，还要从资源的适应性上加以完善，使资源从结构上、布局上、配置上、运作上、实际使用上，都能够与一个城市的风险特质相适应。这就需要优化组织架构的，以增强资源间的衔接性和协调度。

比如在当前药品安全的垂直监管中，一定要明确责任边界。一方面，要从行业监管的角度，进一步强化基层食药监部门的安全监管职责。在此基础上，进一步明确食药监部门与镇（街）党委政府职责边界，研究完善针对镇（街）食品安全监管的属地管理考核制度，切实落实镇（街）党委政府的属地管理职责，严防甩包袱、推责任。各镇（街）道党委政府仍然要从人、财、物上给予当地食药监所（办）大力支持，加强药品安全工作的组织领导，统筹协调好辖区内各方资源

---

① 朱德米：《开发社会稳定风险评估的民主功能》，《探索》2012 年第 4 期，第 69—54 页。

力量；另一方面，街道食药监所（办）领导的任命必须征求镇（街）党委政府的意见，使其真正具有统筹协调能力。

**（四）加强协同机制建设，提高资源融合度，打造"同目标、强统筹"的资源整合格局**

城市风险治理资源的整合犹如一个城市的规划一样，一定是建立在对一个城市治理资源的统筹安排基础之上的。这其中，需要对资源进行统筹考虑，特别是要考虑在整合的过程中，如何对资源间的异质性进行整合（如逐利性资源与非逐利性资源），使各种资源要素在治理的体系内既能和谐共存，又能避免资源之间的恶性竞争与冲突。

一是要统筹考虑资源主体之间的利益相关性，并对风险的形势进行细致的分析，对风险的相关性进行充分评估，在此基础上，制定资源统筹表。如在城市灾害治理中，针对防灾减灾的具体事项，可以采取项目打包的方式，将行政资源、社会资源、市场资源进行统筹，并设立相应的子项目。然后对各子项目任务进行细化分解，再交由灾害治理的相关职能部门统一"发包"，各资源主体作为项目组成员，负责各自的项目任务，以项目间的统一衔接来促成资源间的统筹与整合。

二是要构建协同机制。对于多元的资源主体来说，如果没有统一规划和统筹安排，个体利益、单位利益、公共利益之间难以协调，会加大资源整合共享的难度。这就要将风险的治理与城市的发展紧密联系起来。发展会产生一定的风险，但发展更是为了避免和减少风险。而风险的治理也是为了促进城市更加良性、健康地发展。基于这样的共同治理价值取向，才能很好地将个体利益、单位利益和公共利益协调统筹起来，形成治理价值目标上的一致，才能真正打破条块分割、部门封闭、单位所有、低水平重复等问题，促进各资源要素间的相互认同、紧密结合，提高各资源主体整合、融合的积极性。①

## 四、结论

综上，资源整合是城市风险治理战略调整的手段，也是政府对城市风险进行管理的日常工作。资源整合作为系统论的一种思维方式，就是要通过组织和协调，把城市内部彼此相关却彼此分离的职能，把城市外部既参与共同的使命又拥

---

① 赵立雨，杨水利，张萌物，王艳，赵璟：《协同创新视角下陕西科技资源统筹研究》，《科技进步与对策》，2014 年 5 月，第 34 页。

有独立利益的合作伙伴整合成一个为城市发展服务的系统，取得 1＋1 大于 2 的效果。

在我国城市风险治理资源尚未得以充分整合，许多潜在资源未得到有效识别和运用，资源间的互补、互助、互促的优势尚未得到充分体现的情况下，必须要加大资源整合的力度，通过整合促进各治理资源间的有效衔接与高效对接，从而形成巨大的资源合力，来实现对城市风险的有效治理。在对资源整合内涵的基础上，提出城市风险资源整合模型，分析城市资源整合能力及其适应性，旨在为城市风险治理提供如何提升资源整合能力，进而增强城市风险治理优势提供建设性建议。

## 参考文献

［1］李麦产．现代城市风险管理与防范［J］．城市观察，2012（6）：135-143.

［2］陶鹏，童星．我国自然灾害管理中的"应急失灵"及其矫正——从 2010 年西南五省（市、区）旱灾谈起［J］．江苏社会科学，2011（2）：25.

［3］朱德米．开发社会稳定风险评估的民主功能［J］．探索，2012（4）：69-54.

［4］赵立雨，杨水利，张萌物，王艳，赵璟．协同创新视角下陕西科技资源统筹研究［J］．科技进步与对策，2014（10）.

第四部分　　公共安全科技创新

# 结构化案例库系统对应急管理的支撑

刘菲菲　　牛珍珍

（北京联创众升科技有限公司　北京　100098）

**摘　要：** 基于对专家案例库系统的展望以及当前应急管理案例库系统的建设情况，结合数据挖掘和文本处理领域的分类、聚类等技术，本文提出了一种结构化案例库构建的思路，围绕信息采集、事件跟踪、事件处理和案例表示四部分对结构化案例库构建的流程进行了描述。同时，基于结构化案例库的特点，本文从辅助决策的角度出发，展示了如何将结构化案例库应用在应急管理领域中，为结构化案例库系统的建设与应用提供了一种思路。

**关键词：** 数据挖掘　结构化案例库　文本处理　分类　聚类

近年来，各种突发事件（包括自然灾害、事故灾难、公共卫生事件和社会安全事件）频繁发生，造成了严重的人员伤亡和经济损失，直接影响了我国经济建设和公共安全维护。2003 年 SARS 疫情大范围扩散，造成全国范围内的社会恐慌；2008 年南方雪灾事件造成 100 多人死亡，直接经济损失达 1 500 多亿元；2008 年 5 月 12 日汶川大地震，造成 69 225 人遇难，374 640 人受伤、失踪17 939 人，直接经济损失达 8 000 多亿元；此后，2009 年 HINI 疫情、2013 年H7N9 疫情、2014 年的上海踩踏事件、2015 年的天津港爆炸和深圳滑坡事件……一系列的突发事件给我国造成了重大人员伤亡和财产损失，产生了深远的社会影响，但同时也为突发事件的处置提供了宝贵的参考经验。

突发事件的应对过程可分为预防与应急准备、检测与预警、应急处置与救援和事故恢复与重建四个阶段。但是由于突发事件的爆发性强且复杂易变等特点，很难做到有效全面的预防与预警，所以只有在应急处置与救援过程中及时做出有效的应急响应决策，才能控制事件的发展局势。考虑到应急预案的针对性和操作性有限，应急人员只能利用历史的突发事件进行决策的辅助支持。

## 一、案例库系统在应急管理中的建设现状

为提升我国应急管理能力，国家提出了应急管理"一网五库"（即应急管理

组织体系网，应急救援队伍库、应急物资储备和避险场所库、应急管理专家库、应急预案库和突发事件典型案例库）的建设思路。同时，案例系统不仅可以在突发事件预防、处置和善后过程为应急人员提供辅助决策支持，还可以作为基础数据应用于应急管理领域中的教学科研方面，从而有利于系统地总结应急管理经验教训，有效传播公共安全信息，提高各级领导干部和全社会的应急管理最新理念和技能。当前，各级政府、媒体舆情、研究院校都已经意识到了案例库系统的重要性，开始关注并纷纷建立了各自的案例库系统：

### （一）各级政府应急中心案例库系统

展示的内容包括了应急动态和典型案例库。应急动态，即突发事件的相关报道，大部分应急中心只是按照省（市）内、国内和国际列出了相应的突发事件报道动态，没有形成事件，而且没有按照国家突发事件的分类标准对事件的类型进行分析；对于典型案例库，案例库建设仅是对典型案例的整理和入库，问题是：

（1）案例主要是依靠相关人员通过材料整理编制形成，案例内容采用文本形式，主要描述的内容为事件处置过程的回顾和经验教训的总结。

（2）缺少有效的智能分析系统，没有对应急指挥系统中的日常数据进行案例的归集，无法形成鲜活的本地案例。目前只有少部分应急中心构建了典型案例库，但存在案例更新不及时、案例结构不统一、缺少分析功能等问题。

### （二）新闻舆情系统案例库

近年来，随着网络信息公开化的发展，以及数据挖掘和自然语言处理等技术的研究，国内出现了大批舆情分析机构，针对舆情信息采集、舆情状态监控和舆情数据分析等方面进行研究，并根据舆情分析的结果构建了舆情案例库，如新华网舆情案例库、人民网舆情等。与政府应急中心的案例相比，通过对海量网络信息进行数据分析所形成的舆情案例一般包括了事件回顾、传播趋势分析、传播路径分析、传播节点分析、媒体与网民的倾向性分析、点评与启示等几个部分。此外，舆情案例中通常包含了大量详细的统计分析图表，与文本化案例相比，更直观生动，更具有可视化效果。但是，将舆情案例应用于应急管理中也存在一定的问题：

（1）舆情案例研究的事件主要集中在社会安全、事故灾难事件，所涉及的突发事件的类型不够全面，其中还存在一些大众关心的非突发事件。

（2）舆情案例研究的机构有很多，对案例的编制缺乏统一的标准。

（3）舆情案例的内容侧重于对海量信息的数据分析，对事件过程尤其是处置过程描述不尽详细，难以提供决策支持。

### （三）研究院校案例库系统

很多院校都设置了应急管理研究中心，只有少部分研究中心建设了案例库系统，如中国科学院大学的应急管理研究中心、兰州大学的公共危机事件案例知识库、暨南大学的应急管理案例库等，还有部分研究中心建设了案例库系统，但没有对外开放。以兰州大学的公共危机事件案例知识库为例，案例描述中包含了事件背景、事件过程、事件原因、事件后果、事件处理五部分，以文本信息描述为主，通过人工整理而成，相关的报道信息则是以网站链接的形式给出，其结果只能作为教学科研使用。

## 二、结构化案例库的研究现状

根据案例库系统的建设现状以及在应急管理过程中应用的局限性，一些研究机构开始纷纷研究结构化案例库，试图通过提高案例的结构化程度，来满足应急人员的决策需求。案例的结构化形式主要可以分为三种：单一类型突发事件的结构化、基于本体和知识元的结构化、基于自然语言处理技术的结构化。

### （一）单一类型突发事件的结构化案例库

单一类型突发事件的结构化主要依赖于该类型事件的属性特点，按照该类型事件的属性将历史事件进行结构化处理。

以城市火灾为例，邵荃等提出了一种城市火灾案例特征属性的表示框架，将火灾案例的属性划分为基本情况、作战指挥情况、经验总结分析三个模块，并对每个模块的属性进行了多层级的划分。

张茉莉等对大量环境污染数据进行调查分析，提取事件名称、事故类型、引发原因、风险源类型等因素，对环境污染突发事件的问题、症状、解决方案等内容进行描述，构建了突发环境事件的应急管理案例库。

这种单一类型突发事件的结构化方法多用于常见类型的突发事件，如火灾事故、环境污染和生态破坏事件、传染病事件等，适用于案例推理的过程。但是，这种结构化的方法对行业性和专业性要求较高，只能应用于某种特定的领域。

### （二）基于本体和知识元的结构化案例库

基于本体和知识元的结构化案例库主要是通过本体模型和知识元来描述不同类型突发事件的共性，把各种数据和信息管理起来。

于海峰在界定突发事件系统概念和构建系统客体知识元的基础上，利用知识元研究了突发事件系统熵的演化规律和突发事件风险熵的预测方法。其中，突发事件系统熵是指系统在事件客体环境下输入属性集与应急输入属性集相互制约，对系统状态变化趋势不确定性的度量，包括了风险熵和决策熵。

黄红雨通过分析多类型突发事件的特征，抽取突发事件的共性知识，建立一种分类可扩展的突发事件应急管理知识元体系，并在此基础上，对基于知识元的情景片段、结构化案例表示、多层级的案例检索方法等内容进行了研究。

陈湧将共性知识元模型引入到应急领域中，在使用事件知识元和承灾体知识元对突发事件案例进行重构的基础上，提出了一种基于知识元的突发事件案例信息抽取方法，同时对案例信息抽取模板和抽取规则的构建方法进行了描述。

通过基于本体和知识元的结构化方法将突发事件的共性知识用同一形式表现出来，有利于案例推理过程的研究，但对于突发事件的本体和知识元的定义还没有形成统一的标准，同时构建过程中对数据的要求也较高。

### （三）基于自然语言处理技术的结构化案例库

随着数据挖掘、文本挖掘等技术的发展，一些研究人员开始尝试通过计算机处理技术提取相关属性信息，构建案例库系统。

学者黄超等将突发事件案例的要素归纳为标签信息、背景属性、固有属性、环境属性、文本描述信息五个部分，通过基于模糊集合的机构化信息表示方法和非结构化信息的表示方法，提出了一种结构化的突发事件案例表示方法，为案例推理奠定了基础。

与人工整理的结果相比，基于自然语言处理技术的结构化案例库主要针对的是网络信息，突发事件的案例表示中所涉及的内容是通过信息抽取的方式得到的，避免了人工整理过程的主观因素的影响。

## 三、基于文本处理技术的结构化案例库系统的构建

基于案例库系统的建设现状与结构化案例库系统的研究情况，本文提出了一种基于文本处理技术的结构化案例库系统的构建思路，如图 1 所示：

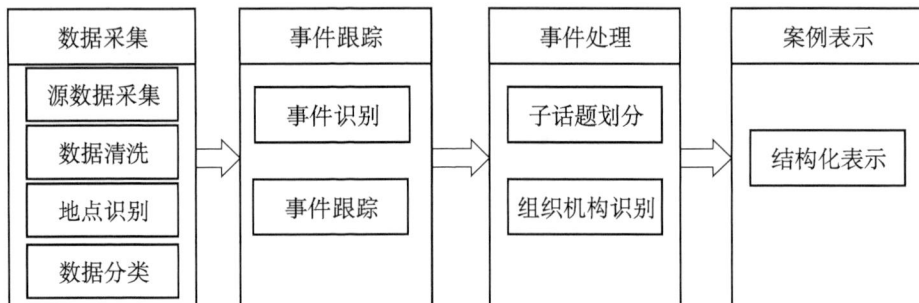

**图 1　基于文本处理技术的结构化案例库系统构建思路**

### （一）数据采集

数据采集是案例库系统通过机器自动收集数据的过程，该阶段主要包括了源

数据采集、数据清洗、地点识别和数据分类四部分。为保证案例数据的真实性、准确性、可靠性和全面性，可选择指定的业务系统或网站作为数据来源。首先利用采集工具进行信息抓取，再通过关键词获取、信息去重、敏感词过滤、人工审核等方式进行数据清洗，从获取到的信息中筛选出与突发事件相关的信息。对于筛选出的信息，首先进行地点识别，结合信息的发布时间，方便识别出同一事件。同时，参照国家突发事件的分类标准，利用系统中预先调试好智能训练集的分类器，实现系统对突发事件信息的自动分类。

### （二）事件跟踪

通过数据采集得到的信息是分散的，某一时间段内不同事件的信息交叉发布，且体现出信息量和事件持续时间分布不均匀的特征，因此难以直接根据信息量的多少确定事件的个数。根据信息数据之间的相关性，利用动态增量聚类的方式，系统可以自动进行事件的识别。在识别过程中，对于新获取的信息数据，首先判断该数据是否属于已识别事件，如果不属于，则识别为新的突发事件，如果属于，则将该报道划分到对应事件集合，进行事件的跟踪。

### （三）事件处理

突发事件的应对过程可以划分为四个阶段，即：预防和应急准备、检测与预警、应急处置与救援、事后恢复与重建，而通过数据采集工具自动获取到的信息主要集中在应急处置与救援和事后恢复与重建两个阶段。此外，根据突发事件演化的过程，整个应对过程又可分为若干的节点或专题，这里统一描述为子话题。通过主题聚类等技术，系统可以自动对突发事件的信息进行子话题划分，识别出突发事件发展过程中的一些关键节点或专题，例如次生、衍生事件，方便研究人员进行分析。同时，对信息数据中的组织机构进行识别，可以了解各机构的处置动态，为后期类似事件的处置提供参考。

### （四）案例表示

有效的案例表示方法不仅有助于辅助决策的案例推理，而且对案例的教学研究也具有重要意义。现有的案例大多是由人工整理成的非结构化的文本，缺乏统一的标准，在应用于应急管理过程，尤其决策支持时，具有一定的局限性。针对该问题，纷纷提出了案例结构化的表示方法。借鉴基于框架的知识表示方法，可提取各类突发事件的关键要素，如：事件基本信息、事件描述、事发地环境描述、事件处置、总结评论等，定义为框架，根据需要将每个要素再次细分为若干子要素，如表1所示，完成突发事件的结构化案例表示。在案例表示过程中，通过属性匹配等技术，系统可自动提取事件基本信息、事件描述、事发地环境描述等方面的结构化信息；而对于事件的非结构化信息，如：事件处置、总结评论等，则可以利用文本处理技术中的关键词分析、信息抽取等方法进行描述。

**表 1　突发事件的结构化案例表示要素**

| 一级要素 | 二级要素 |
|---|---|
| 基本信息 | 案例名称 |
| | 发生地点 |
| | 发生时间 |
| | 事件类型 |
| | 响应等级 |
| 事件描述 | 伤亡人数 |
| | 波及范围 |
| | 危害程度 |
| | 财产损失 |
| 事发地环境描述 | 人口密度 |
| | 气象环境 |
| | 交通状况 |
| 事件处置 | 子话题 1 |
| | 子话题 2 |
| | …… |
| 总结评论 | 总结评论 |

## 四、案例库系统的应用分析

随着人工智能的发展，专家系统、大数据等概念逐渐出现在应急管理领域中，为此，建设案例库系统的主要目的就是为应急人员提供一个智能化、信息化的决策支持系统。基于该目的，结合结构化案例库的特点，本文从案例检索、案例推荐和统计分析三个方面进行描述。

### （一）案例检索

借鉴专家系统的思想，将案例表示的突发事件集看作是应急领域专家的知识和经验，那么案例库系统就是专家系统中的知识库。推理机是专家系统的另外一个重要组成部分，它可以针对当前问题的条件或已知信息，反复匹配知识库中的规则，获得新的结论，从而得到问题的求解，对应于案例库系统，则是对当前突发事件进行案例表示，作为目标案例，然后通过案例检索可以找到与目标案例相类似的案例，方便应急人员进行案例重用和案例修正，实现案例推理，迅速确定有效地解决方案。

从系统可靠性的角度出发，检索出来的案例应尽可能少，且检索出来的案例应尽可能与目标案例相关或相似。案例检索的效果受案例结构化程度的影响，对于非结构化的案例库系统，由于可设置的检索项有限，通常检索出的结果并不是十分理想；而对于本文构建的结构化案例库系统，通过对结构化案例要素的检索，可有效地提高检索的精度。常见的案例检索方法有决策树、粗糙集、神经网络、证据理论、聚类分析、相似度等。

（二）案例推荐

随着案例库系统数据的积累，用户所面临的信息越来越多，为了满足决策支持的需要，智能化案例库系统应具有的一个重要功能就是案例推荐。案例推荐是系统根据用户需要、关注的案例，自动进行相关或相近案例的推荐。根据用户的查看记录或正在查看的案例，系统可通过最近邻技术等推荐方法，根据案例的结构化信息，自动分析案例之间的相关性，将相关性比较大的案例推荐给用户，方便用户进行多个相近案例之间的比较，同时也可以综合多个案例的处置过程，最终确定最佳的解决方案。

（三）统计分析

伴随着网络信息数据规模化、类型多样化的发展趋势，大数据概念应运而生。与传统数据方法相比，大数据方法可以实现对海量非结构化数据的实时处理。目前，在应急管理领域，除实时信息采集之外，大数据应用还表现为大数据管理技术和大数据分析与思维，其中数据可视化便属于大数据管理技术的一种。

通过统计分析，实现案例的多角度、多维度的可视化，是大数据管理技术在应急管理领域的一种表现方式。根据案例的结构化属性信息，通过不同角度和多种维度结合的方法，可以对案例数据进行统计展示。不同的统计图展示的侧重点也不同，如：柱状图可以表现多个事件点、不同区域、多种类型案例的对比情况或详细信息；饼状图可以展示出同一地区某一时间段内不同类型的案例所占的比例；地图可以直观地看到某一时间段内各地区的案例情况等。此外，利用大数据的分析与思维方法，还可以通过多突发事件案例的统计对比分析，发现突发事件发生发展过程中的一些潜在因素，为突发事件的应急提供参考。

## 五、总结

按照信息采集、事件跟踪、事件处理和案例表示的流程，本文采用数据挖掘和文本处理等技术，描述了一种结构化案例库的构建思路，并围绕案例检索、案例推荐、统计分析三个方面对结构化案例库系统的应用进行了介绍，增强了案例库系统在应急管理中的实用性和可操作性。

但是，由于数据挖掘和文本处理等技术在实际应用中的局限性，利用分类、聚类等算法实现的系统的准确度也有限。例如，突发事件的分类，将人工分类好的历史数据作为智能训练集，系统根据训练集，自动对新的数据进行分类，但是由于数据之间特征不明显且存在交叉，分类的结果无法保证100%，所以为保证结构化案例库系统的准确性，系统必须加入人工干预。因此，下一步工作的主要内容为研究如何提高结构化案例库系统的准确度，实现对结构化案例库系统的功能进行完善，并将实际应急指挥系统中的生产数据进行智能化整理应用，同时结合舆情系统建立一个完整的智能化案例库系统。

## 参考文献

［1］罗云中．应急管理案例库系统设计与实现［D］，兰州：兰州大学，2010．

［2］佘廉，黄超．我国突发事件案例库建设评价分析［J］．电子科技大学学报（社科版），2015(6)．

［3］邵荃，翁文国．城市火灾案例库辅助决策方法的研究［J］．中国安全科学学报，2009(1)．

［4］张茉莉，袁鹏．基于案例推理的突发事件应急管理案例库构建技术研究［J］．环境工程技术学报，2015(5)．

［5］于海峰．基于知识元的突发事件系统机构模型及演化研究［D］．大连：大连理工大学，2013．

［6］黄红雨．基于知识元的应急案例表示及检索方法研究［D］．大连：大连理工大学，2013．

［7］陈湧．基于知识元的突发事件案例信息抽取及检索［D］．大连：大连理工大学，2014．

［8］黄超，黄全义．突发事件的案例表示［J］．清华大学学报（自然科学版），2014(2)．

# 基于 Google Earth 的城市典型风险识别——以滑坡灾害为例

陈晶睿[1]　陈　璐[1]　陈　安[12]

(1. 中国科学院科技政策与管理科学研究所　北京　100190；

2. 河南理工大学应急管理学院　河南焦作　454000)

**摘　要**：城市风险识别对于城市防灾减灾工作的开展具有重要指导意义。本文通过对城市典型风险传统识别方法的研究总结，提出基于 Google Earth 的城市典型风险识别方法。并以渣土滑坡灾害为例验证 Google Earth 在典型风险识别中的适用性和可操作性，最后以城市济南为研究对象，对其进行风险识别，得出基于数据与图表的研究结论，为济南城市渣土滑坡风险预防提供参考。

**关键词**：Google Earth　城市典型风险　渣土滑坡　风险识别

## 一、引言

随着城市化进程的加快，城市的脆弱度也越来越高，各种灾害性事件的频繁发生不得不使应急管理工作的关口前移，因此，做好防灾减灾是提升城市应急水平的有力手段，而城市风险识别则是做好防灾减灾的基础。城市风险包括地质、气象、交通运输、大型户外活动、生产安全、宗教、恐怖袭击等事件带来的威胁人民生命财产安全的风险。城市典型风险是指城市共同具有且突出的因人类活动而产生的风险。风险因城市的不同而存在差异，如沿海城市存在着台风的气象风险，而内陆城市存在着洪涝干旱等的气象风险。城市典型风险主要产生于城市基础设施建设过程中，基础设施建设又包括交通运输、机场、桥梁、通讯、水利水电工程的建设。而基础设施的建设中必然存在原料的开采、运输和废料的运输与堆放的问题。

深圳"12·20"山体滑坡事件给社会带来了巨大的损失，导致这一起重大安全事故的直接原因是建设者和经营者未对渣土收纳场修建导排水系统。加之后期监管力度低下，最终导致灾害的发生。在事件后期调查过程中，可以看出对城市典型风险进行准确的识别、监督、预防是各部门力求做好的工作，然而传统风险识别、监测方法的成本高、效率低，加之监管过程中的利益纠纷，导致监管预防工作未能达到应有的效果，这不仅浪费了所占用的社会资源，同时也加剧了社会的潜在风险。

本文提出了基于 Google Earth 识别部分城市典型风险的方法，以期达到防灾减灾的目的。Google Earth（以下简称为"GE"）是一款 Google 公司开发的虚拟地球仪软件，它将海量的 TB 级（整体容量以 T 为单位）卫星影像图布置于一个圆球体模型上，并且同步提供地形三维数字高程信息给用户免费使用，其数据来源是卫星影像、航拍、航测数据的整合体。只需下载一款 GE 软件便可查看全球每个角落的卫星地图与三维数字信息，包括地面高程信息和多年以前的卫星影像信息。

目前 GE 已经运用到很多领域，以实现对各种风险的监测预警。如李东平等人将 GE 应用于防震减灾工作中；陈强等人将 GE 运用于地震应急中；陈鹏宇将 GE 运用于森林火灾扑救的应急指挥中；夏蒙等人将 GE 运用于血吸虫病的监测中；李为乐等人将 GE 运用于地震滑坡的研究中。然而已有的研究只是聚焦于城市某类风险的研究，并没有对城市典型风险进行系统的研究。鉴于此，本文提出基于 Google Earth 的城市典型风险识别方法。并以渣土滑坡灾害为例，验证 Google Earth 在典型风险识别中的适用性和可操作性，最后以济南城市为研究对象，对其进行风险识别，为济南城市渣土滑坡风险预防提供参考。

## 二、城市典型风险识别方法概述

### （一）城市典型风险识别方法的比较

由于城市典型风险种类较多，本文以现有资料为基础，结合 GE 方法的应用领域，挑选出几种代表性的城市典型风险进行方法上的对比，如表 1 所示，以突出对比结果的针对性和有效性。

表 1　城市典型风险识别方法比较

| 城市典型风险 | 传统方法 | 基于 Google earth 的识别分析方法 |
|---|---|---|
| 渣土滑坡监测 | 航拍监测和野外实地调查的方法效率低下，难度大，且内部人为操作因素大，真实性低 | 解释精度高、详细、准确、效率高、难度低、贴近用户，且历史影像证据保存完整，真实性大 |
| 空气污染——秸秆燃烧监测 | 秸秆焚烧点的范围分布广泛，农户翻地速度快，因此增加了监管难度，运用高分辨率遥感影像设备产生的数据庞大，监测难度大、成本高 | 可监控区域范围大，运用秸秆燃烧前后的土地颜色色差进行识别，效率高、成本低、操作简单 |

续表

| 城市典型风险 | 传统方法 | 基于 Google earth 的识别分析方法 |
|---|---|---|
| 疫情识别监控 | 数据统计分析以数据报表呈现，难以反应疫情的地理空间分布特征和分布关系 | 将数据与影像资源、地理信息和管理功能相结合，在疫情监控、评估、预警及管理方面发挥了重要作用 |
| 森林火灾检测 | 林火的预测预防工作是基于气象站发布的风速、降雨量和温湿度等信息进行的，但由于气象站发布的数据范围广，且发布时间长，无法给出实时变化的森林环境参数，从而导致火险等级预测相对滞后 | 运用 GE 的二次开发软件能实现对数据采集、处理、发布的实时性，由此也提高了检测的实时性；同时建立森林防火地理信息库，可用于熟悉本地区道路交通、山形地貌、防扑火设施，也可进行扑火模拟演练从而提高防扑火业务素质 |

### （二）GE 风险识别方法的作用机理

GE 图像解释是指从形象特征来判断电磁波的性质，然后确定地物属性，也就是以影像特征来识别地物。地物电磁波的特征差异在遥感影像上的反应是各种各样的颜色、形状的信息。整个遥感影像的特征，主要为色调、颜色、反差、阴影、形状、大小、空间分布、纹理等呈现出来的。由此根据其特征的不同来寻找和识别所需研究对象。遥感对象识别中最常用的是肉眼识别法，也称目视解释，是一种人工提取信息的方法，是目前比较普遍的对象识别方法。解释标志是指遥感影像上可以用于判断地物或者现象的影像特征。

中国幅员辽阔，于 GE 上大范围搜索所需的解释标志是比较困难的，因此根据解释标志的特征和性质来有目标的搜索才是高效可行的方法。GE 风险识别方法的步骤如下：

（1）肉眼识别法识别解释标志。潜在渣土滑坡堆的搜索范围主要是城市周边的采矿场，或者在建公路、在建隧道及房屋等施工现场附近的山地。搜索土质与周围土质有明显的区别，且颜色呈现出棕色、黄色、黑灰色、乳白色等的山地。搜索堆积形状成锥型、沙漏型、圆台形等，底部多呈现出扇形的山体。

着重搜索色调杂乱，植被不均匀分布的山体。滑坡的发生会改变原始斜坡的地形地貌，破坏了原始斜坡的连续性，在 GE 软件影像上表现为地貌的不连续性和坡体的不圆滑不顺直。山体滑坡一般是由坡度较缓的滑坡体和陡峭的滑坡后壁组成，在影像上表现为坡体转折，在等高线上有明显的反应，比如滑坡后等高线密集而滑坡体等高线稀疏；因人为破坏导致的山体滑坡，滑坡后壁与滑坡体在等高线上反应不明显。从 GE 软件上观察得出：自然滑坡色调均一，且植被覆盖均匀；人为导致的山体滑坡色调杂乱，植被分布不均匀。

（2）历史影像功能确定解释标志。在肉眼识别方法不能确定解释标志的时候，需要运用历史影像功能进一步确认查证。在 GE 的主界面上寻找 ⏱ 图标，界面左上方出现一条时间轴，在时间轴上拖动指针就能获取想要年份的三维影像，从而达到获取历史影像的目的。

（3）三点法验算并确定解释标志。当肉眼识别法和历史影响功能都无法确定解释标志时，需要运用三点法验算解释标志走向和倾角的参数。GE 软件中提供了精确的地理坐标，通过横轴墨卡托投影直角坐标系的设置功能，就可获取研究对象的坐标系（$X$，$Y$，$Z$），从而准确读出山底高程，并通过平面方程计算出所需参数，研究过程中需结合 Matlab 软件，以获得更为准确的研究数据。

（4）GE 软件上地标、图层、线、面层功能的运用。运用地标功能在 GE 地图上标注地形、地貌情况，及解释标志相关属性，并建立统一相关格式的信息备注，最终生成地标文件在各个部门之间共享。

（5）利用 GPS 接口与 GE 软件进行实时监控和导航。利用实地监管人员车辆所携带的 GPS 提供坐标信息，通过 GE 与 GPS 接口可以实时共享信息，可以监管位置、速度、方向等动态信息。

（6）GIS 软件与 GE 软件相结合。GIS 软件可有效的辅助监管与指挥工作的人员物资调度，并可形象生动的进行相关领域的战略分析与演练。

## 三、基于 Google Earth 城市典型风险识别——滑坡灾害为例

### （一）滑坡灾害简述

滑坡属于地质灾害中的一个重要灾种，它不仅给人类带来威胁，而且对环境、资源、生命财产等具有严重破坏作用。20 世纪中期以来，随着人口密度的不断增大、全球工业化进程的不断发展，人类的工程活动规模日益扩大，这些都对地质环境带来巨大的影响，此外气候变化及地震活动频发，诱发了大量的滑坡灾害，所造成的人员伤亡、经济损失不可估量。由此如何降低滑坡导致的人员伤亡和经济损失是滑坡灾害研究的宗旨。

（1）产生滑坡的主要条件有如下几点：第一，岩石的类型，一般结构比较松散，抗剪强度及抗风化能力低，在水的作用下，较易滑坡；第二，受岩层的结构和构造影响；第三，岩体结构，结构面的倾角和倾向。当坡面与结构走向的夹角越大，边坡越稳定；第四，结构面的连续性及结构面的数量和组数；第五，水在坡体产生与发展中的作用；第六，人为因素。

滑坡产生和发展的一般情况分为四个阶段：蠕变阶段，蠕滑阶段，滑动阶段，滑动停止。本文基于 GE 识别渣土堆滑坡风险的方法，是从遥感影像中识别渣土堆是否存在的蠕变和蠕滑现象，从而判断渣土堆的滑坡风险大小。

（2）渣土堆的主要成分。渣土堆主要是由建筑垃圾堆放而成，建筑垃圾的组成成分如表 2 所示。

**表 2　建筑垃圾组成成分**

| 建筑垃圾类别 | 组成成分 |
| --- | --- |
| 建筑施工垃圾 | 沙、石、泥土、砂浆、混凝土碎块、砖石、桩头、废金属料、竹木材、屋面材料、各类包装材料、沥青、沙子 |
| 建筑装修垃圾 | 玻璃、塑料、胶黏剂、胶合木材、废油漆、涂料、包装物、木材、砖石、混凝土、砂浆碎块、钢材废料、废弃瓷砖 |
| 建筑拆除垃圾 | 砖块、瓦砾、碎玻璃、石灰、渣土、金属、布料、塑料、混凝土、瓷砖 |

建筑垃圾被运输至距离施工场地较近的渣土场，或者填放在山坡上，然后用筑堆卡车将表面的渣土进行堆筑，再用铲运机将碎石推到渣土堆边缘，随着堆筑工作的进行，渣土堆越筑越高，出现了高边坡、大坡度，从而加大了渣土堆的滑坡风险。

（3）影响渣土堆稳定性的主要因素有如下六个方面：第一，与滑体和岩体的渗水性与含水量有关；第二，与滑体的自重有关；第三，与滑体边坡的坡度大小有关，其坡度越大，稳定性越差；第四，与渣土堆的抗剪强度有关，渣土堆的抗剪强度越大，稳定性越高；第五，与滑体的稳定性与岩体中岩块硬度、裂隙、联通性有关；第六，与滑体和岩体结合面的坡度和平整度有关。

## （二）肉眼观察法识别渣土滑坡风险

遥感应用于地质分析的主要方法有肉眼观察、放大观察和立体观察。在城市典型风险识别中，运用肉眼观察识别可能存在的风险简洁明了。

运用 GE 搜寻得到如图 1 所示的沙漏状渣土倾倒场，该倾倒场位于贵州省黔南布依族苗族自治州福泉市北部，所倾倒的是福泉磷矿开采后的矿渣，地势自东向西倾斜，海拔 950～1 300 米地形相对高差较大，山顶呈台地状，高程 1 053～1 269 米，高差 216 米。渣土倾倒场成等边三角形状，高度 110 米，宽 100 米，斜坡坡度为 45°左右，从倾倒场底部至最近的一户人家为 90 米。

在倾倒场正南方，不足 800 米的相同海拔处存在着一处山体滑坡，如图 2 所示。图 2 中山体滑坡段高程为 102 米，坡顶至滑坡带底部的倾斜表面平均长度为

图 1 沙漏状渣土堆全景图

140 米，斜坡坡度于 43°左右。

滑坡滚下的泥土碎石掩盖了原本道路，整面山体有向下继续滑动的趋势，距离滑坡底部 200 米的地方就是采矿场至倾倒场的盘山公路。该地区附近存在许多类似该倾倒场的现象，于 2014 年 9 月发生了一起大面积滑坡事件致 23 人死亡。

### （三）历史影像识别渣土滑坡风险

倾倒于坑状地形内的建筑垃圾和矿渣所潜在的风险很难直观地从 GE 软件上观察出来，这就需要往年的 GE 历史影像来辅助观察，判断该系统的发生发展状况，从而推测该系统未来的走势是否会对人民的生命财产安全带来威胁。

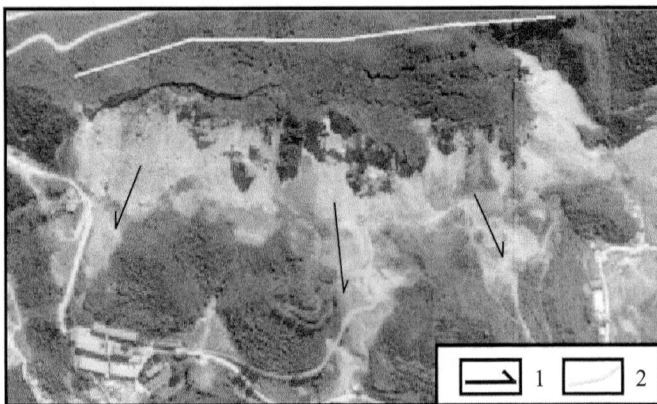

1.滑坡倾向示意线　2.山体断裂示意线

图 2 相邻山体滑坡全景图

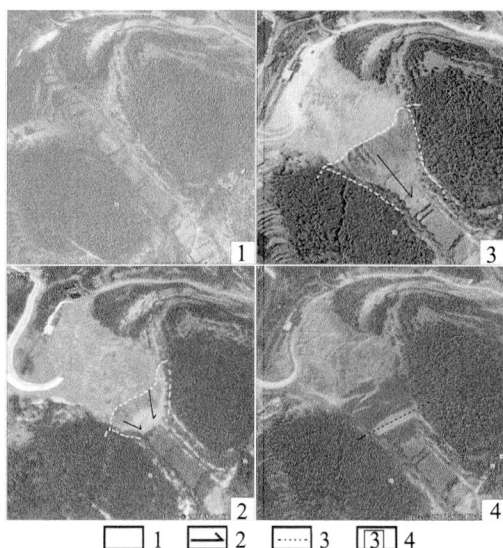

1.渣土堆破壁示意图 2.渣土倾向示意线 3.挡土墙 4.时间顺序标注

**图 3　大汉峪渣土堆积场历史成像分析**

　　大汉峪南庙位于山东省济南市历城区港沟镇西，潘家庄西南 6.5 公里处，图 3 为大汉峪南庙南侧的一个建筑垃圾倾倒场。倾倒场地势由东南向西北倾斜，海拔 236～276 米，呈倒圆台形，坑内深 17 米。

　　如图 3 所示，小图 1 于 2010 年 12 月 18 日拍摄，从图中可清晰辨别出倾倒场的前生是当地居民的耕地，于 2011 年年末开始向其中倾倒附近施工工地产出的渣土废料；小图 2 于 2012 年 7 月拍摄，图中已有大量渣土倾倒的痕迹，渣土堆积过满，渣土堆边缘坡度较陡，黄色虚线所标注的范围是渣土堆边缘倒梯形地带，渣土堆有向下倾斜的趋势；小图 3 于 2013 年 3 月拍摄，与小图 2 相比，倾倒场的倒梯形地带有明显坍塌的痕迹，碎石和渣土向下滚落了近 60 米；小图 4 于 2013 年 11 月拍摄，从图中可见，为防止渣土继续向下滑动，于倾倒场下方红色实线处修建了挡土墙。

　　城市发展过快，导致许多渣土滑坡风险迅速隐藏于历史中，运用历史影像功能识别风险有助于形成一个整体、客观、全面的思维影像，这对妥当处置风险起到良好的辅助作用。

**（四）三点法验算渣土滑坡风险**

　　由于阳光照射产生的阴影在卫星拍摄下会给人造成视觉差，如图 4 所示的山体成像造成一种一部分山体形似悬挑出来的错觉。在此类情况下，肉眼观察法和历史影像追溯法无法解释该地存在的风险，由此借助三点法计算山体的走向、倾角，从而提高判断风险的准确率，节约规避风险的人力、物力及财力。

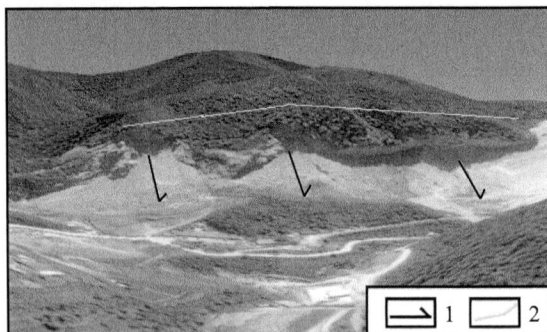

1.滑坡倾向示意线 2.山体断裂示意线

**图4 似悬挑式山体全景图**

三点法是被较早提出计算山体层面的方法。在图像中找到山体同一面上的三个点，获得三个不共线点 $(X, Y, Z)$ 坐标，求解出平面方程 $X+aY+bZ=c$，从而获得山体的走向和倾角数据。

运用 GE 软件的横轴墨卡托投影功能读取山体层面上的直角坐标系坐标，如表3所示。经求解得到方程系数。

**表3 似悬挑式山体侧壁地理坐标**

| 序号 | $X$ | $Y$ | $Z$ |
|---|---|---|---|
| 1 | 736 864.6 | 2 990 344 | 1 278 |
| 2 | 736 863.1 | 2 990 352 | 1 274 |
| 3 | 736 849.5 | 2 990 334 | 1 276 |
| … | … | … | … |

（1）山体走向的计算

当 $Z=0$ 时，$X+aY+bZ=c$ 与北方向额夹角为 $\theta$，利用 $\theta$ 求得走向

$$\theta = \mathrm{tg}^{-1}(-a) \tag{1}$$

（2）山体倾角的计算

设以平面方程（2）为水平参照面，（3）为山体层面，$\delta$ 为山体的倾角，计算公式如下

$$A_1 X + B_1 Y + C_1 Z + D = 0 \tag{2}$$

$$A_2 X + B_2 Y + C_2 Z + D = 0 \tag{3}$$

$$\cos\delta = \frac{\left| (A_1 A_2 + B_1 B_2 + C_1 C_2) \right|}{\sqrt{A_1^2 + B_1^2 + C_1^2}\sqrt{A_2^2 + B_2^2 + C_2^2}} \tag{4}$$

根据公式（4），计算山体层面与水平地面的夹角余弦值，运用反三角函数求得倾

角 $\delta$。

以表 1 中，点 1，2，3 为例在 Matlab 软件中利用 solve 函数求解 $a$，$b$，$c$ 的值。

$[a, b, c]$ = solve（'736 864.64＋2 990 344.31 * $a$＋1 278 * $b$＝$c$'，'736 863.14＋2 990 352.05 * $a$＋1 274 * $b$＝$c$'，'736 849.49＋2 990 334.00 * $a$＋1 276 * $b$＝$c$'）

得：$a$＝ $-1.015\ 5$，$b$＝$-2.340\ 0$，$c$＝ $-2\ 302\ 864.83$。

由以上数据验算结果得：似悬挑山体侧面与底部滑坡斜坡成 160°夹角，与海拔 $Z$＝0 的水平地面成 87°夹角。似悬挑式山体存在极大的滑坡风险。

## 四、基于 Google Earth 识别济南市渣土滑坡风险

城市化进程的不断推进，农村人口向大中型城市涌入，给城市的基础设施建设带了极大的挑战。房地产开发、桥梁、道路、隧道的建设为人民生活提供了便利，可与之相伴的建筑材料的开采生产运输和建筑垃圾的运输堆放问题也深深困扰着人们日常生活。本章主要对济南市鲁能领秀城渣土山进行典型风险识别，再对济南市周边存在的渣土倾倒情况进行分析，从而识别其中潜在的滑坡风险，以期达到降低生命财产损失的目的。

### （一）济南市领秀城渣土山典型风险识别与分析

柏石峪村位于济南二环南路以南，三面环山。从 2008 年起，鲁能领秀城项目开始开发，项目建设过程中产生的大量渣土被堆放置柏石峪村西北方向山坡上的两个半开式弧形采石场内，如图 5 所示。采石场底部是一处与地面成 21°夹角的斜坡，在 GE 上能清晰看出采石场内有泥沙的滑动迹象。

小图 1 成像时间为 2010 年 12 月 18 日，此时左场内渣土顶部海拔 230 米，右场内渣土顶部海拔为 233 米，渣土车倾倒路线被左右两场之间的岩壁分开，岩壁清晰可见。

小图 2 成像时间为 2013 年 3 月 10 日，此时两场之间的石壁已经被渣土掩埋，倾倒路线改变，成 S 形蜿蜒盘旋上去，图中由黄色虚线所围地带是已出现明显渣土滑动迹象的区域。此时左场渣土顶部海拔 242 米，右场渣土顶部海拔 246 米。

小图 3 成像时间为 2013 年 11 月 28 日，左场顶部被铺设了防护墙，防止渣土进一步坍塌，已不再向内倾倒渣土，曾经的倾倒路线被滑落的渣土掩盖，施工队又开辟了新的路线。从图中可看到右场顶部也出现了渣土滑坡现象。

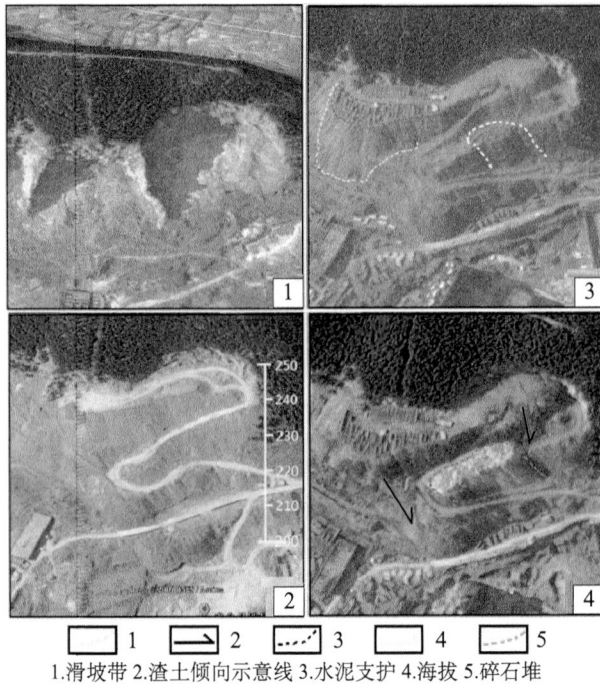

1. 滑坡带 2. 渣土倾向示意线 3. 水泥支护 4. 海拔 5. 碎石堆

**图 5 济南市领秀城南侧渣土山全景分析图**

小图 4 成像时间为 2015 年 1 月 12 日，施工队已不再向渣土山倾倒渣土，但渣土山上仍多处出现泥沙碎石滑动的迹象。

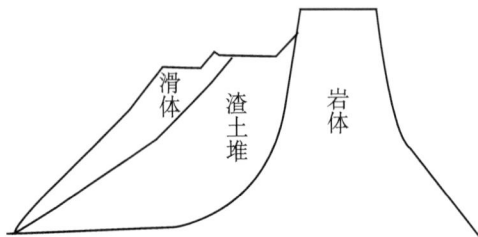

**图 6 鲁能领秀城渣土山侧剖图**

运用 Google Earth 识别鲁能领秀城渣土山的潜在滑坡风险，识别结果为：渣土山潜在滑坡风险大，坡面已出现局部滑坡现象，建议相关部门给予妥善的防护措施，确保居民的生命财产安全。

识别依据如下：

（1）渣土堆积于两个半开式弧形采石场内，采石场底部与水平面成 21°的夹角，且滑面没有明显的坑槽已增加摩擦力；在堆放渣土前，采石场底部有水流流动的迹象，说明底部岩体的渗水性差。

（2）采石场岩壁与底部的土质同渣土的土质有明显的区别，两者渗水性能有很大的差别，且渣土场内并未铺设到排水系统（从历史影像中未观察到排水管道的铺设），而水又是影响山体滑坡最重要的因素，由此判断渣土场的滑坡风险大。

（3）渣土山高于居民住宅区地面 50 米，渣土山局部坡面与地面的夹角在 35°～51°之间，而一般人工挖基坑时，坡度大于 45°以上时，就需设置安全支护防止基坑坍塌，由此可判断超过 45°的渣土山边坡稳定性弱，鲁能领秀城渣土山侧剖图，如图 6 所示。

（4）渣土山左侧顶部有钢骨架混凝土防护墙，在防护墙下侧仍然出现了渣土蠕滑现象；渣土山右侧无安全防护墙，局部出现了明显的渣土滑坡迹象。

（5）距离渣土山东北方向 50 米处是山东省妇女儿童活动中心及济南育秀中学，与领秀城漫山香墅西三区相距不足 20 米。如果渣土山地处偏僻，设置安全防护栏组织人员在其下部活动，则可大大减小其对生命财产安全的威胁，但渣土山与居民住宅区仅相隔不足 20 米，这又加剧了其潜在风险的危害性。

### （二）济南城市周边典型风险识别与分析

运用 GE 观察济南城区建筑工地附近的建筑垃圾堆放点，统计数据如表 4 所示。

**表 4　济南市周边建筑垃圾堆放点**

| 编号 | 地名 | Google Earth 地理坐标 | | 渣土堆放点/处 |
|---|---|---|---|---|
| 1 | 鲍山花园 | 东 515 319.77 | 北 4 061 318.19 | 5 |
| 2 | 西渴马西村北面 | 东 491 885.26 | 北 4 044 177.71 | 4 |
| 3 | 济南市皇上岭 | 东 492 949.2 | 北 4 050 251.62 | 3 |
| 4 | 石青崖村 | 东 501 664.74 | 北 4 048 836.68 | 2 |
| 5 | 复兴村 | 东 497 533.79 | 北 4 047 753.52 | 3 |
| 6 | 九曲庄村 | 东 498 070.26 | 北 4 050 002.56 | 4 |
| 7 | 蛮子莊村 | 东 495 421.37 | 北 4 044 522.84 | 2 |
| 8 | 花山峪村 | 东 503 292.7 | 北 4 048 023.99 | 2 |
| 9 | 龙洞莊村 | 东 509 526.22 | 北 4 052 298.31 | 3 |
| 10 | 西蒋峪村 | 东 509 286.86 | 北 4 053 964.17 | 4 |
| 11 | 大汉峪村 | 东 512 324.35 | 北 4 053 152.35 | 4 |
| … | … | … | … | … |

济南市以南存在着很多施工工地，建筑垃圾堆放点比较密集，从 GE 上观察如表 5 所示，得到以下四个普遍存在隐患的现象：

（1）渣土倾倒侵占了大片耕地。仅两个工地周边的一块耕地在两年时间内就被渣土覆盖了 41.346 万平方米,并未包括该工程的其他倾倒点。

（2）一些地处偏僻的渣土倾倒点内的渣土已经比原地面高出了 20 米,局部出现渣土蠕滑现象。但由于这些地区还处于未开发状态,安全防护和管理措施不足。但该地区在未来时间内一经开发,那么这些渣土倾倒点就是威胁人民生命安全的定时炸弹。

表 5　济南城市周边渣土堆放情况历史影像表

| 情况简述 | 历史影像 | 近期影像 |
|---|---|---|
| 占据大块耕地现象 | | |
| 山中弃土高度超标现象 | | |
| 左渣土堆出现蠕滑现象 | | |
| 帆布覆盖情况 | | |
| 二图均为路边田间弃土现象 | | |

（3）93％的渣土堆放场无帆布覆盖。从 GE 上可方便的观测到建筑垃圾堆放

场的后期安全防护处置情况，一些堆放场废置以后没有安全防护措施，渣土飞扬，使周边土地均呈现出相同的颜色；只有少数的渣土堆放场内铺盖了帆布，以减轻渣土污染情况。

（4）多处出现渣土随意倾倒现象，渣土倾倒于路边、田间，在遥感影像上呈现出明显的黄色带状物和黄土堆。根据《城市市容和环境卫生管理条例》第二章 16 条规定：任何单位和个人都不得在街道两侧和公共场地堆放物料，搭建建筑物、构筑物或者其他设施。因建设等特殊需要，在街道两侧和公共场地临时堆放物料，搭建非永久性建筑物、构筑物或者其他设施的，必须征得城市人民政府市容环境卫生行政主管部门同意后，按照有关规定办理审批手续。

### （三）渣土堆滑坡防范方法

本文总结了防止渣土堆边坡滑坡的措施方案，如表 6 所示。

表 6　防止渣土堆边坡滑坡措施方案

| 方法 | 作用 | 适用条件 |
|---|---|---|
| 疏干排水 | 完善渣土堆积场的排水系统，排除基地表面的积水；用推土机平整表面，防止雨水汇集与渗入 | 边坡岩体含水多，滑体与岩体之间的渗水性有差异 |
| 减小坡体自重 | 减小渣土堆自重，减小坡体滑力，将上部分的渣土推至坡脚，增大渣土堆面积，减小滑面剪力 | 渣土堆周边有足够的场地 |
| 清理缓坡 | 对渣土堆削坡，降低边坡坡脚，从而降低滑力 | 具有设备可操作面的坡体区段 |
| 爆破滑面 | 松动滑坡面，增加透水性，增大画面摩擦力 | 滑面单一，滑体上没有重要设施 |
| 工程防护 | 采用砂石、水泥、石灰等矿物质材料进行坡面防护。方法如：砂浆抹面、勾缝或喷涂，以及石砌护坡或建钢筋骨架防护墙 | 渣土强度及各要素达施工标准 |

对于相关部门该如何利用 Google Earth 监测渣土堆放情况，有如下几点建议：

（1）定期运用 GE 观测各施工单位附近的渣土倾倒场情况，做相关统计与总结；

（2）在 GE 上建立渣土倾倒场分布信息图层，并将部门内部掌握的倾倒场数据录入 GE 中，方便以后的监测工作；

（3）对存在风险的渣土倾倒场，进行实地考察。GE 作为辅助监测工具，并不能完全取代监测考察工作，对于一些辨识困难的渣土倾倒场情况，需要进行实地考察取证。

## 五、结论

运用 Google Earth 技术观测城市周边典型风险的方法具有便捷高率、节约成本的优点。然而由于地质现象的复杂性和岩层走向不连续性的特点，及云、雾、积雪、植被等的干扰，给 Google Earth 识别风险工作带来了不便。其次一些技术障碍包括历史影像的不连续性，如许多地区历史影像年代近，多年前的影像无处可寻；许多地方只有一次成像记录，无法追溯前后的来源；一些地方成像模糊，无法清晰分辨地形地貌等情况，都给研究工作带来了不便。

其次 Google Earth 对部分城市风险的识别还需要进行实地考察，单一的 GE 识别并不能准确无误的确定风险大小和风险类型。

## 参考文献

［1］潘奕燃. 深圳滑坡事故最新通报 58 人遇难 6 人身份仍在核实［EB/OL］. http：//news. sohu. com/20160106/n433655985. shtml. 2016 - 01 - 06/2016 - 04 - 02.

［2］李东平，孙建国，胡绣芳. digital earth 在防震减灾工作中的应用 ——Google Earth 为例［J］. 地震地磁观测与研究，2007，4（2）：90 - 96.

［3］陈强，姜立新，帅向华. Google Earth 在地震应急中的应用［J］. 地震，2008，1（1）：121 - 128.

［4］陈鹏字，舒立福，文东新，张明远. 谷歌地球（Google Earth）在森林火灾扑救应急指挥中的应用［J］. 林业机械与木工设备，2014，2（2）：49 - 51.

［5］夏蒙，任光辉，李岳生等，湖南省血吸虫病 GIS 监测平台——Google Earth 疫情信息系统的建立与应用［J］. 中国血吸虫病防治杂，2010（6）：572 - 575.

［6］李为乐，黄润秋，裴向军等. 基于 Google Earth 的 1920 年海原 8.5 级大地震地质灾害研究［J］，灾害学，2014，4（2）：26 - 31.

［7］关泽群，刘继林，遥感图像解译［M］. 武汉：武汉大学出版社，2007：188 - 189.

［8］冯登超，秦焕禹，鞠秀亮等. 基于 Google Earth 的县域秸秆焚烧火点监测初探［J］，北华航天工业学院学报，2015（1）：3 - 5.

［9］王俊锋，白宗亮等. Google Earth 在地质解释中的应用［J］. 新疆地质，2014（3）：137 - 140.

［10］王文杰，蒋卫国，王维等．环境遥感监测与应用［M］．北京：中国环境科学出版社，2010：112－117.

［11］丁辉，张茂省，李林．西北黄土高原区滑坡遥感解释研究——以陕西延安、宁夏彭阳等地为例［J］．第四纪研究，2011（11）.

［12］王玉珏．国外某金矿堆浸场稳定性分析研究［D］．中南大学，2012－04－26.

［13］朱东风．城市建筑垃圾处理研究［D］．华南理工大学，2010（6）.

［14］陈黎，彭峰．地质构造面几何计算方法解析及在某工程中的应用［J］．遵义科技，2007（3）：40-41.

［15］苏金明，阮沈勇，王永利．MATLAB 工程数学［M］．北京：电子工业出版社，2005：287－292.

［16］中国政府网．城市市容和环境卫生管理条例，2011－04－28.

［17］王家臣，边坡工程随机分析原理［M］．北京：煤炭工业出版社，1996.

［18］聂士诚，土质边坡稳定的可靠性分析及其土性参数的敏感性验机［J］．长沙：中南大学，2000.

［19］舒继森，才庆样，车兆学．倾斜基底软岩排土场边坡失稳机理及防治措施［J］．阜新矿业学院学报（自然科学版），1997，16（6）：670－673

［20］王文忠等．露天边坡与山体复合体稳定性分析．北京：冶金工业出版社，2001.

# 城市系统满负荷压力测试研究

白瑞珍[1]　陈　安[1,2]　陈　璐[1]

(1. 中国科学院科技政策与管理科学研究所，北京，100190;

2. 河南理工大学应急管理学院，河南 焦作，454000)

**摘　要：** 随着城市化进程日新月异，城市基础设施负荷率较低的问题暴露无遗，已到非解决不可的地步。本文首先提出了城市系统满负荷运行的概念并对其内涵和特点进行了界定和分析。在此基础上，通过以"排水系统"为例分析城市基础设施负荷率低的表现和原因，构建了由城市系统满负荷压力测试的内部环境、测试目标、压力识别、测试实施、压力应对和控制活动、信息与共同、监督与评价七个相互关联的要素组成的满负荷压力测试理论设计，以期为提高基础设施负荷率进而加强城市抗风险能力提供管理支撑。

**关键词：** 城市系统　满负荷　负荷压力测试

## 一、引言

城市系统①，是城市正常运行和健康发展的物质基础，对于改善人居环境、增强城市综合承载能力、提高城市运行效率、稳步推进新型城镇化、提高城市灾害预防和应对能力具有重要作用。但近年来，随着城市化步伐的加快，城市基础设施建设方面暴露出许多问题，扰乱了城市居民的日常生活，阻碍企业、工厂等的正常运作，甚至成为众多灾害发生的诱发因素，增加了城市的整体风险程度。

由于城市基础设施属于公用设施或公用服务，与城市中生活的每一个人都息息相关，因此关于城市基础设施建设的加强与改善问题已成为社会广泛关注的问题之一。

目前，我国政府对城市基础设施中出现的问题以及如何解决高度重视，并于2013年出台了《关于加强城市基础设施建设的意见》，对全面提升城市基础设施

---

① 在本文中，城市系统代指城市基础设施的通称，包括交通、邮电、供水供电、商业服务、科研与技术服务、园林绿化、环境保护、文化教育、卫生事业等市政公用工程设施和公共生活服务设施等。

水平作出战略层面上的指导和指示。对于具体的解决策略，国内也已开展了一定程度上的相关研究，如滕海涛、车伍等为减少城市内涝灾害的损失，对排水系统存在的问题和改善进行了分析和探讨；刘治彦，岳晓燕等从我国城市交通发展现状、拥堵成因及危害等方面进行分析，提出治理我国城市交通拥堵的对策建议；陆仁强、牛志广等分析了我国城市供水系统风险评价的研究进展，对现有城市供水系统风险评价方法存在的不足及在应用中的局限性进行了讨论。但相关的研究基本停留在基础设施的某一分类中或者某一分类的某一方面，适用范围小。本文尝试构建适用于各类基础设施提高其负荷率的框架设计，其创新点在于提出了城市系统满负荷运行的概念，在详细分析其特点和城市系统满负荷运行问题严重的基础上，梳理了城市系统满负荷压力测试的理论框架。

## 二、城市系统满负荷运行概述

### （一）城市基系统满负荷运行内涵

"满负荷"这一词被广泛运用于许多领域，以表达某种特殊的情况或状态。例如，满负荷可以指运动员对某一负荷刺激基本适应后运动时的负荷值，也指机械以刚好等于其所能克服外界阻力运行时的状态。耳熟能详的还有"满负荷电流"、"满负荷生产"以及被企业界极为推崇的"满负荷工作法"等。本文将"满负荷"的说法运用于城市系统。

城市系统满负荷运行指由于某种特殊原因导致一个城市的某种基础设施在某一时间点或时间段全部处于工作时的状态。为了清楚地解释城市基础设施满负荷运行的内涵，此处以"用电"为例。假设，在某段时间内北京市持续高温，居民、企业、商场等地将空调风扇全部打开以抵御高温，导致全市所有供电设备全部处于工作状态以满足用电需求，这一状态即可称为"城市供电系统满负荷运行"。可见，城市系统满负荷运行强调的是一种可能性，即基础设施可能达到的一种工作或运行状态。

### （二）城市系统满负荷运行特点

由于城市系统的特殊性，满负荷的基本含义虽然没有改变，但增加了一些新解释。具体地，城市系统满负荷运行具有以下特点：

#### 1. 城市系统满负荷运行是一种可能性

城市对某种基础设施系统的使用需求是一个变量，但绝大多数情况下达不到满负荷。满负荷运行需要特殊的原因或特定的条件，并不是城市基础设施的工作常态，因此满负荷只是城市系统运行时其中一个可能的"取值"。

## 2. 城市系统满负荷运行具有极值性

"允许达到的最大值"是满负荷的应有之义,也是满负荷的内在要求,这就决定了城市满负荷运行的极值性,即城市对某种基础设施的使用需求在一定时间内达到了其承受的极值。

## 3. 城市系统满负荷运行不具有最值性

这一特点主要为了强调城市系统满负荷运行只是城市系统能承受的极值,但绝不是城市需求的极值。一方面,需求是一个动态值,即使现有的基础设施可以满足需求的历史峰值,但未来的需求峰值却是个未知数;另一方面,随着我国经济的持续稳定发展,城市居民的收入增加,对生活的品质要求不断提高,这将不可避免地导致对用电、用水、用暖等的不节约,从而有可能再创新峰值。仍以"用电"为例,假设相同的高温状态,过去居民家里可能只有条件打开一台空调,现在及未来则有可能开两台或者更多。

## 4. 城市系统满负荷运行具有预示城市风险的内在性

一旦城市的需求使设施系统达到满负荷运行状态,就意味着未来需求只要稍微增加,现有设施便不能满足。如果不超负荷运行,将影响居民的正常生活或企业的正常运作;但如果强行超负荷运行,可能导致系统瘫痪等更大的损失,甚至是灾害。可见,城市系统的满负荷运行在一定程度上是对城市潜在风险的预示,提醒相关方提前做好应急预防,以防需要时措手不及。

# 三、城市系统运行现状

目前,我国城市基础设施建设存在诸多问题,《国务院关于加强城市基础设施建设的意见》将其概括为三个方面:第一,市政地下管网不足。第二,供水排水质量差,防洪减灾能力低。第三,城市交通拥堵问题严重。除此以外,《意见》还提到如城市垃圾绕城等具体的生态环境问题。下面以"雨灾"为例说明我国城市排水方面的基础设施问题。

## (一) 中国内陆雨灾暴露城市排水系统负荷率较低

近年来,中国内陆城市因雨季排水不畅带来的灾难问题不断发生。山东济南"7·18"暴雨,北京"7·21"特大暴雨,南方地区每年多次受到暴雨袭击,由于气候等原因其他各个地区每年也均遭受不同程度的暴雨。暴雨袭击,城市几十年逐步施工建成的钢筋混凝土排水抗洪防涝体系不堪一击。

我国现阶段城市较完善的排(雨)水系统基本为:雨水→(建筑)屋面→落

水管→散水→阴沟（地面）→道路雨井水→地下雨水管→防洪沟（渠）→河流。其中任何一个环节出现纰漏，都会导致整个排水系统的失效，引发内涝。

对此，官方和专家给出的原因总是出奇地一致：现有的设施无法抵御。

当然，这并不是说排水设施是暴雨引发内涝的唯一原因。事实上，地面沉降日趋严重、城市垃圾等废物长期不处置以及相关部门之间沟通不畅等都是造成暴雨灾害的重要原因，但本文的关注点在城市的基础设施建设方面。

对大部分城市而言，现有的排水设施应对一般的生活、工业排水和低强度的降雨基本不会出现问题，但面对近年来多次出现的强降雨，便有些无能为力。"7·21"特大暴雨造成北京市积水道路63处，积水30厘米以上路段30处，这表明此次降雨量完全超出北京市排水防洪系统的可承载范围，超负荷运行引发灾难成为必然。无论我国任何城市或地区再遭遇北京"7·21"那样的特大暴雨或者更大，后果将不堪设想。

### （二）供电系统及其他基础设施的负荷率低问题

城市供电系统负荷率低主要有三种表现形式：一是临时停电；二是事故处理停电；三是计划停电。这三种形式的停电足以说明城市供电系统供不应求的现状。随着社会经济的快速发展，城市化进程的加快，城市居民对生活水平和生活质量的不断提高，对电力的依赖程度只会越来越高，电力公司的供电压力势必增加。在这样一个电子产品发达的时代，"有电用"是居民日常生活的基本需要和保障，停电、缺电问题已引起社会广泛关注。

不仅仅是排水系统、供电系统，其他基础设施。如公共交通存在的问题同样严重。目前，道路交通拥挤是许多城市需要面对的难题，尤其是像北京这样人口基数大且呈现增长趋势的一、二线城市，交通问题尤为突出。

总体而言，我国基础设施需求增长极快，某些需求堪称"爆发式"，使得原有基础设施"不堪重负"，即便是新增的基础设施大部分也不存在长期限制问题，更常见的是在比预期短的时间内达到了满载。

### （三）城市基础设施负荷率较低的后果

由于城市基础设施是居民生存的基本支撑体系，其普遍存在的负荷率低的问题不仅影响到城市居民的生活，长期滞留更不利于城市的运转和发展等严重后果。

#### 1. 财产、生命损失严重

以排水系统为例。根据北京市政府举行的灾情通报会的数据显示，北京"7·21"暴雨造成房屋倒塌10 660间，160.2万人受灾，79人遇难，经济损失116.4

亿元。2015 年数据不完全统计,全国有 150 多个城市因暴雨洪水发生内涝受淹,受灾人口 255 万人,直接经济损失达 81 亿元。

其他因道路交通问题引发车祸等事故造成的生命、财产损失在此不一一列举。

### 2. 城市居民"抱怨"情绪滋长

城市存在的缺水、缺电、缺天然气等问题,使得居民生活得不到保障,容易引发居民对政府的"抱怨"甚至是"敌对"情绪,此类情绪如果不能得到合理而有效的控制,将有可能激起群体性事件等对社会造成恶劣影响。

### 3. 各类组织运行受阻

基础设施问题不仅影响居民生活,对企业、工厂、学校等各类组织的正常运转产生一定的阻碍作用。而这些组织是一个城市重要的组成部分,它们的运行好坏直接影响城市的生产力、教育水平等。

随着城市化逐渐成为我国发展中的核心问题,城市基础设施已到了非解决不可的地步。为此,本文提出了"城市系统满负荷压力测试法"作为城市基础设施建设加强和改善的理论基础,为制定系统优化控制方案、确定最佳管理措施提供参考。

## 四、"城市系统满负荷压力测试"理论设计

本文所研究城市系统满负荷压力测试中的"城市系统"强调的是个体,而非整体。换言之,"城市系统满负荷压力测试"的设计是针对某一系统(可以是排水系统,也可以是铁路系统,或者其他基础设施)提供的框架思路,至于不同系统(基础设施)之间在建设过程中的相互协调和配合并不是本文所讨论的重点。但值得一提的是,这里"某一系统"可以是"任一"基础设施。

城市系统满负荷压力测试设计框架是城市基础设施建设的载体和重要信息输入,是提高城市基础设施抗风险能力的有效途径。本文提出城市满负荷压力测试理论由城市系统满负荷压力测试的内部环境、测试目标、压力识别、测试实施、压力应对和控制活动、信息与共同、监督与评价七个相互关联的要素组成。

### (一)城市系统满负荷压力测试管理的内部环境

城市系统满负荷压力测试管理的内部环境,指一个城市具备的相关的制度管理、硬件资源条件、人力资源水平以及测试实施所需要的其他条件。良好的内部

环境，对城市系统负荷压力测试目标的确定、压力识别和应对、控制，以及相关的信息沟通起着重要的影响作用，是压力测试法有效发挥其作用的基础和前提。

（1）合理的测试技术是压力测试法有效性的关键环节

一方面，对于不同的基础设施，压力测设的技术方法必然不同，在测试实施过程中应该合理地选择相应领域专业的测试方法；另一方面，对某一基础设施而言，其可运用的测试方法往往也有多种，应选择综合评价有效性高的技术或者多种技术协调运用。测试技术方法直接影响测试结果的准确性，对基础设施的加强建设和改善起着举足轻重的作用。

（2）测试相关的硬、软资源是压力测试法有效性的重要保障

测试相关的硬件指所需要的物理设备，软件指测试执行的技术人员，这两方面的资源条件在一定程度上影响测试方法的选择和方法运用的效率，为压力测试法的有效性提供重要保障。

**（二）满负荷压力测试目标**

城市系统满负荷压力测试法的目标是指一个城市在相关方的领导下通过一系列测试工作的开展和完成，诊断城市建设的薄弱环节，期望实现城市基础设施建设和改善的结果或标准。满负荷压力测试法目标的确定，为测试工作指明方向，为提高城市系统负荷率提供重要参考和有效依据，它将决定城市基础设施抵御风险的强度和力度。

为了使城市系统满负荷压力测试法目标既体现城市对基础设施抗风险能力的要求，又能结合实际，考虑多方因素切实可行，可以建立满负荷压力测试的长期战略目标及其指导下的近期工作目标和具有基础设施自身特点的具体操作目标，共同形成一个完整的目标体系（见图 1）。以测试"北京市排水系统的负荷压力"，战略目标可以是：提高北京市排水系统的负荷率；近期目标可以为：寻找北京市达不到既定负荷率的薄弱环节；具体操作目标包括技术上实现模拟系统的建立、参数设置、薄弱点的测试和论证等。

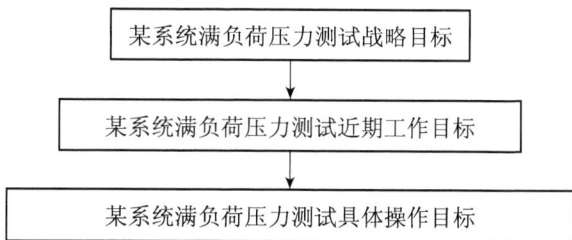

某系统满负荷压力测试战略目标

某系统满负荷压力测试近期工作目标

某系统满负荷压力测试具体操作目标

**图 1　城市系统满负荷压力测试目标体系**

### （三）城市系统压力识别

城市系统压力的识别是满负荷压力测试法建立和执行过程中的一个重要的关键性要素。压力识别是测试进行的第一步，是对城市基础设施风险承担能力提高和管理的前提和基础。某类基础设施的建设是否满足城市需求，取决于其可能要承担的来自不同方面的压力。就排水系统而言，压力即来源于可能的降雨量，也来源于居民、企业等生活排水。只有及时、准确地识别出所面临的各种对基础设施承受压力产生风险影响的因素，才能有效地确定基础设施压力的满负荷测试参数，进而找出相应的建设薄弱点，甚至是空缺点，采取适当有效的措施进行加强和完善，防范和控制城市风险和灾难的发生。

不同的基础设施，其压力值的影响因素自然不同。对某一类的基础设施所要承受的压力，测试参数的选择既要考虑评估当前的取值更要合理地预测未来可能的趋势。城市系统压力识别的任务就是对各种客观资料进行归纳、整理、分析、预测，通过有关专家专业的判断和研究，综合考虑多方影响因素、运用有效的统计分析或其他数据分析的方法识别不同时期或不同区域对压力值的影响规律。

1. 注重历史信息的收集整理

注重有关基础设施压力历史数据的收集和整理，形成相应的信息数据库，并不断更新，以此作为测试值或测试范围确定的基础。

2. 调查研究城市系统负荷压力产生的原因

认真研究对压力值产生变化的原因，为满负荷压力测试提供依据和标准。基础设施作为社会生产和居民生活提供公共服务的物质工程设施，无论是国家整体经济水平的变化，还是城市居民生活质量的追求，抑或者是国家对相关方面的政策、制度等都对相应压力值产生重要影响。

3. 合理预测未来趋势

城市基础设施的建设和完善是一项耗资较多、耗时较长的工程，一旦完成或局部完成，未来很长时间内不会有大的拆建，即当前的建设和改善理论上应满足未来长期的压力需求，因此合理地预测未来的变化趋势对建立长期有效甚至某种程度上一劳永逸的基础设施，进而实现抗灾减灾极其关键。

### （四）城市系统满负荷压力测试实施

城市系统满负荷压力测试实施，就是城市系统满负荷压力测试的管理主体根据压力识别过程分析预测出的可能的压力值等相关数据，围绕城市系统满负荷压力测试目标，对需要被检测的各个环节在技术上完成相应的测试，由此诊断出城市某基础设施的薄弱环节，在排水系统中即为已发生排水漫溢和存在压力流的位置信息。满负荷压力测试的实施是"城市系统满负荷压力测试法"构建过程中起着极其重要作用的一环，只有这一环成功实施，整个方法才有现实意义。

这一阶段的执行取决于研究的领域，即具体的基础设施类型，同时对相关领域的专家、技术人员有很大的依赖性。

### （五）城市系统满负荷压力应对和控制活动

城市系统满负荷压力应对，指根据压力识别和测试实施得出的结论，结合自身条件和所处的外部环境，制定和选择相应的政策和措施。政策和措施的选择应境，合理制定应对政策和改善措施，根据实际，区别对待，采取循序渐进，积极稳妥的方式构建科学有效的应对策略。控制活动是对相关主体选择的政策和措施的具体实施过程。

### （六）信息与沟通

信息是我们认识、了解、掌握和控制自身主观世界和外部客观世界过程中进行相互间交流的一系列消息、指令、数据、符号等所包含的内容。人们通过获得、识别不同信息区别不同的事物，并在此基础之上认识世界和改造世界。

在城市系统满负荷压力测试管理过程中的每一个环节和每一环节中的每一个方面，都需要用信息来连接和支配。城市系统负荷压力的识别、测试实施、应对措施的选择和执行都需要信息，这些信息来自城市不同领域、不同部门。相关主题需要从大量纷繁复杂的手机信息中提炼出有参考价值的信息，结合一定数学、统计学、动力学等学科理论，有效利用实现预期目标。

在整个过程中，以下两个方面应当被重视：①如何判别和保证历史信息的有效性，当前信息的准确性和稳定性，以及所获取的各类信息是否全面、客观；②信息的有效沟通。为了充分发挥信息的作用，应当充分利用以电子计算机为工具的信息收集、整理、分析、存储的信息技术。

## （七）城市系统满负荷压力测试监督评价

城市系统满负荷压力测试的监督是对测试实施和策略执行过程中的运行质量进行评价、监督和改进的过程，通过持续不断评价监督，发现不合理的或不切合实际的地方，对那些效率比较低的测试方法、技术和不太适应的应对措施进行一定的优胜劣汰或改进。

#### 1. 测试实施评价

测试实施评价就是对测试过程中涉及的每一个环节进行评价，包括评价对象、评价方法、过程优化三部分。评价对象包括：涉及的每一个参数的取值和变化规律、运用的每一种方法和技术；评价方法可采用实证法、样本检验法等；过程优化就是根据相应的评价结果找出影响预期效果的主要因素，然后针对每个环节进行优化改进，以期实现测试结果的现实可利用、可参考价值。

2. 策略执行评价

策略执行评价即对应对策略是否达到预期效果的评价，它是以城市系统满负荷压力测试法总体目标为准则和原则进行的评价。

根据上述分析，图2给出了"城市系统满负荷压力测试"理论框架图。

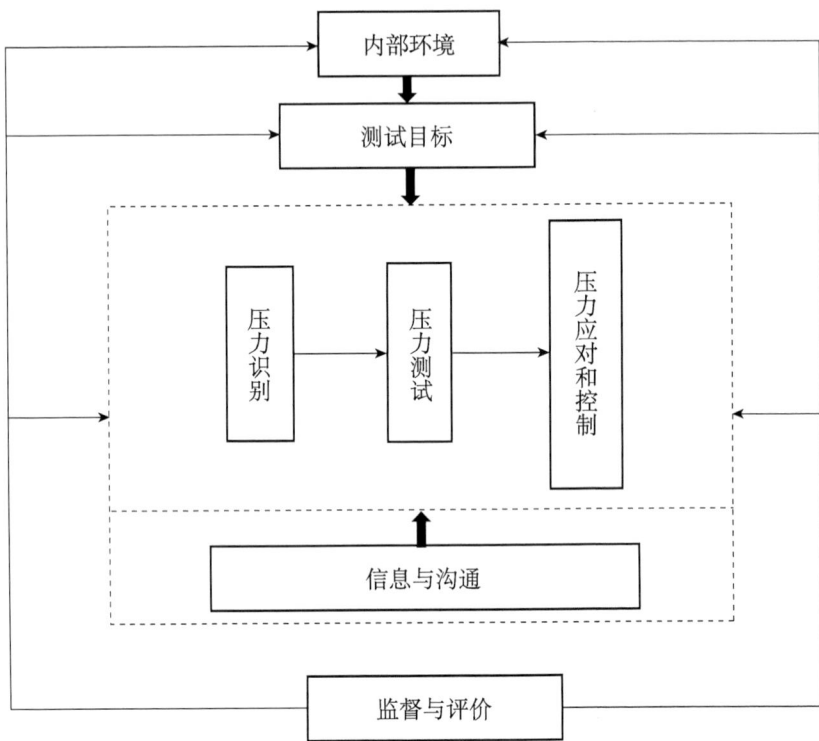

图2 "城市系统满负荷压力测试"理论框架图

## 五、结语

城市基础设施负荷率低受到多种因素的影响，对负荷压力的识别应综合考虑宏观和微观因素，尽可能真实地评估和预测城市对不同类型基础设施的负荷需求，这对城市基础设施的建设规模极为关键。而对城市现有基础设施的满负荷压力测试是另一个关键点。事实上，城市基础设施负荷的问题最终可以回归到

"供—需"平衡的问题上。但是由于基础设施建设的特殊性，相关方应在一定程度上实现当下供大于求，只有这样才有可能避免未来由于负荷不足而引发的各种后果。总之，城市基础设施的改善和提高是一项长期而复杂的工作，应建立科学、全面、系统的思路，这对改善民生、调整结构等一系列发展的实现意义重大。

## 参考文献

［1］滕海涛，韩芳，张炜 . 中国内陆城市雨灾成因和对策分析——兼谈新加坡的经验［J］. 城市建筑，2013（24）：303 - 304.

［2］车伍，杨正，赵杨，李俊奇 . 中国城市内涝防治与大小排水系统分析［J］. 中国给水排水，2013，29（16）：13 - 19.

［3］刘治彦，岳晓燕，赵睿 . 我国城市交通拥堵成因与治理对策［J］. 城市发展研究，2011，18（11）：90 - 96.

［4］陆仁强，牛志广，张宏伟 . 城市供水系统风险评价研究进展［J］. 给水排水，2010，36（s1）：4 - 8.

［5］国务院 . 国务院关于加强城市基础设施建设的意见［Z］.2013.

# 灾害阈值研究结果应用在防灾减灾救灾
# 体制改革中的探索[①]

赵阿兴

（中国地震局地质研究所　北京　100029）

**摘　要：** 灾害损失阈值的定义和确定，有可能成为科学研究中对于灾害的预防、损失的量级及其灾害损失评估的关键指标。灾害损失阈值不仅仅对于承灾体遭受灾害损失破坏程度的阶跃函数的特征予以描述，还从承灾体的内在特征（譬如暴露程度、脆弱性、防灾抗灾能力等方面）和所在区域的外在条件（譬如未来灾害可能达到的强度与频度），揭示标的物承受灾害损害程度上下极限的临界值。防灾防损是减轻灾害损失的重要组成部分，最佳的危机管理就是预防危机的发生。此文首次探索其在防灾减灾救灾体制改革中的应用。

**关键词：** 灾害损失阈值　定义及其意义　防灾减灾救灾体制改革　应用探索

安全需求是人民群众最基本也是最迫切的需求。各种各样的灾害发生及其造成的生命与财产损失，是人类社会的共同敌人。如何评价灾害造成的损失，进而得出防灾减灾救灾的对策与减轻损失的途径，是自然科学家与社会科学家的共同目标与责任。现实中，对于诸如灾害的基本构成要素和灾害损失评估指标体系等重大基础问题还存在许多模糊的认识，需要从基础理论研究予以明确，以促进防灾减灾事业的发展。

## 一、灾害损失评估指标体系与灾害阈值的定义

按照联合国国际灾难减少战略秘书处（United Nations International Strategy for Disaster Reduction Secretariat UNISDR）的定义，灾害（Disaster）意味着一个社区或社会功能被严重打乱，涉及广泛的人员、物资、经济或环境的损失和影响，且超出受到影响的社区或社会能够动用自身资源去应对。

---

①　基金项目：《灾害阈值的定义及其意义与应用研究》，中国地震局老专家科研基金资助课题（201519）。

与此同时，灾害风险（Disaster risk）被定义为潜在的生命、健康状况、生计、资产和服务系统的灾害损失，它们可能会在未来某个时间段里、在某个特定的社区或社会发生。

## （一）灾害损失的构成要素及其分类

毋庸置疑，灾害损失是社会状态的函数，其度量的标志是自然变异强度与社会防御能力的矛盾比。即自然灾害造成的损失不仅与自然变异的强度有关，而且极大地依赖于当时社会的经济发展水平、人口分布密度和活动范围。灾害损失风险被认为是自然危害、承灾体的脆弱性、对危害的防护程度以及承灾体在灾后的恢复能力的函数，如图1所示。虽然他们各自之间的数学关系尚不十分清楚，但是其数学关系可以表述为：

$$\text{Risk} = f\ (hazard,\ vulnerability,\ exposure,\ resilience) \tag{1}$$

**图1　灾害损失风险的组成要素**

笔者在20多年前，曾对灾害损失评估指标体系进行过研究和阐述，指出：灾害损失是以自然变异为主而产生的社会事件。灾害损失包括自然变异事件所造成的人员伤亡和社会财产损失、灾变对生产和生活造成的破坏以及为修复被破坏的灾区正常社会秩序的投入。灾害损失主要受致灾因子、自然变异强度、受灾地区的人口密度、经济发达程度以及受灾地区防御灾害打击的耐受能力、受灾地区在灾后所能继续投入的经济恢复能力所制约。自然灾害是自然变异对社会财富和社会生产的破坏，灾害损失是从社会财富积累和社会生产积累中支出的或负增长的部分。笔者将灾害损失的组成及分类（见图1）。

## （二）灾害损失阈值的确定

由灾损率比值演化而定义的灾害损失阈值（calamity damaged threshold val-

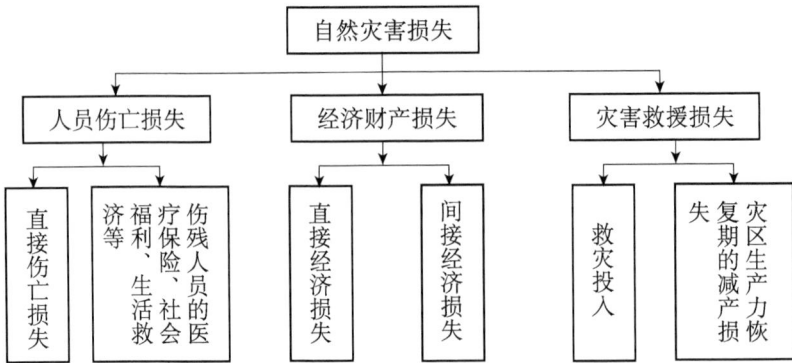

**图 2　灾害损失分类**

ue），不仅仅就承灾体遭受灾害损失破坏程度的阶跃函数（step function）的特征予以描述，灾害阈值还从承灾体的内在特征（譬如暴露程度、脆弱性、防灾抗灾能力等方面）和所在区域的外在条件（譬如未来灾害可能达到的强度与频度），揭示灾害损害程度发生的临界值，如图 3 所示。灾害阈值的研究结果有助于进一步完善灾害损失评估指标体系建设，而且有可能成为自然科学研究中对于灾害的预防、损失的量级及其灾害评估的关键指标。图 3 展示为风速对于居民住宅破坏程度（灾损率比值）的阶跃函数特征。

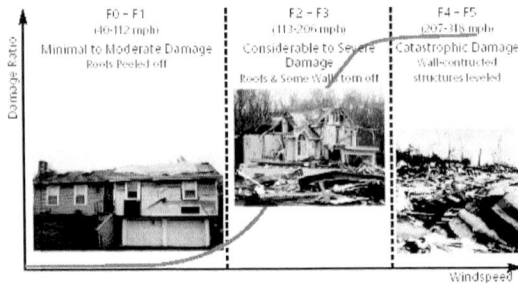

**图 3　风速对于居民住宅破坏程度（灾损率比值）的阶跃函数特征示意图**

　　本研究从承灾体的灾害损失程度与灾害强度的阶跃函数（step function）特征予以描述，定义灾害损失阈值（calamity damaged threshold value）。灾害损失阈值的定义为维持承灾体自身功能状态对致灾因子所能够承受的最大灾损率的程度，其宏观表现为阶跃函数的临界值特征，在很狭窄的区间从自身功能缺失到全损（Total loss）。

　　以灾损出现为判定基础的灾害损失阈值 $F(t)$，表现出阶越函数的特点，其数学表达为：

$F(t)=1$，当灾损发生时。$F(t)=0$，当灾损没有发生时。 (2)

当数学表达式（1）中的风险成为灾害损失的现实，即灾损出现时，倘若标记为 $R_o$，将数学表达式（1）与（2）联立，则可以得出：

$$\begin{cases} R_o = f(hazard,vulnerability,exposure,resilience) \\ F(t)=1，当灾损发生时；F(t)=0，当灾损没有发生时。 \end{cases} \quad (3)$$

则灾害损失阈值可以表达为：

$$F(t) = R_o = f(hazard,vulnerability,exposure,resilience) \quad (4)$$

即灾害损失阈值是受灾区域的灾害损失发生的临界值，该临界值同时又是作用在受灾区域的自然危害、承灾体的脆弱性、对危害的防护程度以及承灾体在灾后的恢复能力的函数。实践证明，这些因素即可以表现为此消彼长的关系，也可以呈现相互叠加的作用，他们即可以组合起来影响灾害损失阈值，也可以突出单独因素的作用影响灾害损失阈值，且表现呈现出极其复杂的非线性关系。

对于某一确定的承灾体而言，灾害损失阈值不仅仅是承灾体所在的该地区内在社会经济发展状况（譬如暴露程度、脆弱性、防灾抗灾的恢复能力等方面）的函数，而且还是外在客观因素（地形地貌、地理环境和地质条件）和灾害种类的函数。

由此可以得出该承灾体相对于以不同的危害、暴露程度、脆弱性、防灾抗灾能力为因子的灾害损失阈值的多阶矩阵表述：

$$F(t) = \begin{bmatrix} hazard & vulnerability & exposure & resilience \\ \vdots & & \vdots & \vdots \\ \cdots & & \cdots & \cdots \end{bmatrix} \quad (5)$$

由数学表达式（5）得知：某一特定地区的灾害损失阈值是所有可能发生在该区域的灾害种类造成的最大的灾害损失临界值的加成。

换言之，某一灾害种类对于某一特定地区的灾害损失阈值，就是该种类灾害对于数学表达式（5）的偏微分，其物理意义就是该种类灾害作用于该地区的抵御能力。譬如地震和洪水灾害，其灾害损失阈值就是该地区对于某一灾害种类的抵御能力，譬如社区实际上的抗震强度和抗洪能力。

同理，对于数学表达式（5）的灾害损失阈值，分别暴露程度、脆弱性、防灾抗灾能力的偏微分，其物理意义就分别是该区域对于特定灾害的暴露程度、脆弱性、防灾抗灾能力诸因子的极大值。

在现实生活中，某一区域对于特定灾害的暴露程度、脆弱性、抗灾自救能力等诸因子的极大值，是随着社会进步、经济发展和财富积累而发生变化。并且该变化极有可能呈现为非线性增减和衍生新的意想不到的灾害，从而产生新的灾害损失阈值。

灾害损失阈值的研究结果有助于进一步完善灾害损失评估指标体系建设，而且有可能成为科学研究中对于灾害的预防、损失的量级及其灾害评估的关键指标。

## 二、灾害损失阈值的研究结果在防灾减灾救灾体制改革中应用的探索

《中共中央关于全面深化改革若干重大问题的决定》指出要健全公共安全体系。设立国家安全委员会，完善国家安全体制和国家安全战略，确保国家安全。坚持积极利用、科学发展、依法管理、确保安全的方针，完善统一权威的食品药品安全监管机构，建立最严格的覆盖全过程的监管制度，建立食品原产地可追溯制度和质量标识制度，保障食品药品安全。深化安全生产管理体制改革，建立隐患排查治理体系和安全预防控制体系，遏制重特大安全事故。健全防灾减灾救灾体制。加强社会治安综合治理，创新立体化社会治安防控体系，依法严密防范和惩治各类违法犯罪活动。

安全发展、人民福祉，事关巩固党的执政基础，事关国家长治久安，防灾减灾救灾体制建设是执政党和各级政府的一项重要工作，也是一切工作的出发点和落脚点。如何开展"健全防灾减灾救灾体制"改革任务，切实保障人民群众的生命财产安全，促进经济社会全面协调可持续发展，全面提高政府与全社会抵御自然灾害的综合防范能力，迫切需要理论研究结果的支持和实践经验的佐证。

防灾减灾救灾包含日常管理和应急管理两部分内容：一是防患未然，使危害公共安全的灾害事件不发生或者是减少灾害在生命财产方面造成的损失程度。按照图 1 中所示的灾害损失风险的组成，这方面的内容主要目的是旨在减少承灾体的脆弱性和增加承灾体对危害的防护程。防灾减灾救灾日常管理的重点在于认识灾害、了解灾害、查明风险、消除隐患、遏制诱因。二是及时的应急管理，也就是灾害事件发生后在最短的时间内恢复灾区社会秩序与经济生活的正常运转。这方面的内容主要目的是旨在增加承灾体对于灾害的自身恢复能力好防灾抗灾能力。其点在于编制预案、现场研判、充分演练、物资储备、巡查检验、及时反应等。

防灾减灾救灾包含的日常管理和应急管理都需要对承灾体在未来可预期的时间内灾害事件发生的可能性与损失的程度进行预判。因为对灾害的损失进行估算与测算是制定防灾、减灾、救灾及灾后重建方案的重要依据。建立科学合理并且

可以操作的灾害损失评估指标体系，既是灾害损失学科建立的基本要求，又是把防灾减灾作为实现国民经济社会可持续发展总体目标的重要保障之一。但是这方面的深入研究还处于探索阶段。

笔者试图从灾害损失阈值的研究结果在防灾减灾救灾体制改革中应用进行探索，作为防灾减灾救灾体制改革中的理论指导依据。

### （一）灾害损失阈值的研究结果在防灾减灾救灾体制改革中应用

#### 1. 从提高承灾体的内在特征入手，防患于未然

灾害损失阈值的重要意义之一是从"整体思维"的角度，研究承灾体的内在特征（譬如暴露程度、脆弱性、抗灾自救能力等方面）和所在区域的外在条件（譬如未来灾害可能达到的强度与频度），如数学表达式（5）所示，揭示灾害损害发生的临界值。

现实生活中，某一地区对于某一灾害种类的抵御能力，也就是对于某一灾害种类在某一种强度条件下的损害程度，实际上是一个加权平均的统计数值。譬如地震灾害中对于特定地区建筑物的损害程度，虽然都是处在同一地震加速度的场作用下，由于各个建筑物的自身特征（譬如设计、结构、建造年代、材料、层高等）导致的暴露程度、脆弱性、防灾抗灾能力等方面的差异，与所处地理位置、地形地貌和地质条件的差异，就可以反映出截然不同的灾害破坏损失程度。

譬如：据中国地震局专题报告，中国 1990 年—2013 年间发生的地震共造成 10 250.17 亿元经济损失（其中 2008 年汶川地震损失最大），平均每年地震灾害事件 12.1 次。按照时间排序，同等地震强度的灾害事件中，越是近期的灾害事件，地震灾害造成的损害呈现出经济损失与人员伤亡"分道扬镳"的态势：直接经济损失呈现越来越高的态势，人员伤亡则呈现出逐步减少的态势。这种态势是社会财富积累与经济发展进步的真实反映。在这里特别需要提出更正的一个误区，那就是地震灾害事件本身并不会造成人员伤亡，既地震本身几乎不会造成人员伤亡！地震伤人的元凶是由于地震灾害事件引发的建筑物倒塌或者是地震灾害事件引发的次生灾害，如火灾、洪水、瘟疫等次生灾害。有统计资料表明，在世界上近期以来的 130 次强烈地震灾害中，90%～95%的人员伤亡是建筑物倒塌所致。

事实表明：在突如其来的地震面前，各类房屋的抗御地震灾害的能力有着天壤之别。由此可以推理，倘若从供给侧结构性改革的角度，防灾减灾救灾体制应该从提高承灾体的内在特征（譬如暴露程度、脆弱性、抗灾自救能力等方面）入手，防患于未然。

2. 从灾害损失阈值的研究结果入手，确定承灾体在可预见的最大短板

灾害的发生是制约社会经济发展的重要因素，各种灾害始终威胁着人民群众的生命和财产安全。据政府间气候变化专门委员会（IPCC）等国际组织和许多专家学者的观点，由于气候变化，自然灾害在全球范围内都正变得越来越频繁。

2015 年年底，中央召开城市工作会议，明确当前和今后一个时期，我国城市工作的指导思想是：全面贯彻党的十八大和十八届三中、四中、五中全会精神，以邓小平理论、"三个代表"重要思想、科学发展观为指导，贯彻创新、协调、绿色、开放、共享的发展理念，坚持以人为本、科学发展、改革创新、依法治市，转变城市发展方式，完善城市治理体系，提高城市治理能力，着力解决城市病等突出问题，不断提升城市环境质量、人民生活质量、城市竞争力，建设和谐宜居、富有活力、各具特色的现代化城市，提高新型城镇化水平，走出一条中国特色城市发展道路。

就城市病而言，城市的"逢雨内涝"和"热岛现象"日益突出。由于过去没有对于"热岛现象"危害结果明晰的认识，在城市发展上片面强调城市的美观，不仅仅用大量的人力、物力和财力累积起了钢筋水泥森林，甚至提出"硬化街区地面不露寸土"的城市建设规划。城市里原先天然的透水性地面逐渐被建筑物和基础设施覆盖，导致城市不透水区域比例大幅提高。城市里这种不透水地面被环保专家称之为"死亡性地面"。去年在全国很多的城市发生的城市遇雨的大面积内涝灾害，就是过去忽略了城市建设与自然环境友好的代价。因此，国务院提出要加快推进海绵城市建设，并且纳入"十三五"规划。要求逐步实现小雨不积水、大雨不内涝、水体不黑臭、热岛有缓解，修复城市水生态、涵养水资源，增强城市防涝能力，扩大公共产品有效投资，提高新型城镇化质量，促进人与自然和谐发展，有效防治城市内涝、保障城市生态安全。

灾害损失阈值在社会经济发展中最为直接的应用就是风险保障的底线设置。它不仅仅是核定承灾体风险损失的基础，更重要的是为社会公众提供风险防范与防灾防损的关键指标，既揭示各种灾害风险在承灾体内的最大短板。

譬如，建设海绵城市，改善热岛效应，就需要对于城市建设发展过程中的蒸发量、地表径流和地下径流进行统计，对于城市降水量、硬化地面面积与分布、地下水开采与漏斗、水资源利用率、城市绿地面积、城市湿地生态系统、城市排水系统、城市建筑物的外观与玻璃幕墙、室外空调以及城市立体绿化和屋顶绿化等等一系列的因素予以综合考量。将上述因素按照网格化的布局，在街区层面上，分别计算出在不同的温度和降水强度条件下的灾害损失阈值，有针对性地开

展本网格内的自然危害、承灾体的脆弱性、对危害的防护程度以及承灾体在灾后的恢复能力的应对策略，综合采取"渗、滞、蓄、净、用、排"等措施，最大限度地减少城市开发建设对生态环境的影响，将极端天气情况下 70% 的降雨就地消纳和利用。而不至于产生"以邻为壑"或者"过犹不及"的资源浪费。

3. 灾害损失的构成要素入手，确定防灾减灾救灾"整体思维"的顶层设计

害损失阈值的研究成果在社会科学管理方面也具有宽泛的应用前景，对于揭示社会宏观经济运行，提供理论支持和依据。对于处置复杂开放的系统的管理和解决，在理论上有整体思维理论和分解思维理论两种认知。

分解思维理论是自欧洲文艺复兴和工业革命之后，为科学界普遍采用的认知方法。分解思维采取对认知的事物开展"抽丝剥茧"的策略，它的作用就是把一个整体问题拆分成若干小问题，把比较复杂的问题变更成若干比较简单的问题，把复杂的数量关系变更成连续的简易数量关系，然后按部就班、逐个解决，其追求的是明确唯一的答案。分解思维理论应用于社会实践，对于解决是与非的问题，进行控制与预测，行之有效。

整体思维又称系统思维。它认为整体是由各个局部按照一定的秩序组织起来的，要求以整体和全面的视角把握对象，突出对问题的整体结构的分析和改造，发现问题的整体结构特征，把握它们之间的关联，进行有目的的、有意识的整体处理。

不论是从理论上还是在实践中，灾害损失不单纯是一个统计分析过程，而是一个复杂的政治经济学问题。譬如，对于特大型城市的道路交通的认知和预防大面积交通拥堵的风险防范与应急处置措施，除了需要分解思维的认知之外，还必须和不得不考虑整体思维理论的应用与指导。

以北京市的交通数据为例，北京市行政区划为 1.68 万平方公里，据北京市统计局、国家统计局北京调查总队联合发布的数据显示：到 2012 年年末，北京市常住人口已达 2 069.3 万人，常住人口密度为 1 289 人/平方公里。截至 2013 年年底，北京市公路总里程达 20 503 公里，到 2020 年，北京市公路总里程达 22 200 公里，高速公路里程达 1 200 公里。北京机动车保有量达到 561 万辆，倘若平均每辆汽车占用 4 米的长度，头尾相接的顺序停放，则到 2020 年北京市公路总里程刚刚满足停放得下这些车辆。这些车辆年排放污染物 70 万吨。据测算，机动车排放的一氧化碳（CO）、氮氧化物（NOx）、碳氢化合物（HC），分别占到该类污染物全市排放总量的 86%、56% 和 32%。为此，北京市各行政部门分别对于提倡公交出行、轨道交通、车辆限行、增量摇号等一系列的措施。并提出

京津冀一体化和纾解首都核心功能的产业规划。

目前，北京市交通拥堵的状况，已经不仅仅是相关职能部门的问题。北京市的交通拥堵严重影响了北京国际都市的形象、城市的运行和作为首都的城市安全。究其原因，我个人认为：不是城市管理者或者相应职能部门没有尽职，而是多年以来我们在对特大型城市预防和治理道路交通拥堵的理论指导和相应的处置方法层面出现了严重的认知偏差。

灾害损失构成与灾害阈值研究结果揭示：对于刚性的交通流需求只有从供给侧结构性改革入手，才有可能彻底改变或者减轻如潮汐般的长距离、大面积、高密度、集中时段、定向涌现的交通流对有限道路通行能力的矛盾；要解决这个矛盾，就远远超出了单一行政部门的职责与权限，必须要从顶层设计的角度，整体思维，全社会多部门共同努力，达到防灾减灾救灾的目标。

4. 从灾害阈值的相关要素入手，完善防灾减灾救灾的法律法规

如何理解灾害阈值对于某一区域特定灾害的暴露程度、脆弱性、抗灾自救能力等诸因子的极大值，是随着社会进步、经济发展和财富积累而发生变化。并且该变化极有可能呈现为非线性增减和衍生新的意想不到的灾害，从而产生动态变化的新的灾害损失阈值。就困扰老旧城区的停车难，以及由此派生的路权归属、城市绿化、停车收费等问题，以"头脑风暴"的方法，体验灾害阈值的变化。

现实状况显示：城市中心区不论是公交站点的停车还是交通换乘的停车，以及占用道路两侧的停车，几乎在法律法规和行业管理规范中，根本就没有考虑到由于停车占路，哪怕是单一车辆的临时停靠，对于交通流量的影响程度和带来的"蝴蝶效应"。理论计算与现场调查的数据显示，路宽在四条行车道的条件下，倘若有一条行车道被占用，其实际影响的道路通行能力不是按照逻辑思维的四分之一，而是三分之一。

从灾害阈值的变化考量，任何形式的占路停车，不论是人行道还是辅路停车，也不论该停车位经过何种单位的审批与是否收费，从资源的属性和法理上讲，都是停车者对道路公共资源的占用，都是有可能引起道路交通拥堵的原因与隐患，同时也都是对于其他道路公共资源拥有者和使用者权力的侵害。但是非常遗憾，不论是路政管理还是交通管理部门，在现阶段都没有提出对占路停车现象的物权主张，也没有相应的法律法规予以明确。反而有一些权力部门借法律空白设立经营占路停车的企业。在某些路段，正是这类所谓"有理由"的占路停车，成为该区域分时段经常性区域交通拥堵的罪魁祸首。

倘若从立法层面，针对防灾减灾救灾的体制机制改革，将"道路的建设与使

用"做为"城市公共资源"的认知提高到法律法规层面，予以明确定位与阐述的时候了。只有在理论层面上纠正以往对于道路资源认知的偏差，只有真正还道路所有权（社会公共资源属于社会全体公民）与经营使用权的公共资源属性，才有可能针对目前对引起交通拥堵的风险因素开展依法合规行之有效的防范与治理。

对于停止或者尽可能减少占路停车现象，大量的车辆该如何停放？该如何尽可能最大化地满足平民百姓的日常需求？同理需要从改变暴露程度和脆弱性入手，应该在城市建设规划审批过程中地方立法并设立标准，要求所有的建筑物必须建设与之容量相匹配的地下停车位并向建筑物内的相关人员无条件开放。各建筑物地上广场应该尽可能建设成为可透水的绿化用地。就停车收费而言，地上（包括路侧）停车位的费率应该是地下停车的 2～3 倍。这不仅仅是从经济角度鼓励地下停车位的修建，而是综合考量地上停车场对于城市绿化和热岛现象的正负贡献，既碳汇表示。

由此头脑风暴的推演结果表明，从灾害阈值的相关要素入手，完善防灾减灾救灾的法律法规对于防灾减灾救灾体制机制建设的重要性。

5. 从灾害阈值的现实状况，明晰防灾减灾救灾的价值观和投入产出比

防灾防损是减轻灾害损失的重要组成部分，最佳的危机管理就是预防危机的发生。灾害损失评估理论的测试报告显示，防灾防损的投入产出比是：防灾的 1 元钱，抵得上救灾的 100 元钱，更抵得上重建的 1 000 元钱。树立起"防灾防损就是增产"和"减灾能力也是生产力"的经济观和价值观。按照修订后的《国家自然灾害救助应急预案》，从供给侧结构性改革入手，明晰灾区的损失程度和政府救灾投入，特别是灾后重建的投入产出比，并以此为统领，树立防范胜于救灾的意识，变被动救灾为主动减灾，彻底改变各级政府和企事业单位"轻事先预防、重事故救援、叹损失无补"的倾向。

## 三、结论

《仙台减灾框架 2015—2030》提出的未来 15 年全球七大减灾目标是：大幅减少全球灾难死亡率；大幅减少受影响的民众人数；减少与全球国内生产总值相关的经济损失；大幅减少灾害给关键基础设施带来的损失以及对基本服务的干扰，其中包括卫生和教育设施；在 2020 年前增加制定了国家和地方减灾战略的国家数目；促进国际合作；增加获得多灾预警系统和减灾信息和评估的机会。

重大灾难严重威胁和危害国家利益与社会安全。防灾、减灾、救灾属于风险管理和危机管理范畴，是构筑社会公共安全体系不可或缺的组成部分。古今中外

历史上血的教训一再告诫和警示我们："隐患险于明火，防范胜于救灾"。灾害损失阈值研究结果的应用，有助于进一步完善灾害损失评估指标体系建设，而且有可能成为自然科学和社会科学研究中对于各种灾害（自然灾害和人为灾害）的预防、损失的量级及其灾害评估的关键指标。特别是在防灾防损领域，譬如，可以通过反演社会管理过程中各种矛盾的临界状态，调整期间的权重，以求得灾害损失阈值处于激发状态的可承受区间，达到社会发展的和谐稳定。灾害阈值和灾损率概念的研究结果在防灾减灾救灾体制改革中的应用，具有广阔的发展空间。

## 参考文献

［1］ United Nations International Strategy for Disaster Reduction Terminology. UNISDR. 2009. Geneva.

［2］ 赵阿兴，马宗晋. 灾害损失评估指标体系的研究［J］. 自然灾害学报，1993，2（3）：1-7.

［3］ 赵阿兴. 灾害损失阈值的定义及其意义与应用研究［J］. 自然灾害学报，2014，23（6）：13-18.

［4］ 赵阿兴. 社会经济转型期灾害防御与应急管理的认知理论和对策思考——反思渤海溢油事件［J］. 自然灾害学报，2011，20（增）：1-13.

［5］ 赵阿兴. 特大型城市道路交通拥堵防治的认知理论与对策思考［J］. 城市管理与科技，2012，06：18-21.

［6］ WCDRR. Sendai Framework for Disaster Risk Reduction 2015—2030［J］. UNISDR. 2015，18 March.